巴赫金对话理论及其教育价值研究

汪 旭———著

中国轻工业出版社

图书在版编目（CIP）数据

巴赫金对话理论及其教育价值研究 / 汪旭著 . --
北京：中国轻工业出版社，2025.2. -- ISBN 978-7
-5184-5111-1

Ⅰ . K835.125.1

中国国家版本馆 CIP 数据核字第 2024T6W612 号

责任编辑：张　晗　　责任终审：劳国强　　设计制作：锋尚设计
策划编辑：张　晗　　责任校对：吴大朋　　责任监印：张　可

出版发行：中国轻工业出版社（北京鲁谷东街5号，邮编：100040）

印　　刷：北京君升印刷有限公司

经　　销：各地新华书店

版　　次：2025年2月第1版第1次印刷

开　　本：710×1000　1/16　印张：13.25

字　　数：260千字

书　　号：ISBN 978-7-5184-5111-1　定价：79.80元

邮购电话：010-85119873

发行电话：010-85119832　010-85119912

网　　址：http://www.chlip.com.cn

Email：club@chlip.com.cn

版权所有　侵权必究

如发现图书残缺请与我社邮购联系调换

240489K6X101ZBW

序　言

　　巴赫金是20世纪最具影响力的思想家之一，他提出了"对话""狂欢""复调"等思想观点，对世界文艺理论的发展做出了创造性贡献。事实上，巴赫金不仅是一位文艺学家，更是一位杰出的哲学家。他的研究跨越文艺学、符号学、民俗学、语言学、躯体学、教育学和哲学等多个学科领域，形成了一系列极具哲学深义的学术成果。其中，最具有代表性的当属他的对话理论。巴赫金的其他思想理论都可视为其对话理论在不同领域的应用变体。

　　本书是汪旭博士在由我指导的博士学位论文的基础上修改完善而成，深入探讨了巴赫金对话理论，是国内首部从教育哲学视角系统挖掘巴赫金对话理论教育价值的学术专著。汪旭博士在华中师范大学攻读博士学位期间，深入钻研巴赫金的丰富理论，并受国家留学基金管理委员会资助，赴美参与博士联合培养项目，师从享誉国际的巴赫金研究权威马图索夫·尤金教授。这些学术经历为汪旭博士撰写并成功出版本书奠定了坚实的基础。

　　本书的第一章剖析了巴赫金的对话性人生，并系统梳理了其对话理论的生成脉络及其影响要素。第二章探讨了巴赫金对话理论中的"复调""狂欢"和"时空体"三个核心概念及其理论内涵，对"微型对话"与"大型对话"两种对话形态进行了辨析，并对比了巴赫金的对话理论与苏格拉底、奥古斯丁、马丁·布伯、保罗·弗莱雷、哈贝马斯和伽达默尔等人的对话理论的异同之处。第三章将巴赫金对话理论作为分析工具，对传统教育的基本图景和引入"对话"后的教育实践进行了批判性反思，并将当前的对话教育实践总结为一种"装扮成对话的独白"。第四章以巴赫金的对话理论为基础，阐明了教育的对话本质，并从多主体性、"外位性"、人文性、开放性、"复调性"和"狂欢性"多个维度阐述了对话教育的基本规定性。第五章从主体、内容、形式、话语和氛围五方面提出了开展对话教育实践的具体措施和策略，并提供了相关的教学案例。总体来说，本书既充满了教育的温度和对话的广度，又兼具理论的高度与实践的深度。

　　系统地研究巴赫金对话理论的教育价值是一项重要而艰巨的任务。本书的出版是作者与自我对话、与巴赫金对话理论对话的深刻成果，它预示着读者、作者、巴赫金对话理论之间多维对话的崭新可能。正如巴赫金所言，对话具有未完成性，所以这种对话永远不会终结，而阅读这部专著只是一个开始。

国家重大人才计划青年学者
华中师范大学教育学院教授、博士生导师

目 录

第一章　巴赫金对话理论的历史溯源
第一节　巴赫金对话理论产生的直接原因　2
一、巴赫金的"对话"人生　2
二、巴赫金对话式的生存方式滋养了其对话理论　14
第二节　巴赫金对话理论产生的思想动力　16
一、俄国形式主义文学理论的发展　17
二、"用马克思的语言与马克思主义对话"　20
三、欧洲哲学的启蒙　22
第三节　巴赫金对话理论产生的理论渊源　26
一、"苏格拉底对话"　26
二、"梅尼普讽刺"　29

第二章　巴赫金对话理论的内涵解读
第一节　巴赫金对话理论概述　34
第二节　巴赫金对话理论的核心范畴与思想　36
一、"复调"：对话的审美转型　36
二、"狂欢"：对话的尘俗化与肉身化　41
三、"时空体"：人内在的未完成性呼唤着对话　49
第三节　巴赫金对话理论中"对话"的形式　58
一、"微型对话"：话语层面的双声语　58
二、"大型对话"：小说结构、思想矛盾或人物关系上的对话　61
三、"微型对话"与"大型对话"的辩证关系　63
第四节　巴赫金对话理论之"对话"　64

一、巴赫金对话理论与其他对话理论的辨析　　　　　　　　　　65
二、巴赫金对话理论之于教育研究的适切性　　　　　　　　　　70

第三章　巴赫金对话理论视阈下"独白"与虚假"对话"教育实践的反思

第一节　"独白"：传统教育的基本图景　　　　　　　　　　　74
一、规训的学校：充斥微观权力的"剧场"　　　　　　　　　　75
二、独断的教师："编剧""导演""演员"三位一体　　　　　　80
三、被压迫的学生：聚光灯之外的"观众"　　　　　　　　　　82

第二节　"装扮成对话的独白"：虚假"对话"教育的实践表征　　87
一、对话目的功利化　　　　　　　　　　　　　　　　　　　　87
二、对话形式"表演化"　　　　　　　　　　　　　　　　　　91
三、对话结构失衡化　　　　　　　　　　　　　　　　　　　　95
四、对话内容"空心化"　　　　　　　　　　　　　　　　　　99
五、对话主体单一化　　　　　　　　　　　　　　　　　　　　103

第四章　巴赫金对话理论视阈下对话教育的理论重构

第一节　教育即对话：教育本质的重新审视　　　　　　　　　　109
一、教育主体："对话性"的生存形态　　　　　　　　　　　　109
二、教育内容："未完成"的"时空体"　　　　　　　　　　　112
三、教育过程："行为"与"责任"的统一　　　　　　　　　　116
四、教育媒介："超语言学"中的"表述"　　　　　　　　　　120
五、教育目的：在"狂欢"中实现人的解放　　　　　　　　　　124

第二节　对话教育内涵的重新解读　　　　　　　　　　　　　　128
一、教育中对话的两个层次：非本体论与本体论　　　　　　　　128
二、对话教育的两个层次：非本体论与本体论　　　　　　　　　130
三、不同层次对话教育的辨析：实践哲学的视角　　　　　　　　131
四、对话教育的内涵界定　　　　　　　　　　　　　　　　　　133

第三节　对话教育基本规定性的重新认识　　135
一、对话教育是一种多主体性教育　　136
二、对话教育是一种"外位性"教育　　139
三、对话教育是一种人文性教育　　141
四、对话教育是一种开放性教育　　143
五、对话教育是一种"复调性"教育　　145
六、对话教育是一种"狂欢性"教育　　148

第五章　基于巴赫金对话理论的教育实践变革
第一节　走向开放的对话教育　　152
一、澄明对话教育的主体：封闭的个体向多元的他者开放　　152
二、丰富对话教育的内容："以已知而教"向"为未知而学"开放　　157
三、创新对话教育的形式："微型对话"向"大型对话"开放　　162
四、激活对话教育的话语："外在权威性话语"向
　　"内在说服性话语"开放　　166
五、营造对话教育的氛围：严肃的制度生活向狂欢的日常生活开放　　172
第二节　基于巴赫金对话理论的教学探究——以《祝福》为例　　177
一、以巴赫金对话理论解读《祝福》的可行性分析　　178
二、基于巴赫金对话理论的《祝福》文本解读　　179
三、基于巴赫金对话理论的《祝福》阅读教学设计　　183

结　语　巴赫金对话理论的中国运用　　187
附　录　巴赫金大事年表　　191
参考文献　　193

第一章

巴赫金对话理论的历史溯源

巴赫金是20世纪享誉世界的文艺理论家和哲学家，他的学术兴趣极为广泛，精通多门外语，思想体系驳杂深邃，尤其是他的对话理论受到了中西方文艺学、语言学、符号学、民俗学、翻译学、教育学等诸多学科研究者的高度关注，对全世界的人文社会科学研究有着深刻且持久的影响。巴赫金对话理论的构建除了与他对话式的成长经历密不可分，还得益于其受到了俄国传统宗教思想和哲学思想、俄国形式主义理论、马克思主义思想以及欧洲哲学的长期浸润。此外，"苏格拉底式对话"和"梅尼普讽刺"等早期的对话形态也为巴赫金对话理论的发展提供了丰富的理论资源。据此，本章将对巴赫金的人生经历进行细致梳理，并从直接原因、思想动力和理论渊源三个方面来探寻巴赫金对话理论产生的历史原因。

第一节 巴赫金对话理论产生的直接原因

巴赫金在孩提时期就受到良好家风庭训的熏陶，不仅在科学世界里自由遨游，而且还养成了对抽象哲学进行思辨的爱好，从小就开始与世界名著里的思想家进行跨时空的懵懂"对话"。此后，在其艰辛曲折的求学历程、动荡不安的职业生涯和颠沛流离的人生际遇中不断与不同研究领域、不同文化背景、不同年龄和不同阶级的他者进行广泛、多元的"对话"交往，并时刻保持与自我的深层"对话"，最终巴赫金在他的"对话"人生历程中构筑起一座坚实的对话理论的思想圣殿。

一、巴赫金的"对话"人生

每一位伟大的历史人物，都有一段传奇的人生故事。他们所经历的每一个故事，所体验的每一段人生，都是他们学术思想形成与发展的重要注脚[①]。同样地，巴赫金对话理论的形成与发展，与他充满传奇色彩的曲折人生密不可分。

1. 童年早期（1895—1905年）：与经典论著的懵懂"对话"

巴赫金全名米哈伊尔·米哈伊洛维奇·巴赫金（Бахтин Михаил МихаЙлович），于1895年11月17日（俄历[②]11月4日）出生于俄国中部城市奥廖尔（今俄罗斯奥廖

---

① 王凡. 思想家的成长历程[M]. 长春：吉林大学出版社，2011.
② 俄历即俄国历法。在1917年俄国十月革命之后，苏俄政府宣布废除俄历（旧历），执行新历（即公历）。18世纪、19世纪、20世纪的俄历比公历分别早11天、12天、13天。

尔州的首府）的一个不太富裕的"商贾家庭"①。巴赫金的父亲米哈伊尔·尼古拉耶维奇·巴赫金在一家商业银行供职，母亲瓦尔瓦拉·扎哈罗芙娜是当地商人阶层奥韦奇金家的长女。作为家里的次子，巴赫金还有一位出生于1894年3月的长兄（尼古拉·米哈伊洛维奇·巴赫金）以及三位妹妹（马丽娅、叶卡捷琳娜和娜塔莉亚）。

巴赫金的祖父离世后给巴赫金一家在奥廖尔市中心的花园街（今马·高尔基街）留下了一座宽敞的大庄园，他们的祖母不仅典雅端庄，天资聪颖，而且善气迎人，悉心照拂着巴赫金一家，是整个家族的精神高地。与此同时，巴赫金的双亲相敬如宾，用言传身教为子女营造了一个良好的家庭氛围。巴赫金的母亲贤良淑德，承担了很多家庭琐事，含辛茹苦地养育着五个子女。巴赫金从小身体羸弱，曾患有严重的肺炎、脑膜炎和脊髓炎，也因此给母亲带来了诸多担忧与麻烦。所幸在母亲的精心照料下，巴赫金的病情也得到了一定控制。除了在家庭里感受到了深切的母爱，巴赫金还特别崇拜他的父亲。因为巴赫金的父亲，书通二酉，宅心仁厚，与人为善，一直是巴赫金学习的榜样。在父亲的指引下，巴赫金和哥哥在童年时期便开始博览群书，手不释卷，从古希腊荷马的史诗读到古罗马维吉尔的诗歌，从普鲁塔克②的《希腊罗马名人传》读到达尔文的《物种起源》。由此可见，童年早期的巴赫金不仅钟情于文学艺术领域里的佳篇名著，也醉心于科学世界里的旷世经典。他沉浸在浩如烟海的学术经典中，与人文和科学领域里的思想家进行着懵懂的"对话"。

巴赫金的故乡奥廖尔坐落在美丽的奥卡河畔，是俄国中部闻名遐迩的经济中心和文化中心，这里不仅坐拥文科学校、教会学校、军事学校、艺术学校等多所巍峨学府，而且贤人雅士八方来客，常在此欢聚一堂，并兴办报刊杂志，开设图

---

① 关于巴赫金的家庭出身目前学界有两种主流观点：其一，以美籍华人刘康教授、美国学者凯特琳娜·克拉克为代表的学者认为巴赫金出身于（没落的）贵族家庭；其二，以俄罗斯巴赫金传记研究学家孔金和孔金娜伉俪为代表的研究者则确信巴赫金出身于"商贾家庭"。基于巴赫金本人的履历表及其出生地奥廖尔市彼得保罗大教堂第83号关于巴赫金本人的出生证明等档案资料记载，本研究更倾向于认为巴赫金是"商人之子"，而非（没落的）贵族出身。

② 罗马帝国时期杰出的希腊传记作家，曾搜集了50位久负盛名的希腊、罗马名人的传奇故事，并精心编成列传以劝善警世。

文场馆和乐器坊肆，极大地丰富了当地民众的精神文化生活。巴赫金从小深受奥廖尔浓烈艺术氛围的浸润，并在父母的支持与引导下接受审美教育和艺术训练，所以年少的巴赫金在闲暇之余经常在屋舍中娴熟地演奏柴可夫斯基、格林卡、莫扎特、肖邦、贝多芬、巴拉基廖夫等艺术大师的旷世之作。当然，童年早期的这段经历也为巴赫金后来（20世纪二十年代初）赴维捷布斯克音乐学院讲授《音乐哲学》等课程奠定了坚实的艺术基础。除了从小培养巴赫金的艺术审美能力，巴赫金的父母还非常重视子女的全面发展。因为他们尤为崇尚德式教育，所以不惜重金聘请德国女教师专门赴家中以德语为两兄弟讲授《伊利亚特》和《奥赛德》等经典佳作。也是在这一时期，巴赫金不仅开始深度研习德语，而且在女教师的引导下开始接触希腊语、拉丁语、法语、英语和丹麦语等多门外语。

渐渐地，在父母的精心培养和全力支持下，巴赫金在孩提时期就潜心沉浮于卷帙浩繁的经典论著之中，与不同领域的思想家进行着启蒙"对话"，而这样的超时空对话不仅有助于巴赫金积淀深厚的人文基础和科学素养，而且还有利于其养成较高的艺术修养和审美品位。与此同时，巴赫金还展现出了极强的语言天赋和思辨能力，开始对语言与思维、文化世界与生活世界、哲学与心理的内在关系等深刻议题产生浓烈的兴趣与好奇，而这些抽象的思考也成为日后建筑巴赫金思想迷宫的重要基石。

2. 青少年时期（1905—1918年）：与名流大师的自由"对话"

转眼间来到了1905年，由于父亲工作调任的缘故，年仅10岁的巴赫金随家人从奥廖尔转徙至维尔诺（现立陶宛的首都维尔纽斯），并和兄长一起被安排在维尔诺第一中学①就读，直至1912年仲夏之交，兄长尼古拉·巴赫金中学毕业。随后，兄长被始建于1865年的诺沃罗西斯克大学（今敖德萨大学）历史语文系录取，故而举家又南迁至位于黑海之滨的新欧洲城市敖德萨，此时还有一年中学毕业的巴赫金也随之转到敖德萨第四中学继续就读。

1913年，巴赫金中学毕业，是年8月他也顺利进入了兄长所在的敖德萨大学

---

① 俄国的教育可分为普通教育和职业教育（含高等教育），普通教育又可再细分为初等普通教育（小学）、基础普通教育（小学和初中）和一贯制的中等（完全）普通教育（小学、初中和高中），并且当时很多小学都附设在中学。所以，时年仅10岁的巴赫金在维尔诺第一中学就读，也就不足为奇。

历史语文系进行学习。在这里，巴赫金不仅师从哲学界翘楚、实验心理学大师尼古拉耶维奇·朗格教授，对内部言语活动及其感知规律进行了深入研习，而且还在语言学大师汤姆森教授的指导下，攻克了意大利语、法语和英语，并对普通语言学展开专业研究。

  1914年，第一次世界大战爆发，巴赫金的长兄响应征兵号召，投笔从戎，而巴赫金因慢性脊髓炎缠身得以免除兵役。金戈铁戟尚无罢战息兵之势，持续的战火狼烟导致敖德萨地区物资匮乏且物价疯涨，众多名流大家也因此纷纷从敖德萨大学流走。在此境遇下，为了保障子女基本的物质生活并让巴赫金继续接受更优质的高等教育，1916年巴赫金一家决定从敖德萨迁往生活物资和教育资源更为丰裕的首都城市彼得格勒①。与此同时，巴赫金不负家人所望，成功前往当时俄国综合性最强、师生规模最大、学科门类最齐全的高等学府——彼得格勒大学（今圣彼得堡国立大学）继续深造。

  在这里，巴赫金再次得到一大批高人指点，并与这些名流大家进行学术对话。首当其冲的是久负盛名的哲学家、俄国新康德主义的思想先锋亚历山大·伊万诺维奇·韦坚斯基②教授，巴赫金对康德主义的研究以及对伦理社会主义的探索就深受其影响。另一位给巴赫金的学术思想注入新鲜血液的是直觉主义的重要代表人物尼古拉·奥努夫里耶维奇·洛斯基③教授。洛斯基曾先后于1903年和1911年出版了两部代表作——《从唯意志论角度看心理学的若干主要学说》和

---

① 彼得格勒在不同的历史时期有不同的名称，1914年以前史称"圣彼得堡"，随着一战爆发，俄德成为敌对国，而"堡"字源于德语发音，因此1914年以后"圣彼得堡"更名为"彼得格勒"，"格勒"在俄语中意为"城市"；由于列宁同志于1924年与世长辞，为了纪念这位伟大的革命先驱，1924年起"彼得格勒"又更名为"列宁格勒"，直至1991年苏联正式解体，"列宁格勒"又恢复旧名"圣彼得堡"，既是出于对彼得大帝的纪念，又标志着苏联时代的结束。本研究以当时的实际名称为准。
② 亚历山大·伊万诺维奇·韦坚斯基（1856—1925年）是19世纪末20世纪初举世闻名的哲学家、心理学家和逻辑学家，1899年起担任圣彼得堡哲学协会终身主席，著有《以批判哲学原理重构物质理论之尝试》（1888）、《作为认识论一部分的逻辑学》（1909）、《摒弃任何形而上学的心理学》（1914）等著作。
③ 尼古拉·奥努夫里耶维奇·洛斯基（1870—1965年），俄国20世纪著名的哲学家、宗教思想家，著有《论证直觉主义》（1906）、《俄国哲学史》（1951）等著作。

《哲学引论》，他指导巴赫金对自己的论著进行批判性研读①。虽然在认识论上，巴赫金好像并没有沿袭洛斯基的唯意志理论及其与直觉主义相关的学说。但巴赫金在与洛斯基进行"学术争鸣"时，广泛阅读了大量的哲学、心理学文献，这也极大地推动了巴赫金对主体感知世界的内在机理以及经验认识的超越性等哲学议题的深刻思考。

1918年春天，巴赫金在彼得格勒大学完成了学业。然而，并未在1916—1920届彼得格勒大学毕业生的官方花名册中发现巴赫金的名字，巴赫金自己也曾在履历表中填写他曾在敖德萨大学和彼得格勒大学求学，但并没有取得毕业证书②。所以有人设想"他是以一个旁听生的资格在这里（彼得格勒大学）学习"③。其实学习方式并不重要，重要的是巴赫金在这段激流动荡的岁月里顽强地走完了曲折的求学之路，并积极主动与众多名师大家展开学术对话，在这些杰出思想家的悉心指导下，对很多触及对话哲学的高深问题进行了砥志研思，而这也是巴赫金对话理论形成的重要开端。

3. "巴赫金小组"时期（1918—1928年）：与学术新秀的跨学科"对话"

1917年至1919年期间，俄国十月革命和苏俄内战在彼得格勒轮番上演。据统计，仅在这两年间，彼得格勒的人口由250万锐减至90万。历经战争洗礼的彼得格勒尸横遍野，满目疮痍。在此境遇下，大批民众流离失所，并纷纷逃离了彼得格勒。"巴赫金一家也离开了彼得格勒：1918年夏天他们已经定居于涅维尔④——一个位于苏联首都东南方向300公里的城市。"

不同于彼得格勒的民不聊生和饱经战乱，小城涅维尔不仅生活物资富饶低廉，而且风景秀丽如画，十分适合安居乐业。1918年8月1日，巴赫金在涅维尔的一所劳动学校谋得了一份初中教师的工作，并且他还同时受聘于当地的另外一所初级师范学校，主要从事俄语、历史和社会学课程的教学工作⑤。也正是在涅维尔这座宜人的小城，巴赫金结交了一群志同道合、年轻有为的学术伙伴。他们不

---

① 孔金，孔金娜. 巴赫金传［M］. 张杰，万松海，译. 上海：东方出版中心，2000：44.
② 对米哈伊尔·米哈伊洛维奇·巴赫金的侦查案卷. 苏联克格勃列宁格勒州分局档案馆，第14284号档案，第5号案卷，第3卷，第1页.
③ 孔金，孔金娜. 巴赫金传［M］. 张杰，万松海，译. 上海：东方出版中心，2000：42.
④ 涅维尔，原维捷布斯克市内的一个小县城，今隶属于俄罗斯普斯科夫州.
⑤ 参阅巴赫金个人简历，现存于莫尔多瓦国立大学档案馆，第2号全宗，第1号目录，第1-2页.

仅才华横溢，而且都对深层次的对话和激烈的思想交锋颇感兴趣。于是在这批年轻的学者之间形成了一个以巴赫金为核心的"巴赫金小组"，小组成员除了巴赫金，还有瓦连京·尼古拉耶维奇·沃诺希诺夫、玛丽娅·韦尼阿米诺芙娜·尤金娜、鲍里斯·米哈伊洛维奇·祖巴金、列夫·瓦里西耶维奇·蓬皮扬斯基和马维特·伊萨耶维奇·卡甘等天才人物，他们中的每一位都身怀绝技，卓越超群。其中，大名鼎鼎的沃诺希诺夫是巴赫金学术生涯中部分著作的重要参与者；尤金娜虽身患严重手疾，但却是一位极具音乐天赋的女钢琴家；祖巴金是一位集诗人、考古学家和雕塑家于一身的青年才俊；蓬皮扬斯基来自聪明绝顶的犹太家庭，并业已获得彼得格勒大学的文凭；卡甘曾远赴德国留学，并曾在新康德主义者赫尔曼·柯亨（Hermann Cohen，1842—1918年）和哲学大师恩斯特·卡西尔（Ernst Cassirer，1874—1945年）的指导下研修哲学。这群绝世青年在"巴赫金小组"内部就古希腊哲学和德国哲学、伦理学、美学和文艺学等领域的经典著作和重大议题进行了激烈的论战，时常废寝忘食、通宵达旦。可遗憾的是，由于人生发展方向迥然相异，小组成员不得不各奔前程，随后沃诺希诺夫和蓬皮扬斯基去了维捷布斯克市①，祖巴金前往斯摩棱斯克市②，年纪最小的尤金娜奔赴彼得格勒的音乐学院继续深造，徒留巴赫金和卡甘继续呆在涅维尔，因此"巴赫金小组"不得不于1918年年底解散。

虽然"巴赫金小组"从外在的结构形式上解散了，但是小组成员之间的对话精神并没有消散，他们仍保持着密切联系和深切牵挂。1919年9月，在"巴赫金小组"成立一周年之际，他们出版了一日文集《艺术节》，巴赫金在文集中刊登了自己的第一篇学术论文《艺术与责任》。后来，巴赫金从好友沃诺希诺夫和蓬皮扬斯基处获知，20世纪二十年代，作为首府城市的维捷布斯克市不仅坐拥多所艺术学校、劳动学校、音乐学院、高等师范学院和无产阶级大学，而且还有鳞次栉比的博物馆、美术馆、戏剧院、交响乐团和合唱队等丰富的艺术资源，吸引了大批艺术家和文化活动家前去进行文化交流，这些信息让巴赫金对这座城市充满了无限向往。于是，为了更好地深入艺术生活内部，巴赫金在1920年的夏天与卡甘分道扬镳，奔赴了维捷布斯克。与此同时，卡甘则前往巴赫金的出生地奥廖

---

① 今白俄罗斯东北部城市，现为维捷布斯克州的首府。
② 斯摩棱斯克市为俄罗斯斯摩棱斯克州首府，距离莫斯科约360公里。

尔，准备在当地筹建一所大学。

来到维捷布斯克（后简称维市）的巴赫金很快融入了当地的文化生活，他不仅担任了维捷布斯克师范学院的文学教师，而且还在年底兼任当地一所音乐学院的音乐教师。此外，他还时常开设引人入胜的文化讲座和哲学晚会，积极主动与众多文化活动家进行跨学科对话，如新锐诗人巴维尔·尼古拉耶维奇·梅德韦杰夫、先锋派画家马尔克·夏加尔和杰出的指挥家尼古拉·安德烈维奇·马利科等各界杰出代表人物。渐渐地，就像在涅维尔一样，巴赫金再次成为文化圈的中心人物，因此一个新的"巴赫金小组"应运而生。次年，在维市家喻户晓的巴赫金受到了叶莲娜·亚历山德罗芙娜·奥库洛维奇（婚后冠夫姓，名为巴赫金娜）的仰慕，两人一见钟情，并于1921年7月10日喜结连理。婚后的巴赫金因旧疾复发，曾和新婚燕尔的妻子前往农村住过一段时间，后来身体一直没有完全康复，经常卧病在床，因此巴赫金在维市的那段时期无法找到一份稳定的工作。但在这段艰苦的岁月里，巴赫金并没有中断学术创作，也没有停止和不同文化背景的青年学者进行广泛交流，他的学术兴趣和研究风格也是在这一时期逐渐形成和确立。从研究内容的一致性和思想体系的延续性来看，巴赫金在这一历史时期的研究成果，如《论行为哲学》《审美活动中的作者与主人公》和《道德主体与权力主体》等论述，无不与他的对话理论具有内在耦合的关联性，这些研究成果也都是其对话理论在行为哲学、道德哲学和审美活动中的深刻体现。

1924年仲夏，为了深入苏联的文化中心，与更多学者进行更加直接、深入的对话交往，并寻求一份安稳的工作，巴赫金离开了维市，来到了学术资源更丰富、工作机会也更多的列宁格勒。1924年至1928年期间，巴赫金曾在位于列宁格勒的苏联国立艺术史研究所担任过兼职研究员，也曾在出版社做过临时编辑，并加入了新的学术圈，结识了形形色色的活动家。1927年，巴赫金与沃洛希诺夫合著的《弗洛伊德主义述评》问世。第二年，巴赫金与梅德韦杰夫合著的《文艺学中的形式主义方法》出版。与此同时，之前"巴赫金小组"的老朋友也云集响应，纷纷前来列宁格勒，聚拢在巴赫金周围，与其一道就哲学、美学和文学等领域的核心议题继续展开对话、交流和辩论。无论是以前的老圈子，还是现在的新圈子，它们都有一个令人着迷的共同特质，即：圈子里没有权威主义，没有独白式的论定，只有平等的声音和自由的对话，任何人的任何见解都要受到所有人的怀疑，都要经过所有人的讨论①。而这样的对话传统为巴赫金对话理论的发展注入了精神伟力。

4. 人生的黑暗时期（1928—1936年）：与苦难自我的深层"对话"

1928年12月24日晚，一群工作人员闯进巴赫金的寓所进行野蛮搜查，随后将巴赫金及其手稿、信件、照片和藏书等私人物品一同带走。这位年轻的学者为何突然遭到逮捕？此事还得从一个叫作"复活小组"的学术组织说起。

十月革命以降，文化界结合历史传统和新时期的要求，开启了新思想的学术探索，可谓百花齐放、百家争鸣。彼得格勒地区活跃着纷繁多样的"小组""协会""兄弟会"和"科学院"等学术组织，它们被称为"意识形态的实验室"，这些组织的宗旨在于"用精神的真理去拯救社会主义的真理，再用社会主义的真理去拯救世界"。其中具有代表性和影响力的当属"复活小组"。该"小组"的成员构成极具包容性和多样化：既有来自高校和科研机构的哲学泰斗、语言学大师和杰出的创作家、历史学家，也有来自艺术协会的画家、音乐家、建筑学家和雕塑家，还有来自教学前线的中小学教师以及各类社会活动家和文化活动家，而青年学者巴赫金的大名也赫然在列。

就发展历史而言，"复活小组"由有着同样曲折命运的思想家亚历山大·德罗维奇·梅耶尔（1882—1939年）和哲学家格奥尔基·彼得罗维奇·费多托夫（1886—1951年）等人于1917年末联合创建。志同道合的梅耶尔和费多托夫都曾是马克思主义和社会主义的追随者，都希望实现"社会主义的真理"和人民精神的新生与宗教"复活"的结合。基于这一共同的目标追求，他们一拍即合，决定将小组正式命名为"复活"并于每周日举行一次例会，而举办会议的场所则经常在各个小组成员的寓所更替。小组成员时常围绕宗教哲学、共产主义、古典哲学、文艺学等领域的重大问题展开深入、全面的学术对话，巴赫金也曾多次在小组内担任主讲人，就陀思妥耶夫斯基、康德和弗洛伊德等人的著作进行鞭辟入里的评介，并对他的对话理论进行系统阐发。

"复活小组"历经十余年的"思想实验"在当地颇具影响力，后于1928年被苏联人民委员会国家政治保卫总局认定为"地下反革命组织"，组内约200号人也因此相继被提审。巴赫金因与该小组的密切联系，所以在1928年的平安夜惨遭

---

① 孔金，孔金娜. 巴赫金传［M］. 张杰，万松海，译. 上海：东方出版中心，2000：105.

逮捕。尔后，巴赫金历经长达12天的审讯，但未从他身上搜查到任何"颠覆苏维埃政权"的有力罪证，加之此时的巴赫金身患严重的慢性脊髓炎，且年底的监狱早已人满为患，所以巴赫金最终被准予在不离境的前提下假释。然而，好景不长，随着当局对"复活小组"的进一步"打击"，1929年7月22日巴赫金再次被公开提审。而这次审理，巴赫金竟被毫无道理地处以"有期徒刑五年，在索洛韦茨基[①]集中营服刑"的判决[②]。更为不幸的是，就在判决前五日，巴赫金因旧疾复发且高烧不退刚进行了一场紧急手术，可想而知这一判决结果对于正在医院接受术后疗养的巴赫金而言，无疑是晴天霹雳。在此危急时刻，巴赫金的夫人巴赫金娜深知倘若巴赫金接受这一残酷判决，前往天寒地冻的集中营服刑，以他目前的身体状态而言，相当于是判了他"死刑"。于是，万分悲痛的巴赫金娜还来不及沉浸在伤痛中，就立马向苏联人民委员会国家政治保卫总局写信说明巴赫金的情况并提出申请希望当局可以酌情考虑为巴赫金改判或是减刑。与此同时，巴赫金娜还积极向他们夫妇素日的故交密友求助，希望他们也能出面游说，帮助巴赫金减轻判决结果。其中，起到关键作用的当属享誉世界的大作家马克西姆·高尔基的夫人叶卡捷琳娜·巴浦洛夫娜·彼什科娃（时任"苏联政治犯救济委员会"主席）和著名的苏联美学家阿纳托利·瓦西里耶维奇·卢那察尔斯基（时任"苏维埃人民教育委员"）。他们十分惜才，并曾阅读过巴赫金在1929年与沃洛希诺夫合著的《马克思主义与语言哲学》以及巴赫金自己署名的第一部专著《陀思妥耶夫斯基创作问题》，所以更加坚定巴赫金这位年轻的学术之星是清白的。于是，在他们的共同营救和游说下，苏联人民委员会国家政治保卫总局对巴赫金的案件进行了重新审理。同时基于巴赫金的医务鉴定情况，这位蒙冤的青年学者最终于1930年2月23日被改判为流放至库斯塔奈[③]，期限仍为五年。是年3月29日，大病未愈的巴赫金在妻子的精心照料下踏上了艰难的流放之路。

　　流放地库斯塔奈是一座边远的沙漠小城，这里不仅气候恶劣，粮食歉收，生活物资紧缺，而且人才也极为匮乏。巴赫金因其极强的专业能力和主动精神很快在当地崭露头角，但因其"流放犯"的身份也只能在当地打零工贴补家用。后因

---

① 俄罗斯北冰洋白海沿岸岛屿，位于北极圈附近，气候极为寒冷。
② 参阅巴赫金的《侦查案卷108号（1929年）》，第5卷，第35页。
③ 今为哈萨克斯坦北部的一个州，北邻俄罗斯。

得到库斯塔奈区消费合作社领导的赏识,巴赫金被委任合作社经济师兼会计,这份工作也为巴赫金夫妇在这段黑暗的流放岁月里维持生计提供了微薄的贡献。就这样,巴赫金在库斯塔奈孜孜不倦地辛勤工作至1936年金秋,才结束了这段饱经沧桑且漫长难熬的流放之路。由此可见,被判决流放五年之久的巴赫金实际上在库斯塔奈度过了六年的光景。

虽然这段度日为艰的流放岁月为巴赫金的创作生活增添了较大阻力,但却没有浇灭巴赫金的创作热情。也正是在这段黑暗时期,巴赫金忍辱负重、卧薪尝胆,始终坚持与自我的深层对话,并通过学术创作赋予自己抵抗苦难的勇气和力量。巴赫金在流放的这段岁月里承续了对小说话语和小说体裁的深入研究,奇葩巨著《长篇小说的话语》就是诞生于此时期。

5. 人生的黄金时期(1936—1961年):与门生弟子的民主"对话"

从1936年结束流放生活,到1961年从高校荣休,巴赫金在这段长达四分之一个世纪的峥嵘岁月里一直学而不厌,诲人不倦,不仅陆续创作出多部影响世界思想史的鸿篇巨制,而且还潜心引领教育教学改革,在与学生的民主对话中培养出了一大批优秀人才,这也是他"对话"人生中的黄金时期。

如果按照巴赫金"时空体"的概念来划分,根据巴赫金在这一历史时期的空间位移,这段黄金期又可细分为三个阶段。1936年底,结束在库斯塔奈流放生活的巴赫金,在当局教育人民委员部的建议以及好友梅德韦杰夫的帮助下,奔赴位于萨兰斯克①的莫尔多瓦国立师范学院从事普通文学的教学工作,并开始撰写他的博士学位论文《现实主义历史中的弗朗索瓦·拉伯雷》(*Rabelais in the History of Realism*)。这也标志着巴赫金人生黄金期的第一个阶段"萨兰斯克时期(1936—1937年)"正式拉开序幕。青年教师巴赫金因其充满对话性的教学方法深受学生喜爱,但其授课内容没有按照当局的要求,因而多次受到学校领导的严重警告,巴赫金对此愤懑不平。另外,缘于其"流放犯"的身份,他一直无法在当地获得合法的居住权,因此也难以成为该校的在编人员。在此境遇下,巴赫金夫妇于1937年春天决定离开萨兰斯克,转而北迁至莫斯科,并暂时居住在密友家中。是年盛夏,他们又继续北上抵达列宁格勒。很长一段时间,巴赫金辗转于莫斯科和列宁格勒之间,试图在这两个首都城市谋得一份教职,可惜受制于他曾

---

① 此时的萨兰斯克为莫尔多瓦苏维埃社会主义自治共和国的行政中心。

"被流放"的"不光彩"经历一直徒劳无功，只能从事一些临时的工作，如为《文学百科全书》撰写词条"讽刺"。后来，巴赫金夫妇在好友帮助下，于1937年10月底在距离莫斯科一百公里左右的小镇萨维洛沃获得居住证，并在此安顿下来。巴赫金人生黄金期中的第二个历史阶段"萨维洛沃时期（1937—1945年）"就此开启。

在莫斯科近郊的这座小镇，巴赫金熬过了他人生中最艰难的一段岁月。也是在这里，巴赫金的创作生涯达到高峰，创作出了很多流芳百世的经典论著。1938年对于巴赫金而言，是骥伏盐车、备尝艰苦的一年。是年年初，巴赫金的慢性脊髓炎进一步恶化，最终不得不截去右下肢以保全性命。手术大获成功的巴赫金开始居家调养，在漫长的恢复期，巴赫金心无旁骛，潜心致力于自己的研究与创作，这一年他先后完成了《教育小说及其在现实主义历史中的意义》以及《长篇小说的时间形式和时空体形式——历史诗学概述》的撰写。此后，他继续推进在库斯塔奈就开始构思的有关拉伯雷的创作，在1940年完成了《现实主义历史中的弗朗索瓦·拉伯雷》的撰写工作，并将手稿分别递交至苏联科学院高尔基世界文学研究所和西欧文学研究所。不久后，他又将《小说理论》和《梅尼普讽刺体的历史》两份手稿呈送至苏联科学院高尔基世界文学研究所。在接下来的数年里，巴赫金大笔如椽，留下了很多深蕴其对话思想的名篇佳作，比如《俄语中学课堂里的文体学问题》（*The Questions of Stylistics in the Russian Language Classrooms of Secondary Schools*）、《长篇小说话语的发端》以及《长篇小说话语问题》等。在"萨维洛沃时期"，巴赫金除了专注学术创作，还先后在莫斯科近郊基姆列城的多所中小学从事教学工作，主要教授德语和文学课程，并针对当时教条主义和专制主义盛行的教学现状进行教育实验和教学改革，尤为提倡将对话的思维方式引入学校教育之中，而此时的巴赫金早已截去右下肢，经常拄着拐杖，步履蹒跚地奔赴教学一线，用他那充满爱意的对话去温暖那些正遭受战争洗礼的孩童。

巴赫金在顺利完成基姆列城第14中学1944—1945学年的教学工作后，得到了苏联教育人民委员部的赞誉，并在他们的建议和帮助下，于1945年9月再次回到了曾工作过的莫尔多瓦国立师范学院，重启了他的"萨兰斯克时期（1945—1961年）"。重返萨兰斯克的巴赫金不仅被聘任为语文系的在编副教授，而且还被任命为普通文学教研室主任。然而，由于当时巴赫金未取得任何学位，所以这一任命尚未得到苏联教育人民委员部的批示。1946年此事出现重大转机，因为这一年的11月巴赫金在位于莫斯科的苏联科学院高尔基世界文学研究所完成了他在"萨维洛沃时期"所创作的博士论文的答辩。答辩委员会的专家成员对巴赫金的论文进行了长达七个小时的争论，最终决定授予巴赫金语文学"副博士学位"①。

顺利通过论文答辩后，1947年1月教育主管部门才批准了巴赫金担任教研室主任的任命。由于对当前的文学教学方法论极度不满，新上任的巴赫金就大刀阔斧地对普通文学系的教学工作进行系统性改革。由于苏联卫国战争（1941—1945年）持续了五年之久，很多地区的教育教学工作中断，所以很多大学生的知识文化水平参差不齐。面临这一现实困境，巴赫金主动与同事展开积极对话，并精心组织策划系列教研活动和师生座谈会，在深入了解学生学习现状和学习需求的基础上，进行有针对性的教学改革，对文学教学的育人目标进行重新定位，进而在与学习者的民主对话之中促进学习者的有效学习以及自由而全面的发展。在巴赫金及其同事的共同努力下，莫尔多瓦国立师范学院的办学质量不断朝高位发展，并于1957年正式升级为莫尔多瓦国立大学。鉴于院系调整和巴赫金对学校发展的贡献，次年巴赫金被任命为苏联与外国文学教研室主任。此时的巴赫金更加兢兢业业地与学生们开展民主对话，推动教育改革创新，并坚守学术初心，继续学术创作，为多部论著的出版和再版做精心准备。就这样，巴赫金一直在莫尔多瓦国立大学勤勤恳恳工作到1961年才荣休。

6. 晚年时期（1961—1975年）：与青年学者的友好"对话"

1961年，时年66岁高龄的巴赫金正式退休，但他并未马上享受起闲适的晚年生活，而是一边继续与莫尔多瓦国立大学保持密切联系，一边修订并完善早期的学术创作，并与众多的年轻学者保持对话交往。因为巴赫金始终觉得他与自己的学生、学者、不同他者之间的对话还"未完成"，也不应该"完成"，所以退休后的巴赫金继续在创作世界和教育生活中发挥余热，他不仅继续指导研究生，而且还时常与他的追随者，甚至是反对者进行友好的学术对话，并在"对话"的"回响"中重新审视自己早年的艺术创作和学术见解。此后，名扬天下的《陀思妥耶夫斯基诗学问题》和《弗朗索瓦·拉伯雷的创作与中世纪和文艺复兴时期的

---

① 苏联时期的副博士学位相当于中国的博士学位，苏联的全博士学位则大体相当于中国的博士后。

民间文化》分别于1963年和1965年相继问世。

　　转眼间到了令巴赫金刻骨铭心的1967年，这一年从列宁格勒传来的好消息激起巴赫金晚年生活的涟漪。据悉，1967年5月30日"复活小组"一案被重新审理，最终该学术组织被判决无任何"反政府"的言行和活动，作为"小组"成员之一的巴赫金也因此被平反昭雪，而这一天巴赫金足足等了37载。但遗憾的是，恢复名誉的巴赫金此时已逾古稀之年，身体每况愈下。两年后，巴赫金夫妇从萨兰斯克北上迁徙至莫斯科，在医疗条件更为优越的克里姆林宫医院接受了长达七个月的治疗。1970年5月，出院后的巴赫金夫妇在慈善部门的协调下，被安排在莫斯科近郊的一个敬老院颐养天年。是年10月，莫尔多瓦国立大学云集当时最杰出的文艺学家、哲学家、语言学家和文化学家等学者代表，组建学术代表团为巴赫金七十五华诞祝寿，以此致敬巴赫金丰硕的学术贡献和教育成就，这也给远在莫斯科近郊养病的巴赫金带来了些许慰藉。一个月后，巴赫金正式成为苏联作家协会会员。

　　然而，不幸的是，1971年12月，传来了巴赫金的终身伴侣巴赫金娜病逝的噩耗。料理完妻子的后事，饱受丧妻之痛的巴赫金离开了早前和妻子共同居住的伤心地，于1971年末住进了作家协会会员才有资格入住的"作家创作之家"，茕茕孑立直至翌年9月。后来莫斯科政府和作协的领导出面帮助巴赫金解决了他在莫斯科的居住证和住所问题，并雇请了一位保姆照料其生活起居。在巴赫金生命的最后岁月里，他仍旧没有停止创作，借助莫斯科丰富的学术资源，他继续对人的主体建构、自我与他者的对话关系、人文学科领域里的重大问题进行重新思考，不仅留下了具有极高学术价值的信札，而且还继续与那些登门拜访的年轻学者、记者甚至是陌生人进行友好对话。最终，巴赫金于1975年3月6日凌晨两点因"急性心血管缺氧"与世长辞。不久后，莫斯科文学艺术出版社出版了他的遗作《文学与美学问题》。虽然巴赫金离开了我们，但是他为我们留下了一笔极具生命力的学术遗产，还为我们创设了与他及其皇皇巨著进行自由对话的无限可能。

二、巴赫金对话式的生存方式滋养了其对话理论

　　通过对巴赫金学术成长经历的梳理，不难发现巴赫金虽然是一位深处边缘生活中的"边缘人"，一生颠沛流离，风雨飘摇，但是他在人生的任何时期都不曾

放弃与他者和自我的深层对话，并在多元对话中不断汲取精神养料，以此抵抗人生中的各种磨难。他的这种对话式的生存方式，也为他的学术创作提供了丰富灵感，特别是为他的对话理论的形成和发展注入了源源不断的动力与活力。

事实上，巴赫金的一生是在"对话"中度过的一生。如果从历时的角度考察，孩提时期的巴赫金在父亲的引导下与兄长一道博览群书，沉浸在古希腊、古罗马的经典论著中，并对人文与科学等不同领域的学术论著产生了极强的兴趣。此后，巴赫金又在德国家庭教师的专业指导下，对康德的德语原著进行研习。由此可见，巴赫金从小便与众多世界级的思想大师进行超时空"对话"，这种对话启蒙为其日后对话理论的形成和发展奠定了良好基础。步入青少年时期的巴赫金，由于父亲工作调动以及频发的金革之难，不得不屡次迁徙转学。他曾先后在维尔诺第一中学、敖德萨第四中学、敖德萨大学、彼得格勒大学等不同学府求学，但是这些曲折的求学经历也让巴赫金近距离接触到了来自哲学、心理学、语言学等不同学科领域的名流大师，并得到了他们的权威指导。巴赫金正是在与这些学术大师的自由对话之中，对普通语言学、语言哲学、语言心理学等领域的话题产生了浓烈的研究兴趣，而基于这些研究议题衍生出的学术成果也是巴赫金对话理论的重要组成部分。结束在彼得格勒大学的求学生活后，巴赫金举家迁徙到了位于首都附近的涅维尔小城。巴赫金在这里结识了很多学术新秀，其中既有日后巴赫金学术创作的重要参与者，也有青年音乐家、考古学家和雕塑家，还有年轻的诗人和哲学家。他们以巴赫金为核心组建了一个"巴赫金小组"，并基于各自的学术视野对音乐、艺术、美学、文艺学和哲学等领域的关键议题进行了激烈论战。虽然他们之间的学术争鸣常常没有定论，但是巴赫金在与这些青年才俊的跨学科对话中养成了一种拒拆独白的对话精神。与此同时，巴赫金在他的音乐家朋友那里获知了复调音乐这一音乐术语，并从中萃取出一种复调思维，进而创造性地提出复调小说，此乃堪称文学创作领域里的"哥白尼式"的发现。此外，巴赫金还坚持在各种多元、平等的对话交往中博采众长，并逐渐形成了一些颇具巴赫金特色的美学思想和对话哲学思想，而这些学术成果也是巴赫金对话理论的重要构成。

但遗憾的是，由于"巴赫金小组"成员各自的理想追求不同，大家最终不得不分道扬镳。此后，巴赫金又因加入一个名为"复活小组"的学术组织而惨遭逮捕，并开始了长达五年的流放生活。在库斯塔奈这座沙漠之城流放时，巴赫金无法与昔日好友进行面对面的对话，于是他开始向内寻求与自我的深层"对话"。在这段饱经风霜的流放岁月，巴赫金不断对自我及其作品进行深刻反思，并在这一特殊历史时期撰写出了不少蕴藏他对话思想的论著。结束流放生活的巴赫金，在萨兰斯克的莫尔多瓦国立师范学院谋得一份教职，并开始了他的对话教学实践。他的这种对话教育模式颇受学生喜爱。但囿于他曾经惨遭流放的经历，他一直无法获得合法的居住权，不得不在多地辗转，并先后在莫斯科附近的多所中小学执教，继续着他的对话教育实验。后来，巴赫金重返莫尔多瓦国立师范学院，成为该校教育教学改革的模范先锋，不仅建议教师同行开展专业对话，而且倡导师生之间的民主对话。直至巴赫金荣休之前，他一直致力于对话教育的实践与探索。退休后的巴赫金，并未闲适地享受其晚年生活，而是继续从事研究生的指导工作。因为巴赫金坚信，人只要活着就一直处于对话之中，并且这样的对话永不会终结。此外，巴赫金还亲自接见了很多慕名而来的追随者，无论是年轻的学者，还是记者，甚至是一些素未谋面的陌生人，巴赫金都毫无保留地与他们展开友好对话，将其毕生的学术见解和人生经验倾囊相授。事实上，巴赫金在与这些年轻人的对话交往中，既系统地回忆了自己的学术思想和人生经历，又对某些人生问题进行了重新思考，这也再次印证了巴赫金的论断，谁也无法言说"世界的最后结论和关于世界的最后结论"，一切都处于"未完成"之中，一切都处于"未完成"的"对话"之中，巴赫金穷尽一生都在实践着他的这种对话理论。

作为"20世纪最重要的思想家之一"，巴赫金在"对话"之中度过了他极具戏剧性的传奇人生，也为我们留下了一笔巨大的学术财富——巴赫金对话理论。可以说，巴赫金对话理论是伴随着巴赫金的成长而成长。他在人生中的每一个历史阶段，无论是与不同他者的对话，还是与自我的对话，都是为他的对话理论这座巍峨的思想大厦添砖加瓦。对于这样一位乐于对话、勤于对话、善于对话的思想家而言，对话理论的产生无疑是一种历史必然。

第二节 巴赫金对话理论产生的思想动力

巴赫金对话理论的产生既离不开他对话式的人生体验，也得益于他对不同理论思想的批判性继承与发展。从思想动力的来源上来看，巴赫金对话理论与俄国形式主义的发展有着一定的历史渊源。与此同时，巴赫金对话理论与马克思主义之间也有着复杂关联，还与康德、柯亨、舍勒和马丁·布伯等人的哲学思想相互交织。

一、俄国形式主义文学理论的发展

俄国的形式主义与捷克的结构主义和法国的结构主义，是西方现代语言形式论诗学的三个重要发展阶段。其中，俄国的形式主义以建立一种封闭的、自足的、科学的诗学理论为旨趣。20世纪早期，巴赫金曾于彼得格勒大学求学，而这座高等学府正是俄国形式主义发展的重要阵地。在这里的学习经历，也引起了巴赫金对俄国形式主义理论的注意，而巴赫金对话理论也正是在他与俄国形式主义的论争中逐渐构建起来的。

1. 巴赫金对诗学属性的批判

在俄国形式主义者看来，他们作为一种新的诗学者，与传统诗学者的异趣在于，他们不痴迷于用文学去折射或揭示社会现实，而是更为强调文学自身的"独立自足性"[①]。我们可以从俄国形式主义的先驱鲍里斯·托马舍夫斯基曾在《诗学的定义》一文中的见解看出这种理论主张，他在此文中明确地区分了两种不同的研究文学艺术的方法，其一是强调文艺作品与外部世界之间的历史性关联；其二是将研究的焦点从外部世界转向文学作品内部的"一般诗学"[②]。俄国形式主义的另一位代表人物罗曼·雅各布逊将俄国形式主义所主张的这种"独立自主性"推向了高潮，并提出了"文学性"的概念。在其看来，真正能促使某个作品成为文学作品的是"文学性"而不是"文学"，文学科学真正的研究焦点应该是前者而非后者[③]。而巴赫金从马克思主义的立场出发，对俄国形式主义者的理论主张进行了辩驳，并指出审美活动是人类整个文化系统中的一个重要部分。更进一步而言，审美活动只有与人类文化系统中的其他活动"相互界定"，它才有可能得到准确又真实的"自我界定"[④]。反之，任何用语言材料替代审美原则，任何排除文

---

① 范方俊. 巴赫金与俄国形式主义的论争与对话[J]. 中国人民大学学报, 2010 (1): 138-144.
② 鲍里斯·托马舍夫斯基. 诗学的定义[M] //维克托·什克洛夫斯基. 俄国形式主义文论选. 方珊, 译. 北京: 生活·读书·新知三联书店, 1989: 79.
③ 罗曼·雅各布逊. 现代俄国诗歌[M] //茨维坦·托多罗夫. 俄苏形式主义文论选. 蔡鸿滨, 译. 北京: 中国社会科学出版社, 1989: 24.
④ 巴赫金. 巴赫金文论选[M]. 佟景韩, 译. 北京: 中国社会科学出版社, 1996: 255.

学文本之外的文化因素的"新方法"都必然步入方法论的片面性误区。巴赫金进一步解释道,所谓材料就是那些具有审美内涵的形式,而这些形式既可能是自然科学的形式,也可能是语言学意义上的形式。所有的审美活动都是基于某些特定的材料进行组织,而所谓的艺术家就是采取艺术的立场对特定的材料进行组织[①]。据此,在巴赫金看来,俄国形式主义诗学应当是一种根植于系统性美学、与文化相关联的"材料美学",而非一种封闭自足、纯文学性的美学。

2. 巴赫金对文学形式的批判

传统的西方诗学主张内容决定形式,而以新诗学自诩的俄国形式主义则将形式的地位不断"升格",并强调形式是第一性,形式决定内容。不同于俄国形式主义的观点,巴赫金重申现实内容在审美活动中的第一性以及现实与艺术之间的内在关联,以此有力回击"形式吞噬内容"的文学趋向。值得注意的是,艺术领域里的现实是一种基于人类的理性认识和伦理实践的审视与评价,继而在审美实践的进程中被再次加工和整理,它完全不同于那种中立和自在的现实[②]。巴赫金进一步指出,审美活动不同于认识行为和伦理行为的一个重要方面在于,前者将认识和伦理的现实也纳入审美的客体,并通过文本的形式将这些整理过的现实推向另一个新的价值层次,基于文化的统一整体性质,以一种新的整理方式使这种现实成为新的统一整体的一个重要组成部分,使其个体化和具体化,最终实现艺术上的隔离化和完成化[③]。据此,巴赫金将文学形式中的内容归结为一种艺术加工。具体而言,它是一种审美现实进入审美客体之后,在审美客体内部聚合成一个有直觉感受的统一体,进而基于特定的审美材料所进行的一种具体化和个体化的加工,也是一种基于艺术立场的完成化与隔离化的加工[④]。为此,巴赫金强调内容是审美客体中不可或缺的必要因素,内容决定了艺术形式及其涵义,而形式是内容的外化和具体化。

3. 巴赫金对科学诗学建构的批判

20世纪早期,人文科学研究的语言学转向风靡一时。俄国形式主义深受波

---

① 巴赫金. 巴赫金文论选[M]. 佟景韩,译. 北京:中国社会科学出版社,1996:257-258.
② 范方俊. 巴赫金与俄国形式主义的论争与对话[J]. 中国人民大学学报,2010(1):138-144.
③ 巴赫金. 巴赫金文论选[M]. 佟景韩,译. 北京:中国社会科学出版社,1996:275.
④ 巴赫金. 巴赫金文论选[M]. 佟景韩,译. 北京:中国社会科学出版社,1996:278.

及，并因此特别重视文学的"自我指涉性"，即文学之本质在于文本的语言诗学功能以及文学自身的文学性。苏联著名文艺学家什克洛夫斯基曾提出了"材料"和"程序"两个诗学范畴，并将"材料"进一步细分为"语言材料"和"思想材料"。所谓"程序"就是使材料蜕变成艺术品的处理方式，"这些程序的目的就是要使作品尽可能被感受为艺术作品"。事实上，"材料"与"程序"的统一，就是艺术作品的形式与内容的统一，这也是俄国形式主义构建科学诗学的一个重要依据。对于俄国形式主义对科学诗学的构建浪潮，英国学者安纳·杰弗森和戴维·罗比曾发表过这样的评价，"人们纷纷试图在一个独立的根基之上系统地进行文学研究，使之成为一门特殊的科学。俄国形式主义就是最早的一种表现"[①]。俄国形式主义者试图将文学研究与语言学关联起来，进而对文学展开科学分析，以此构建一种科学诗学的范式。然而，依巴赫金之见，"这种科学诗学构建在很多时候局限于对文本形式的静止分析，从而导致其审美性遭到遮蔽与放逐，甚至游离于文本之外"[②]。所以，巴赫金对俄国形式主义仅从自足性的文本结构中去寻求意义，而忽视文本之外的其他现实因素和文化实践的理论主张进行了深刻批判，"无需认识、无需系统阐明审美在人类文化总体中的特殊性的条件下"，"建立起单独一门艺术的科学"，"类似之觊觎，实际上是无法兑现的"[③]。艺术的科学化操作必然使文学作品沦为技术化、机械化、标准化的材料堆砌物，也使得文学作品原本内蕴的审美性被不断消解甚至是消失。

大体上而言，巴赫金对话理论伴随着俄国形式主义理论的发展而发展。巴赫金的《学术上的萨里耶利主义》《评托马舍夫斯基著<文学理论（诗学）>》《生活话语与艺术话语》等论著都是在与俄国形式主义理论的批判性对话中问世的。可以说，没有俄国形式主义理论的发展，就没有巴赫金对话理论的建树。巴赫金基于俄国形式主义的"材料美学"化倾向、文本的封闭自足性以及科学诗学的构建等理论主张进行了鞭辟入里式的批判，为其对话理论中对文本的文化性、社会

---

① 安纳·杰弗森，戴维·罗比. 西方现代文学理论概述与比较[M]. 陈昭全，等，译. 长沙：湖南文艺出版社，1986：3.
② 杨向荣. 科学诗学建构中的审美性缺失——巴赫金对早期俄国形式主义的批判[J]. 中国文学批评，2017（3）：71-78.
③ 巴赫金. 话语创作美学方法论问题[M]//巴赫金全集（第一卷）. 晓河等，译. 石家庄：河北教育出版社，2009：316.

性、开放性和"未完成性"的阐发奠定了坚实基础。

二、"用马克思的语言与马克思主义对话"

巴赫金的语言哲学是马克思主义与现代语言学联姻的成功典范，也是巴赫金对话理论在语言学领域的成果转化。与巴赫金语言哲学相关的思想主要集中体现在其于20世纪20年代末期（联合）创作的三大著作中：《弗洛伊德主义述评》（1927年）、《文学学中的形式主义方法》（1928年）和《马克思主义与语言哲学》（1929年）。无论从这些著作的内容、形式或是标题上来看，都不难发现巴赫金与马克思主义之间的学术渊源。就巴赫金是否归属为马克思主义者，自20世纪90年代开始就在西方世界和俄罗斯引发了激烈论战，尔后中国学者也加入了这场学术争鸣之中，目前学界主要有以下几种见解。

1. 巴赫金是真正的"马克思主义者"

一部分声音坚定地认为巴赫金对话理论所蕴含的深刻的意识形态性与马克思主义具有异曲同工之妙，因而他是一位真正的马克思主义者。这一倾向得到了很多国际学者的响应，俄罗斯著名语言学家列昂吉耶夫曾公开地将巴赫金视为"马克思主义的近邻"。另一位俄罗斯学者欧科豪夫也表达了类似立场，他说道："巴赫金的思想是马克思主义传统的一部分，但又超越了它"[1]。德国话语理论大师尤尔根·哈贝马斯（Jügen Habermas）不仅肯定了马克思主义对巴赫金对话理论的影响，而且还肯定了巴赫金对话理论对西方理论界的影响。他公开表明，基于马克思主义的思想体系来解读语言学家威廉·冯·洪堡的语言学思想是巴赫金对西方语言理论发展的留下的一笔宝贵学术财富。美国杜克大学教授刘康则将巴赫金于1924年至1929年这一历史时期的思想历程直接归结为"马克思主义语言学阶段"[2]，他进一步指出巴赫金的思想理论受到了社会主义国家文化传统的浸润，和马克思主义之间有着密切关联[3]。而将视野转回中国学界，我国著名巴赫金研究专家钱中文先生曾在20世纪末期明确指出，巴赫金深入研究了很多传统马克思主

---

[1] 梅兰. 国外巴赫金研究概况 [J]. 外国文学研究，2001（4）：117-121.

[2] 刘康. 对话的喧声：巴赫金的文化转型理论 [M]. 北京：北京大学出版社，2011：8.

[3] 刘康. 一种转型期的文化理论——论巴赫金的对话理论在当代文论中的命运 [J]. 中国社会科学，1994（2）：161-176.

义文艺学家忽视的重大议题，他基于马克思主义的立场对文艺学领域、语言学领域和精神分析等方面的内容进行了阐释，甚至是比那些自诩为马克思主义文艺学家的研究者更有深度、更加全面、更为准确[①]。由此可见，一大批中外学者都肯定了马克思主义之于巴赫金对话理论的重要意义。

2. 巴赫金是"修正主义"的"马克思主义者"

当然，也有学者发出另外的声音，他们并不认为巴赫金是一位不折不扣的马克思主义者，而是一位"修正主义"的马克思主义者。他们给出了这样的依据，虽然巴赫金基于马克思主义的某些观点对俄国的形式主义进行了批判，但是巴赫金还对马克思主义的思想体系进行了某种意义上的调整、丰富和发展。例如他首次从语言学的层面对意识形态这一范畴进行了重新审视，并提出了话语是一种独特的意识形态现象、所有具有意识形态的事物都是社会交流的客体等具有重大突破意义的原创性见解。又如巴赫金重新赋予了内容在审美活动中的核心作用，重申了内容决定形式这一审美模式的积极意义[②]。由此看来，巴赫金的语言学立场吸收了马克思主义中对社会性、历史性和意识形态的强调，但又没有机械化地移植经典的马克思主义，而是对其进行了一定程度地修正，反而更具有西方马克思主义的意味。

3. 巴赫金是有着马克思主义倾向的"非马克思主义者"

此外，还有部分研究者持完全相反的意见，他们坚决认为巴赫金根本就不是一位马克思主义者。英国谢菲尔德大学的克雷格·伯兰蒂斯特（Craig Brandsit）一针见血地指出，"巴赫金并不是一个马克思主义者，但并不否认他也可以采用这些思想来发展马克思主义理论"[③]。他们之所以得出这样的论断主要基于以下理由：其一，巴赫金在1974年接受访谈时，曾宣称"我从未是一位马克思主义者"，其二，长期以来，巴赫金在他的家乡俄罗斯被官方认定为"非马克思主义者"，如在2002年由俄方政府组织出版的一套高校教材《俄罗斯哲学》就明确将巴赫金的哲学思想纳入苏联时期哲学发展中的非马克思主义哲学部分[④]。其三，回顾20世纪早期苏联的政治环境，当时苏联官方对马克思主义尤为推崇，致使

---

① 钱中文. 巴赫金：交往、对话的哲学[J]. 哲学研究，1998（1）：53-62.
② 萧净宇. 超越语言学—巴赫金语言哲学研究[M]. 上海：上海人民出版社，2007：21.
③ Craig Brandsit. Review Article：Bakhtinology and Ideology[J]. Dialogisme，1999，2（2）：87-94.
④ 参见И. И. Евлампиев, История русской философии, М, Издательство"Высшая школа", 2002, C. 555-564.

马克思主义在那一历史时期成为"穿着官服的科学"。在此境遇下，巴赫金也穿上了马克思主义的"外衣"来阐发自己的思想"内核"，因为他意识到借助马克思主义的术语，他的论述才有可能更快发表。美国著名学者卡特琳娜·克拉克（Katarina Clark）和迈克尔·霍奎斯特（Michael Holquist）在其联合出版的《米哈伊尔·巴赫金》传记中也强有力地支持了这一论点，他们指出巴赫金受到列宁等马克斯主义者的启示，立足于党的思想体系和语言逻辑，以一种高超的技艺对托尔斯泰进行批判的同时又坚定地捍卫了托尔斯泰。事实上，在巴赫金生活的那个时代背景下，很多论著都趋于马克思主义化，巴赫金深知自己唯有用苏联马克思主义的语言去丰富自己的作品才有得以公开发表的可能[①]。

虽然围绕巴赫金是否归属于马克思主义者的争论还"未完成"也"没有终结"，至今仍无法完全肯定巴赫金到底是不是一位马克思主义者。但可以肯定的是，巴赫金的理论思想在一定程度上的确是批判性地承续了马克思主义中的精华部分，他的对话理论充满着"用马克思主义的语言与马克思主义对话的激情"。进而言之，巴赫金从马克思主义那里获得的一个重大启发，即"话语是一种独特的意识形态现象"。巴赫金正是在马克思主义的影响下，在与马克思主义批判性的对话中，不仅将颇具马克思主义意蕴的社会性、历史性、物质性和实践性注入了话语内部的深处，而且还独创性地揭示了话语的意识形态性，这才得以让其对话理论在20世纪多元繁复的话语理论之林里大放异彩，并在21世纪的今天仍为世人津津乐道，而这也是巴赫金与伽达默尔、奥古斯丁和哈贝马斯等人话语理论的重要区别所在。

三、欧洲哲学的启蒙

巴赫金在孩提时期便开始在德裔家庭教师的引导下学习德语，研修德国古典哲学，其中康德、柯亨、舍勒和马丁·布伯等人的哲学思想为其日后对话理论的成熟和完善提供了丰富的思想养料。

1. 康德的"心物关系论"

巴赫金自幼便对康德（1724—1804年）的哲学思想着迷，十二三岁就开始用

[①] 卡特琳娜·克拉克，迈克尔·霍奎斯特. 米哈伊尔·巴赫金传［M］. 语冰，译. 裴济，校. 北京：中国人民大学出版社，2000：208-209.

德文研读康德的《纯粹理性批判》。在求学期间，曾受到康德主义的代表人物韦坚斯基等哲学大师的指导，阅读了大量康德的论著，并进行了深刻思考。此外，自巴赫金于1918年从彼得格勒大学完成学业后，他曾多次在不同场合对康德的论著进行评介，并在与听众的批判性对话和交流中不断深化对康德及其哲学思想的理解，这也激发了巴赫金对伦理社会学领域诸多重大问题的好奇。

综合而言，巴赫金对话理论的起步极大地受惠于康德的哲学思想，尔后又在新康德主义者那里获得进一步的深化和完善。康德的思想体系庞杂精深，"心物关系论"是他哲学思想的灵魂所在，巴赫金也正是在康德对"心物关系"的精彩论证中重新审视自己认识世界的方式。康德在认识论方面的伟大贡献在于，实现了从"我们的一切知识必须适应对象"到"对象必须适应我们的知识"这种"哥白尼式"的转变。康德明确指出："如果真正一定要我们的直观顺应对象的性质，我就不知道我们怎样对于对象的性质能验前地知道任何东西；可是，如果感觉对象必须适应我们的直观官能的构造，问题就并不困难了"[①]。康德对于理性与感性相互关联的深刻理解结束了自17世纪以来经验主义与理性主义二元对立的分裂局面，并实现了这两种"认识的主干"（理性与感性）的内在统一与有机融合。康德认为，没有感性，我们无法感知对象；没有理性，我们则无法思考对象。换言之，没有感性的参与，思维将变得空洞；没有理性的参与，直觉将陷入盲目。因此，很有必要将感性与理性有机整合起来。真正的思维（判断力）必然拒斥感性与理性的二元割裂，并对感性知识和理性知识提出了"先天综合"的内在要求。巴赫金深受康德关于"心物关系"革命性阐释的启发，将"心"与"物"这对哲学范畴进行了美学转化，使其演变为艺术创作中"作者"与"主人公"这一对美学范畴，进而演绎成为巴赫金对话理论中"自我"与"他者"这一对核心范畴。

2. 柯亨的"未完成"思想

康德的哲学思想具有很强的开放性，在康德之后，很多人对其思想进行了继承与修正，进一步推动了康德哲学体系的发展与完善，史称新康德主义。随着越来越多的哲学家纷纷加入"回到康德去"的潮流之中，不同的流派百花齐放，其中最具代表性和影响力的当属德国马堡大学的哲学大师赫尔曼·柯亨所创立的马

---

① 约翰·华特生. 康德哲学原著选读［M］. 韦卓民，译. 武汉：华中师范大学出版社，2000：3.

堡学派。也正是因为柯亨在当时声名远扬,所以他与卡西尔和纳托普一道比肩,被称为新康德主义的三大代表人物。

柯亨虽然在一定程度上继承了康德的"心物关系论",但其与康德的不同之处在于,康德的"心物关系"是命定的、静态的,而柯亨在承认心灵的权威所具有的前提地位时,否定了康德的消极"心物关系"。"在他看来,心灵的权威不仅仅表现在它有能力维持某种状态,更在于能打破这种状态,并按自己的意愿重组再造一种新状态,进而在这种破与立的循环游戏中确证自己的权威"[①]。由此可见,与康德相比,柯亨的"心物关系论"多了一份动力学的色彩。而这种动力学的倾向源自柯亨本人的"未完成"思想。柯亨与谢林、赫尔德和费希特等德国浪漫主义哲学家一样都确信,人是不完整的,无论是人的发展还是自我意识的获得都是一个"未完成"的过程。巴赫金曾坦言,柯亨所著的《康德的经验理论》对其"影响巨大",他在吸纳柯亨"未完成性"思想的过程中,对艺术创作的活动和过程也进行了哲学审思,拒斥任何形式的完成性,强调经验的"非现成性"和作品的"未完成性",并进一步指出作品中的"作者"与"主人公"的对话将永不完结,永无定论,一直处于"未完成"的状态。正是在柯亨的"未完成性"思想的启迪下,巴赫金的第一部长篇作品《论行为哲学》于20世纪二十年代问世。

综合来看,康德的"心物关系论"和柯亨的"未完成性"思想是巴赫金对话理论的重要哲学基础和理论支点,巴赫金的对话理论在一定程度上承续了这两位哲学大师的衣钵。因为在巴赫金的对话理论看来,世界处以"心"与"物"的叩问以及"自我"与"他者"的应答之中,而这一交互作用无法终结,将一直处于"未完成"的过程之中。

3. 舍勒的"哲学人类学"

马克斯·舍勒(Max Scheler,1874—1928年)对"人的本质"以及"人在宇宙中的地位"等哲学议题的深入探讨奠定了其作为现代"哲学人类学"先驱的历史地位。舍勒从"身心存在的等级次序"起步,探究了具有"感情冲动"的植物、具有"本能"的动物以及具有"联想的记忆"和"实用的智能"的高级动物的内在区别,进而揭示了"人"与"动物"的本质区别,最终描绘了一幅哲学人

[①] 王建刚. 后理论时代与文学批判转型:巴赫金对话批判理论研究[M]. 北京:北京大学出版社,2012:38-39.

类学的新图景。以舍勒之见,"哲学人类学的问题已经跻身进入当今德国一切哲学的正中央。远在各哲学领域以外,生物学家、医学家、心理学家和社会学家,都在致力于描绘人的本质构造的新图景"①。当提及何为"人的本质"时,舍勒确信"人就是能无限制'向世界开放'的X"②。巴赫金在舍勒所绘制的关于人的本质"X"的肖像里,既感受到了作为个体的人所具有的向世界、向他者敞开的"开放性",又洞察到了一个"未完成"的"不完整的人",而这种"未完成"和"不完整"为"自我"向世界敞开、与"他者"进行对话提供了无限潜力。因此,常常能在巴赫金的论著中看到与舍勒"哲学人类学"思想相类似的表述,比如"只要人活着,他生活的意义就在于他还没有完成,还没有说出自己最终的见解"③。

4. 马丁·布伯的"我和你"

舍勒的《人在宇宙中的地位》指出,人在宇宙之中,并非宇宙中的唯一,宇宙之中除了"我"的世界,还有"他者"的世界,且"我"应该无限制地向"他者"敞开。令人扼腕的是,舍勒还来不及展开论述"我"与"他者"这两个世界的内在关系,便因心脏病突发猝死在讲台上。而宗教哲学家马丁·布伯(Martin Buber,1878—1965年)对这一议题尤为关注,他在《我和你》中开宗明义地指出,人言说的基本词并非单个的词,而是一对词。这样的对词具有双重性,所以人的态度也具有双重性。那么,展现在人们面前的这个世界也就具有双重性。马丁·布伯尤为关注"我—你"和"我—它"这两对基本词,这两对词也是很多世界关系的表现形式④。布伯阐释了"我—你"和"我—它"这两个基本词所代表的认识世界的两种方式,前者指引我们进入一个"人化世界",后者将我们推向一个"物化世界"。"我—它"的"物化世界"是一个独白的世界,"它"只是经验世界里被我们作为认识对象的客体,而"我—你"的"人化世界"是一个充满对话和交往的世界,"你"不仅可以被认识,也是另外一个具有认识能力的主

---

① 马克斯·舍勒. 人在宇宙中的地位·前言[M]. 李伯杰,译. 刘小枫,校. 贵阳:贵州人民出版社,2018:12.
② 马克斯·舍勒. 人在宇宙中的地位[M]. 陈泽环,沈国庆,译. 上海:上海文化出版社,1989:28.
③ 巴赫金. 陀思妥耶夫斯基诗学问题巴赫金[M]//巴赫金全集(第五卷). 白春仁,顾亚铃,译. 石家庄:河北教育出版社,2009:75.
④ 马丁·布伯. 我和你[M]. 杨俊杰,译. 杭州:浙江人民出版社,2017:3.

体。布伯正是在这样的双主体世界中构建起了自己的关系哲学，而这种"反物化"的哲学思想在巴赫金阐释陀思妥耶夫斯基创作问题的过程中也有集中体现。比如，巴赫金曾在《人文科学方法论》中论述道："主体本身不可能作为物来感知和研究，因为他作为主体，不能既是主体而又不具有声音；所以，对他的认识只能是对话性的"[①]。

纵观之，巴赫金的对话理论首先起步于康德的"心物关系论"，然后在新康德主义代表人物柯亨的"未完成性"思想中获得动力学的加速，继而在舍勒的"哲学人类学"思想中深化对"人"的关注，尔后在布伯"我和你"的关系哲学里继续吸取养分。"圣人无常师"，巴赫金正是在与不同思想家批判性对话的过程中才逐渐搭建起对话理论的大厦，并且他坚信"建筑"的过程是一个未完成的过程，所以他始终广泛吸纳优秀的学术资源，为这座对话理论的思想大厦添砖加瓦。

第三节 巴赫金对话理论产生的理论渊源

用俄罗斯当代作家秋利帕诺夫的话来讲，巴赫金生活在一整片"文化绿洲"里，这是一片被"研究者的思想力量"所浸润的"文化绿洲"。巴赫金的思想理论正是受到这片"文化绿洲"的滋养，才日渐生根发芽，开花结果。考察发现，巴赫金对话理论是在创新小说体裁的根基上生成的，而为巴赫金对话理论提供决定性养料的当属"苏格拉底对话"和"梅尼普讽刺"这两种有着古老传统的"庄谐体"体裁，它们孕育着强大的改造力量和蓬勃的生命力。它们作为早期的对话形态，从对话理论的演进历程上，为巴赫金对话理论的发展提供了理论滋养。

一、"苏格拉底对话"

苏格拉底是古希腊哲学的重要奠基人，也是对话思想的理论先驱。公元前5世纪，他降生于雅典城邦的一个平民家庭，父亲是当地的雕刻匠，母亲以助产营生。青年时期的苏格拉底得父亲真传，曾研习过雕刻工艺。后因自学荷马史诗等名篇巨作，踏上了追求真理和智慧的征途，并逐渐成为一个有学问的人。由于母亲是一位出色的助产婆，因此苏格拉底立志要追随母亲的脚步，成为广大民众精神的助产

[①] 巴赫金. 人文科学方法论[M]//巴赫金全集（第四卷）. 白春仁，晓河，等，译. 石家庄：河北教育出版社，2009：430.

士，以此造福于人。于是，苏格拉底常常行走于市集广场，漫步于酒馆茶肆，穿梭于大街小巷，不厌其烦地与不同的群众进行对话交流，和他们深入探讨什么是"虔诚、正义、美德、勇气、节制"等高深议题，给不同民众的思想带来了深刻启发。正是在这种自由开放的对话交往之中，苏格拉底的"产婆术"得以淬炼。

随着苏格拉底"产婆术"声名大噪，在世界范围内引起了剧烈反响。丹麦著名宗教哲学家索伦·克尔凯郭尔（Soren Kierkegaard，1813—1855年）是苏格拉底"产婆术"的忠诚追随者，他曾以《论苏格拉底的讽刺概念》为题对苏格拉底进行了专门研究，并对苏格拉底的"产婆术"进行了破译，将其归纳为两大原则：其一，"使自以为知者知其不知"。苏格拉底无论是在同美诺探讨"美德"问题之时，还是在与尤苏戴莫斯进行有关"正义"的对话之际，他都会率先承认自己的"无知"。与苏格拉底的"无知"不同，通常情况下苏格拉底的会谈者则傲慢地表示自己对这一议题是"知道"的。此时的苏格拉底会通过不断提问与反复诘问的方式让与谈者回答，使其发现自己应答的荒谬与矛盾之处，并让其幡然醒悟，进而"知其不知"。其二，"使自以为不知者知其所知"。苏格拉底之所以主动寻求与不同民众的对话，是因为他不仅确信自己是"无知"的，而且还相信他遇见的每一个谈话者都比自己"知道"得更多，比自己更有智慧，他希冀借助与他者的对话来增进智慧。所以每当苏格拉底发现会谈对象自以为不知时，他从未对其丧失信心，而是通过不断的追问和坚定的鼓励来启发与谈者，有时通过化繁为简，有时假以形象的类比，来引导对方触类旁通，从个别的感性认识逐渐上升到普遍的理性认知，继而无限接近他们共同讨论的核心概念，以此助力谈论对象"知其所不知"。苏格拉底在确信自己"无知"的前提下，坚守上述两大原则，与不同民众进行雄辩，逐渐形成了独具特色的对话思想。

在巴赫金看来，"苏格拉底对话"不仅是一种"用对话揭示真理的方法"，还是一种具有自由创作性质的"记录对话间以小叙的外在形式"[①]。巴赫金从五个方面系统总结了"苏格拉底对话"这一特殊体裁的基本特点：

其一，苏格拉底洞察到真理本身以及对真理的探寻过程具有对话本质，这些

---

① 巴赫金. 陀思妥耶夫斯基诗学问题［M］//巴赫金全集（第五卷）. 白春仁，顾亚铃，译. 石家庄：河北教育出版社，2009：141.

见解为"苏格拉底对话"这一体裁的构建提供了思想根源[①]。苏格拉底从未自诩为真理的单独掌握者,他更像是一位"撮合者",引导不同的民众就感兴趣的议题进行争论,而真理正是在这些争论之中得以显现。所以,巴赫金拒斥那种"掌握了现成的真理"的独白形式。此后,"苏格拉底对话"被各种哲学流派和宗教教义用来传授教条式的世界观,并最终演化为一种获得知识的简单问答体。

其二,"对照法"和"引发法"是"苏格拉底对话"的两种基本手法。所谓"对照法"就是对同一事物的不同意见进行对比,而"引发法"就是"以话激话",不断引发对方畅所欲言,言无不尽。在这两种方法的推动下,民众开始积极地参与对话和交际,将脑中所想变成口中所言,不断向苏格拉底阐发自己关于真理的见解。

其三,"苏格拉底对话"的主人公都是"思想家"。在巴赫金看来,苏格拉底本人就是一位不折不扣的思想家,而与他交谈的哲人和学生,也算得上是思想家。而那些与苏格拉底对话的普通民众,在苏格拉底的引导下,"也被迫成了思想家"。苏格拉底与这些"思想家"的交谈本身就是一种思想性事件,或是一种事件性思想,是对真理的共同探索和共同检验。所以,巴赫金毫不夸张地指出,"'苏格拉底对话'在欧洲文学史上,第一次塑造了思想家式的主人公"[②]。

其四,在"苏格拉底对话"中,除了"以话激话",偶尔还"以情节激话"。无论是在《苏格拉底申辩论》里等待宣判死刑的场景,还是在《斐多篇》中关于"心灵永生"的讨论,都是通过营造一个特别的场景来帮助对话者摆脱陈陈相因的常规话语,继而自由地吐露出思想深处彰显个性的内心话语,巴赫金将其称为一种特殊的"边沿上的对话"(Schwellendialog)。这一体裁话语经古希腊和罗马流传至中世纪,尔后又受到文艺复兴和宗教改革时期文学世界的推崇。

其五,"苏格拉底对话"中所蕴藏的特定思想实际上同这些特定思想的所有者(例如苏格拉底及其会谈者)相互交织,密不可分[③]。其实,对话不仅是一种检验思想的方式,也是检验这种思想所有者的方式。每一个对话都是基于其他人

[①] 巴赫金. 陀思妥耶夫斯基诗学问题[M]//巴赫金全集(第五卷). 白春仁,顾亚铃,译. 石家庄:河北教育出版社,2009:141.

[②] 巴赫金. 陀思妥耶夫斯基诗学问题[M]//巴赫金全集(第五卷). 白春仁,顾亚铃,译. 石家庄:河北教育出版社,2009:143.

[③] 巴赫金. 陀思妥耶夫斯基诗学问题[M]//巴赫金全集(第五卷). 白春仁,顾亚铃,译. 石家庄:河北教育出版社,2009:144.

的思想，并对这些思想进行自由改造而展开的。由于在"苏格拉底对话"形成的初期，那些抽象的科学与哲学概念和艺术形象的分流尚未完成，所以，"苏格拉底对话"其实是一种哲学与艺术的混合体裁。

"苏格拉底对话"被视为一种确定性的、短暂的特殊体裁，其为欧洲艺术散文和小说通向陀思妥耶夫斯基创作的发展路线奠定了坚实基础，也为巴赫金此后基于陀思妥耶夫斯基的艺术创作而构建对话理论大厦提供了经验参考和理论准备。

二、"梅尼普讽刺"

巴赫金的对话理论不仅深受"苏格拉底对话"的影响，而且与另一特殊体裁"梅尼普讽刺"也有着深厚联系。根据巴赫金的考察，"讽刺"可用来代指三种体裁现象：其一，发轫于罗马时期，后复兴于新古典主义时期的一种"特定的抒情兼叙事的微型诗歌体裁"。其二，形成于希腊时期，后经梅尼普改造的一种"混合性（但以散文为主）纯对话体裁"，史称"梅尼普讽刺"。其三，意指"作者对自己描绘对象（即所写现实）的一种确定（基本上否定的）态度，它决定了艺术描绘手段的选择和形象的总体性质"①。在第三种文学现象中，"讽刺"不再是局限于前面两种现象中的特定体裁，而是一种囊括各种体裁的艺术形式。其中，给巴赫金对话理论注入新鲜血液的当属第二种具有高度对话技艺的"讽刺"现象，即"梅尼普讽刺"。

梅尼普出生于公元前3世纪的古希腊，他是伽达拉犬儒派哲学家的杰出代表。虽然梅尼普的笔墨不多且尚未以文字的形式流传下来，但是犬儒派学者们对梅尼普的作品和思想极为着迷，他们在梅尼普庄重、严肃的哲学思想之上，创造性地加入了充满幻想情节的戏谑形式，进而将梅尼普的文化遗产以民间语言的形式传播开来。在这些学人的传承与发展下，梅尼普开始被不断发现，于是16世纪左右在西方文学界诞生了一个耳目一新的概念——"梅尼普讽刺"。这个词组作为一种体裁范畴，在当时"特指诗和政论性散文结合的一种形式"②。此后，法国新教神学家以撒·卡素朋（Isaac Casaubon）在17世纪确立了"梅尼普讽刺"在欧

---

① 巴赫金. 讽刺[M]//巴赫金全集（第四卷）. 白春仁，等，译. 石家庄：河北教育出版社，2008：19.
② 刘锟. 巴赫金的梅尼普体裁理论考辩[J]. 江西社会科学，2020（9）：83-89.

洲文学中的跨时代作用。而据巴赫金本人的考证，在16至19世纪的欧洲文学发展进程中，"梅尼普讽刺"常与"卢奇安对话"等量齐观，但后者仅狭义上指《死者对话》。具体来看，"梅尼普讽刺"中对巴赫金对话理论的促成具有刺激性的因素如下。

第一，"梅尼普讽刺"作为一种诙谐体裁，它从"苏格拉底对话"对史实以及回忆的限制中解放出来，加重了"笑"的成分，增加了诙谐的比重，其"有极大的自由进行情节和哲理上的虚构"①。所以，"梅尼普讽刺"中经常刻画各种形形色色的神话人物。虽然有时候关于这些神话人物的幻想过于惊险刺激，但是这些创作都是为了实现一个非常具有哲理性的目的，即"创造出异乎寻常的境遇"，以此通过这些人物形象和特殊场景引发对话者的话语和充满哲理的思想，进而助推对话各方共同踏上探寻真理的道路。"值得强调的是，幻想用在这里不是为了从正面体现真理，是为了寻找它，引发它，而主要是考验它"②。也就是说，这里要考验的不是人物的性格特征，而是要考验思想，考验真理。

第二，"梅尼普讽刺"另外一个明显的特点表现为，除了有那些天马行空的自由幻想，偶尔还会将某些宗教因素与"贫民窟自然主义"相结合。在巴赫金看来，所谓的"贫民窟自然主义"意指真理在任何地方都会显现，包括一些看起来很贫困的巢穴和市场，甚至是充满生活污秽的牢房等场所。就算是在这些地方，思想也会同"罪恶、堕落、卑鄙、庸俗"等结合在一起。而这种雅俗共享的融合也正是"梅尼普讽刺"的典型特征。这一特征一直被视为某种传统流传下来，直至融入陀思妥耶夫斯基的创作之中。

第三，"梅尼普讽刺"中的那些大胆、刺激的虚构和幻想并非不着边际的胡思乱想，而是深蕴着敏锐的观察和精深的哲理，并在其内部"出现了三点式结构：情节和对照法的对话，从人间转到奥林匹斯山，转到地狱里去"③。关于"地狱"的描写在"梅尼普讽刺"中具有举足轻重的地位，因为在"地狱"中产生了

---

① 巴赫金. 陀思妥耶夫斯基诗学问题［M］//巴赫金全集（第五卷）. 白春仁，顾亚铃，译. 石家庄：河北教育出版社，2009：147.
② 巴赫金. 陀思妥耶夫斯基诗学问题［M］//巴赫金全集（第五卷）. 白春仁，顾亚铃，译. 石家庄：河北教育出版社，2009：147-148.
③ 巴赫金. 陀思妥耶夫斯基诗学问题［M］//巴赫金全集（第五卷）. 白春仁，顾亚铃，译. 石家庄：河北教育出版社，2009：150.

一种"死人的谈话",这种特殊的文体曾在文艺复兴时期以及17至18世纪的文学创作中被广泛运用。

第四,在"梅尼普讽刺"的众多幻想中有一种特殊的幻想类型——"实验性幻想",即以一种实验性的特殊视角对生活进行观察,如以一种居高临下的视野去观察城市生活,原本被观察的事物的形态大小就会发生剧烈更变。古希腊作家卢奇安的《伊卡罗梅尼普》和发禄的《艾基米奥》就是以这种"实验性幻想"进行文学创作,而这一文学传统也一直延续到拉伯雷和伏尔泰等人的创作之中。

第五,在"梅尼普讽刺"内部还首次出现了一种被称为"精神心理实验"的东西,它是一种不同寻常甚至是有点不正常的精神心理状态。例如无尽的梦魇和异常的幻想,又如各种形式的个性分裂与精神错乱,再如极度癫狂的欲念甚至是自杀。而这些"狂躁题材"的精神现象对于梅尼普体而言,不仅是具有题材方面的意义,更为重要的是它还带有鲜明的形式上和体裁上的重大意义[①]。这种特殊的精神心理状态使得那些身处诗史和悲剧中的主人公过上了另外一种不同的生活,发展出了另外一种不同的个性,个体开始分裂出另一个自我,并与另一个自我进行对话,而这种对话的态度破坏了人的命运的单一性和完整性,多了一些不确定性和未完成性的兴味。而这也成为此后陀思妥耶夫斯基描述人物双重人格的一个重要思想资源。

第六,"梅尼普讽刺"中经常会出现一些喜剧和闹剧,那些插科打诨式的古怪行为和"不得体的话"完全打破了传统史诗和悲剧中的完整性和严肃性。因而可以深刻地感受到"梅尼普讽刺"内部充满了各种鲜明的矛盾和对照,以及一些充满变化更迭、回旋于升降和高地之间的人物形象,如"沦为奴隶的帝王""高尚的强盗"等。这些突破常规的表现带有鲜明的狂欢化色彩,而"狂欢"正是巴赫金对话理论中的一个核心范畴。

当然,"梅尼普讽刺"除了具有上述特征,还广泛地应用了书信、故事、言说等插入文体,并具有很强的"现实政论性"。但综合来看,"梅尼普讽刺"之所以在欧洲文学发展史上具有不可忽视的重要意义,在于其既具有内在的完整性,又具有外在的可塑性。它既善于吸纳其他小体裁为自己所用,又乐于渗透至

[①] 巴赫金. 陀思妥耶夫斯基诗学问题 [M] //巴赫金全集(第五卷). 白春仁,顾亚铃,译. 石家庄:河北教育出版社,2009:150-151.

更大的体裁中去充当某一组成部分，那种外表的和内在的对话性正是在这种体裁的吸纳和渗透中展现得淋漓尽致。所以，"梅尼普讽刺"因这种强大的表现力、包容性和对话性在文学创作领域获得了持久关注与广泛运用。从早期的欧洲文学传承到文艺复兴时期，又一直延续到20世纪的文坛，巴赫金深受这一传统的浸润，所以他曾在《陀思妥耶夫斯基诗学问题》中多次使用"梅尼普讽刺"这一概念，并用其分析陀思妥耶夫斯基的文学创作风格。在巴赫金看来，较之叙事诗、田园诗和悲剧等有着稳定特征的封闭性文学体裁，"梅尼普讽刺"是一种"处在形成之中"的体裁形式，它并没有固定、僵化的统一标准，其内部有着深刻的历史相对性，具有展现"真理"的张力。巴赫金十分精准地探寻到"梅尼普讽刺"内在的对话性，并以此作为重要的历史文化哲学基础，开创了一种名为"复调小说"的新型小说体裁，进一步丰富了他的对话理论。

第二章
巴赫金对话理论的内涵解读

巴赫金一生笔耕不辍，思想理论色彩斑斓，其著作不仅涉及语言学、历史诗学、精神分析、形式主义、民俗学、哲学人类学、价值论、活力论等方面的重大议题，而且还对歌德[①]、弗洛伊德、拉伯雷和陀思妥耶夫斯基等人有着精深研究[②]。谈论巴赫金的思想成果，最令人称道的当属他的对话理论，因为巴赫金在复调小说、狂欢节和"时空体"等课题研究中的精彩阐发都根植于他的对话理论。他的对话理论之所以对20世纪西方文学发展产生积极的推动作用，是因为他的对话理论开辟了一种全新的文学批评的思维方式[③]。巴赫金对话理论作为"巴赫金对世界的存在状态、构成方式以及创生过程的总的看法和观点，无论从世界观还是方法论的角度看，它都已上升到哲学的高度"[④]。巴赫金在晚年接受采访时，也宣称自己是一位哲学家，而不是一位文艺学家。其实，他只不过是在那个特定的历史时期，借助文艺学的外衣，来表达他的对话哲学思想。基于此，本章将不同于学术界将巴赫金视为杰出文艺学家的主流立场，而是站在哲学的高度，以巴赫金哲学家的形象定位为线索，对巴赫金对话理论进行重新解读。

第一节 巴赫金对话理论概述

如果基于巴赫金哲学家的肖像来解读他的学术成果，那么可以将他丰富多彩的学术遗产视为一个完整的哲学体系。在这个体系内部，巴赫金不同形式的思想成果相互交织，有着内在的沟通性和交往性，并且这种不同理论之间的融会贯通不是封闭式的，而是极度开放的[⑤]。置于巴赫金所有思想成果核心的无疑是他的对话理论，因为巴赫金对话理论为巴赫金其他思想理论进行内在沟通提供了重要桥梁与坚实基础，并在此基础上勾勒出一个完整、开放的思想体系。

从整体上来看，巴赫金以"对话"这一独特的认识范畴为视角，对语言学、

---

① 歌德，全名约翰·沃尔夫冈·冯·歌德（1749—1832年），德国著名的思想家和科学家，著有《少年维特之烦恼》和《浮士德》等著作。
② 凯特琳娜·克拉克，迈克尔·霍奎斯特. 米哈伊尔·巴赫金传［M］. 语冰，译. 裴济，校. 北京：中国人民大学出版，1992：1.
③ 张杰. 巴赫金对话理论中的非对话性［J］. 外国语（上海外国语大学学报），2004（2）：68-72.
④ 王建刚. 狂欢诗学——巴赫金文学思想研究［M］. 上海：学林出版社，2001：41.
⑤ 凌建侯. 巴赫金哲学思想与文本分析法［M］. 北京：北京大学出版社，2007：17.

符号学和文艺理论等人文科学领域的重大议题进行了深层思考，他穿梭在复调小说、狂欢节和"时空体"的课题研究之中，建筑起一座以"对话"为坚实基础的思想圣殿。可以说，如果将巴赫金的所有理论成果视为20世纪思想宝库里的一顶皇冠，那么毫无疑问，巴赫金对话理论将是这顶皇冠上那颗最璀璨的明珠。

巴赫金对话理论虽然形成于他对陀思妥耶夫斯基和拉伯雷等人论著的文学批评之中，描绘了一个有着多元价值、多元思维、多种声音的色彩斑斓的真实世界，但是他的对话理论的内在价值早已超越了文学批评的疆域[①]。他的对话理论不仅对于文学理论的研究与发展具有建设性作用，而且其中还蕴藏着一种对话哲学的深义。正是以这种对话哲学为理念指引，巴赫金提出了人的本质是对话、话语的本质是对话、存在的本质是对话等具有超时空意义的重大命题。可见，巴赫金对话理论不仅是文艺学研究的重大突破，而且还是哲学研究里的一颗硕果。

具体而言，巴赫金对话理论是一种关于人的主体建构的哲学理论，而这种主体建构唯有通过自我与他者的对话才能得以实现。从内容上来看，巴赫金对话理论内在地包含了复调理论、狂欢理论和"时空体"理论，三者是巴赫金对话理论的重要组成部分。更确切地来说，复调、狂欢和"时空体"是巴赫金对话理论中最为重要的三大核心范畴，它们以巴赫金的对话哲学为基础延伸出复调理论、狂欢理论和"时空体"理论，它们是巴赫金的对话哲学思想在不同领域的应用性变体，都共同指向巴赫金对"人"的存在方式这一伟大主题的长远关注。更进一步而言，复调理论是巴赫金对话理论的审美转型，狂欢理论是巴赫金对话理论的世俗化与"肉身化"，而"时空体"理论是巴赫金对话理论的人学基础，三者在本质上有着统一的理论焦点和研究视角，共同统一于巴赫金的对话哲学思想之中，共同支撑起巴赫金对话理论的思想大厦。从形式上来看，巴赫金对话理论将对话分为"微型对话"和"大型对话"两种形式，前者是一种话语层面的双声语，后者意指小说结构、思想矛盾或人物关系上的对话，后文也将对此部分内容进行详细论述。

基于上述对巴赫金对话理论的理解，不难看出"人"，无论是现实生活中的"人"，还是作品中的"作者与主人公"，都是一个处于发展之中的、未完成的时间与空间的聚合体，是一种诗意的生成，每个"人"的视觉都在不断的动态生成，每个"人"看到的视界也并不完全一样。此外，每个"人"由于身处唯一的、

---

① 李衍柱. 巴赫金对话理论的现代意义[J]. 文史哲，2001（2）：51-56.

具体的、不可替代的时空位置，因而与他者较之，既有视阈剩余，又有视阈短缺，所以每个"人"都有值得肯定的内在价值，也都能成为一个有价值的对话主体。基于此，当个体置身于这个丰富而真实的世界时，既要积极、主动地发声，又要尊重他者的多元声音，在一个充满"多声部"的复调世界中不断向他者敞开，接纳他者，与他者进行自由、平等的对话交流和信息互换，并在与他者的这种亲昵、狂欢式的交往中完成自我的主体建构，最终实现自我对话本质的复归。

当前学术界特别是文艺学界，关于巴赫金对话理论的研究成果较为丰硕。但鲜有论者系统梳理巴赫金对话理论与巴赫金其他众多理论思想之间的内在关联性，这也在一定程度上削弱了巴赫金思想的复杂性以及这些学术研究的深刻性。鉴于此，本章试图站在哲学的高度，从全局上系统把握巴赫金对话理论及其与复调理论、狂欢理论和"时空体"理论之间一脉相承的深层关系，以此更好地继承巴赫金留给我们的宝贵思想遗产，进而在不同的学科领域中对巴赫金对话理论进行批判性地运用与发展，最终促成巴赫金对话理论的繁荣与创新。

第二节 巴赫金对话理论的核心范畴与思想

如果说复调、狂欢和"时空体"是巴赫金对话理论中的三个核心范畴，那么这三个概念分别具有什么样的独特内涵呢？它们何以在巴赫金对话理论的思想圣殿中盘踞着如此重要的地位？这些概念及其背后的思想与巴赫金对话理论之间到底又有何种密切关联呢？

一、"复调"：对话的审美转型

"复调可以视为对话主义的别名，复调小说则是对话理论的审美转型"[1]。复调，原是一个音乐术语，最早源自古希腊语poliphonia，其中poli-意为"多"，phonia是"声音"的意思，所以复调取"多声部"之意。后来这一音乐术语被巴赫金创造性地引入到文艺学领域，用来分析陀思妥耶夫斯基的小说体裁和创作形式，进而形成了颇具巴赫金特色的复调小说理论。巴赫金不仅在复调小说的理论世界里对主体意志的单向性进行了严厉批判，而且为我们描绘了一个多元主体，一个可以自由平等对话、尽情众声喧哗的生动图景。

---

[1] 王建刚. 狂欢：巴赫金对话理论的现实取向的世俗化[J]. 浙江学刊，1999（5）：103-110.

1. 复调音乐与主调音乐

音乐中主要有主调音乐和复调音乐两种形式。所谓主调音乐，就是一种基于多声部织体①的形式进行音乐创作，在这些同时运动的不同声部中，某个声部处于明显的核心地位并发挥着主旋律的作用，乐曲中的剩余声部对这个主旋律而言仅承担着部分烘托和陪衬的作用②。柴可夫斯基的交响曲和肖邦的钢琴曲，就是主调音乐的典型代表。不同于主调音乐中不同声部呈现出明显的不平等的地位和主次之别，复调音乐中的不同声部在音乐创作中具有同等重要的内在价值和表现作用，不同声部之间"琴瑟和鸣"，形成良好的和声关系，例如贝多芬的"二重乐声赋格段"和巴赫的《赋格曲》。

由此可见，"复调音乐"就是一种多声部音乐。具体而言，"几个具有独立意义的旋律性声部，在运动中同时结合在一起，构成丰富多样的织体形式，这种各自具有独立旋律意义的多声部音乐，称为复调音乐"③。复调音乐的滥觞可追溯至中世纪早期"原罪论"的信仰者通过吟诵圣歌的方式进行宗教崇拜，以此洗刷罪名。进入13世纪以来，世俗歌词和世俗旋律逐渐融入宗教圣乐，复调风格日趋鲜明。文艺复兴和宗教改革以降，思想的多元和人性的张扬在音乐创作上体现为层次多样和感情充沛的音乐形式，也正是在这一时期，复调音乐迎来了发展的高峰期。17世纪与18世纪之交，享誉世界的音乐大师巴赫（1685—1750年）和亨德尔（1685—1759年）等名流大家开始尝试采用"自由对位"的艺术形式，大力推动了和声与复调的有机结合，这也标志着"自由复调时期"的到来。进入19世纪后，"音型化复调"形态的生成为古典时期的复调音乐注入了更加灵活多变的旋律。随着传统和声秩序在20世纪解体，"出现了更多新型的复调织体，例如拼贴式的、序列式的、微型化的，等等"④。而这些种类繁复的复调织体不仅进一步丰富了复调音乐的表现形式，而且还巩固了复调音乐在音乐创作史上不可动摇的关键地位。

复调音乐作为一种不同于主调音乐的织体形式，不仅是对传统音乐形式的一种发展与创新，更是对独白式的音乐创作思维的一种解构与重构。复调音乐内部

---

① 所谓织体，是指乐曲中声部组合的方式。
② 陈铭志. 复调音乐写作基础教程（第二版）[M]. 北京：人民音乐出版社，2011：7.
③ 陈铭志. 复调音乐写作基础教程（第二版）[M]. 北京：人民音乐出版社，2011：1.
④ 林华，叶思敏. 复调艺术概论[M]. 上海：上海音乐出版社，2010：15.

不再是主旋律对那些充当辅助和陪衬作用的声部的占有与吞噬，而是不同声部之间的同奏与和鸣。复调音乐这种全新的音乐形式的诞生，也标志着一种复调型的思维方式的生成。

2. 复调小说：主人公自我意识的独立性

复调音乐中的复调现象体现了一种向异质声音开放的思维方式，巴赫金敏锐地将音乐领域中的复调现象引入到文艺理论之中，发现了一种新的艺术时空观。在巴赫金看来，陀思妥耶夫斯基不仅是创作出了一种新颖的小说体裁形式，更是创造出了一种"全新的艺术思维类型"。巴赫金将这种全新的思维方式称为"复调型"，这种思维方式不仅对诗学和美学等人文科学理论的繁荣具有重要作用，而且对于人们反思自我以及他者的存在方式及其交往方式具有重大意义。陀思妥耶夫斯基的复调小说就如复调音乐一样，与列夫·托尔斯泰、普希金等人颇具主调音乐色彩的独白小说有着本质的区别。

其一，复调小说中的主人公不仅是作者描写的对象，而且还是一个可以表达自我意识和自我意志的主体。在陀思妥耶夫斯基之前，小说中的主人公一直以创作的客体形象出现在读者面前，被看作是作者主观意识的传声筒，甚至被视为一个无声的奴隶，毫无自己的主体性可言。而在陀思妥耶夫斯基那里，主人公不再被视为作者创造、表现和议论的客体对象，而是一跃成为一个有其自我独立见解、独立声音和独立思想的主体，它是一个自成权威、自成体系、自我充实的主体性存在[①]。据此，作者与主人公的关系不再是上帝与创造物之间的垂直关系，而是一种可以互相交流的水平关系。

其二，复调小说中的主人公不仅是一个有着独立意识的主体，而且主人公的意识与作者的意识具有同等重要的内在价值。巴赫金指出，陀思妥耶夫斯基的创作就像歌德笔下的普罗米修斯，他塑造的是与他类似的族类，是一个个自由的人，而不是宙斯创造出的那些无声的奴隶。这些被创造出来的自由个体完全可以同他的创造者一起比肩，"去受苦、去哭泣、去享受、去欢乐"，可以发表一些与创造者完全不同的见解，乃至反抗创造者的见解[②]。巴赫金继续强调在复调小说内

---

① 巴赫金. 陀思妥耶夫斯基诗学问题 [M] //巴赫金全集（第五卷）. 白春仁，顾亚铃，译. 石家庄：河北教育出版社，2009：3.

② 巴赫金. 陀思妥耶夫斯基诗学问题 [M] //巴赫金全集（第五卷）. 白春仁，顾亚铃，译. 石家庄：河北教育出版社，2009：4.

部，有时候不止一个具有独立意识的主人公，而是有很多个互不相同的主人公和互不相融的意识交织在一起，他们进行着平等的争论与自由的对话，呈现出一番众声喧哗的景观。由此可见，复调小说中的主人公不再是作者为了表达某种思想或是观点而创造出的客体，而是一个有着独立声音和自由意识的主体性存在。值得注意的是，这个作为主人公的主体，与作为作者的主体具有平等的地位。

巴赫金通过研读陀思妥耶夫斯基的巨著，总结出其作品中的最大特色在于作品内部洋溢着一种由不同形式但具有同等内在价值的意识与声音所构成的复调。据巴赫金考察，陀思妥耶夫斯基所创作的客观世界，不再是基于创作者独白意识支配下的不同人物性格与命运所构成的一个统一的世界，而是由不同的有着平等地位和独立意识的主人公连同他们各自的世界所构成的一个丰富多彩的世界。不同的声音和意识汇聚于同一个事件或情节之中，他们彼此之间相互沟通却不互相吞噬。可以肯定地说，陀思妥耶夫斯基所创作的主人公基于艺术和审美的立场来看，早已不再是创作者议论的客体对象，而是一个完全可以独立表达自我见解的主体[①]。巴赫金在对陀思妥耶夫斯基的复调小说进行阐释时又继续补充，陀思妥耶夫斯基作品中主人公的声音并非只是为了刻画人物性格而完全成为客体性主人公形象的附庸。主人公的声音以及他们对自己、对他者、对世界发出的议论完全与作者发出的声音和议论一样，具有同等的价值与分量。此时主人公不再是作者声音的传声筒，他们完全可以与作者比肩同坐，发出独立自主的声音[②]。

3. 主体间性：作者—主人公—读者

在独白型的小说中，所有声音都被统一成作者一个人的独白，很难听见主人公纯粹的声音，遑论作者与主人公之间的平等对话。即便在某些作品中，偶然能听见主人公的声音，看到主人公貌似在与作者进行交谈，但究其实质而言，这些"对话"都是被提前"设计"或是"安排"好的。这样的"对话"只是为了展开情节和刻画性格所用，充其量是工具性的，而非存在性的，因为这些"对话"只是作者独白型的思维世界中的创作技巧，"对话"的产生和结束全由作者操控，

[①] 巴赫金. 陀思妥耶夫斯基诗学问题［M］//巴赫金全集（第五卷）. 白春仁，顾亚铃，译. 石家庄：河北教育出版社，2009：4-5.

[②] 巴赫金. 陀思妥耶夫斯基诗学问题［M］//巴赫金全集（第五卷）. 白春仁，顾亚铃，译. 石家庄：河北教育出版社，2009：5.

而并非可以按照主人公的自由意志进行。用巴赫金的话说，这些"不是真正的对话，而是对话的形象"。

一个真正的对话至少需要两个独立的声音或是两个自由的意识。在复调小说内部，就充满着众多这样独立的声音和自由的意识。按照巴赫金的看法，在复调小说之中，主人公不再是作者声音的传声筒，而是有着自己独特声音的自由主体。对于某个问题的思考和见解，不再是由作者这个唯一的主体阐发，也不全然体现在作者一个人的视野之中，而是平等地分散于多个不同主体的视野之内，每个视野都有其独特的内在价值和同等重要的作用。不同的主体通过平等的交往与对话，进而形成一个由众多视野和不同声音所构成的多姿多彩的复调世界。

以作者与主人公都有着自己独立而平等的声音为出发点，不难窥探这些不同声音背后的"审美交往"，继而发现深蕴其中的主体间性。在独白型的小说中，作者是至高无上的唯一的主体性存在，作者的意志就是唯一的意志，作品中的主人公只是作者的附庸，只能在作者设计好的框架内进行"言说"，却不能自由发声。这样的小说创作传统被称为"作者中心主义"，为了反对作者在艺术创作中所占据的绝对的霸权地位，德国的接受美学家姚斯曾在20世纪80年代提出，对艺术作品的研究要将目光从作者身上转移到读者身上，实现"作者中心"到"读者中心"的转向与融合。他在《走向接受美学》一书中明确指出："一部文学作品，并不是一个自身独立、向每一时代的每一读者均提供同样的观点的客体。它不是一尊纪念碑，行而上学地展示其超时代的本质。它更多地像一部管弦乐谱，在其演奏中不断获得读者新的反响，使本文从词的物质形态中解放出来，成为一种当代的存在"①。由此可见，在接受美学学派看来，读者作为一个不同于作者的主体也应在审美活动中获得格外的关注。其实，早在20世纪20年代，巴赫金就对艺术创作中的"作者主义"倾向提出了批判。他不仅超前地将现代接受美学家们极为推崇的"作者与读者"之间的关系纳入研究视野，而且巴赫金"比接受美学学派更进一步，因为他把现实领域的'作者—读者'之间的关系，扩充为审美领域的'作者—主人公—读者'之间的主体间性关系"②。这样巴赫金就理清了一条思路：作者不是直

---

① H·R·姚斯，R·C·霍拉勃. 接受美学与接受理论［M］. 沈阳：辽宁人民出版社，1987：26.
② 杨春时，简圣宇. 巴赫金：复调小说的主体间性世界［J］. 东南学术，2011（2）：177-182.

接与读者进行对话,作者是通过作品中的主人公来与读者建立对话关系,作者、主人公和读者都是充满自由意识、有着独立意志的主体,他们之间有着互联互通的对话关系,而作品中的文本和话语是他们对话的重要基础和关键媒介。

在巴赫金看来,"陀思妥耶夫斯基全部创作的主要激情,无论从形式或内容方面看,都是同资本主要条件下的人的物化、人与人关系及人的一切价值的物化进行斗争"[①]。陀思妥耶夫斯基充满复调色彩的小说拒斥一切将他者物化、视为客体的独白意识,坚持为主人公的主体性地位摇旗呐喊,并倡导每一位主人公都是一个有着独立意识的主体,都应该发出自由而独立的声音,进而实现作者与主人公、主人公与主人公、主人公与作者之间的平等对话。然而,由于每个主体的特殊性以及唯一性,导致了他们视野观察的局限性。因而,巴赫金非常鼓励在这个众声喧哗的世界里,无论是作者、主人公还是读者都应该向异质声音开放,听取不同声音的不同见解,尊重彼此的主体性和平等地位,实现"我—它"关系到"我—你"关系的转向,进而在和谐的对话关系中碰撞出思想的火花。由此可见,"复调"这一理论范畴,既具有美学意义,又具有丰富的哲学内涵,它不仅在创新艺术形式方面具有重大意义,而且还"具有解放人和使人摆脱物化的意义"。

二、"狂欢":对话的尘俗化与肉身化

"很少有像巴赫金的狂欢这样的现代批判概念,具有如此丰富的内涵和意义,刺激人们的想象力和创造力"[②]。狂欢的实质是一种自由、平等、开放的对话形态,所以狂欢也是巴赫金对话思想体系中的一个重要组成部分。巴赫金曾在《陀思妥耶夫斯基诗学问题》中对狂欢这一诗学范畴进行了初步探索与深入思考,后来又在其鸿篇巨制《弗朗索瓦·拉伯雷的创作与中世纪和文艺复兴时期的民间文化》中对狂欢及其相关理论进行了系统论述与全面阐释。巴赫金通过对拉伯雷,这位"民间诙谐文化在文学领域里最伟大的表达者"怪诞的艺术创作形式进行精耕细作,继而洞悉到中世纪文艺复兴时期的狂欢节以及民间的诙谐文化对

[①] 巴赫金. 陀思妥耶夫斯基诗学问题 [M] //巴赫金全集(第五卷). 白春仁,顾亚铃,译. 石家庄:河北教育出版社,2009:80-81.

[②] Terry Eagleton. Bakhtin, Schopenhauer, Kundera [M] //Shepherd. Bakhtin and Cultural Theory. Manchester:Manchester University,1989:179.

于创新小说形式，甚至是"决定世界文学的命运"都有着极为重大的历史意义。沿着这一线索，巴赫金继而发现狂欢生活催生了狂欢文学，而狂欢文学中渗透着深刻的狂欢精神，并且这种狂欢精神是促成对话关系的精神源泉。

1. 狂欢式与狂欢化：从狂欢生活到狂欢文学

据巴赫金考察，"诗史""雄辩术"以及"狂欢节"是欧洲小说体裁的三大重要来源。以这三个基本来源为生发点，欧洲小说形成了以"叙事""雄辩"和"狂欢节"为三大基本格局的发展路线。由于巴赫金对陀思妥耶夫斯基的作品饶有兴致，且陀思妥耶夫斯基的鸿篇巨制中又常常深蕴着狂欢品格。所以，不言而喻，巴赫金最为钟情小说发展史中的第三条"狂欢路线"。

巴赫金在《陀思妥耶夫斯基作品的体裁特点和情节布局特点》中多次重申，所谓"狂欢式"就是所有狂欢式的庆祝、典礼、仪式和活动的统称，它在本质上蕴藏着一股随着阶级社会的发展，自然涌现出的、可以颠覆人类原始制度和原始思维方式的顽强生命力和独特魅力。由此可见，狂欢式本身并非一种文学现象，而是一种"仪式性的混合的游艺形式"。这种形式起初以狂欢节为重要基础，尔后随着不同时代、不同地域、不同民族和不同庆典的变化和习性而呈现出色彩斑斓的变体。在这种流变的过程中，始终保持不变的是根植于这些庆典仪式中而逐渐形成的一整套具有"象征意义"和"具体感性形式"的"狂欢语言"。无论是微型的狂欢表演，还是大型的戏剧演出或是全民性的超大狂欢节，这些复杂、丰富的狂欢式都渗透着鲜活的"狂欢语言"，也映射出一种"狂欢世界观"。但是值得注意的是，在巴赫金看来，这种"狂欢语言"无法跃然纸上，无法直接转化成静态的、准确的、规范的书面语言，更无法充分地、机械地被抽象成概念语言。但是，这种特殊的语言方式与艺术形象的语言具有高度的、内在的相似性，它们同时富含充满象征意义和具体感性的明显特征，所以在一定程度上"狂欢语言"可以转化为"文学语言"。"狂欢式转为文学的语言，这就是我们所谓的狂欢化"[①]。

依巴赫金之见，狂欢式没有固定和确定的舞台，也不对观众和演员进行明显的区分。身处狂欢中的每个人都是积极的参与者，他们尽情地投身于一场场精彩绝伦的狂欢演出之中。准确来讲，民众不是在消极地观看狂欢，也不是在狂欢中演戏，

---

① 巴赫金. 陀思妥耶夫斯基诗学问题 [M] //巴赫金全集（第五卷）. 白春仁，顾亚铃，译. 石家庄：河北教育出版社，2009：158.

而是身临其境,生活在狂欢之中[①]。也就是说,在狂欢之中,这里没有旁观者,每个人都是狂欢的参与者和生活者。通过积极参与狂欢,人们过上了一种狂欢式的生活,这是一种"翻了个个儿的生活",一种完全不同于常规的"反面的生活"。

随后,巴赫金总结了这种狂欢式生活(狂欢式的世界感受)的四个特殊范畴:其一,"随便而又亲昵的接触"。这种亲密接触,破除了人与人之间由于身份、地位、权利、财富不平等所造成的隔阂与分裂,拉近了人们之间的距离。严苛制度生活中的"畏惧、恭敬、仰慕、礼貌"等各种形态的繁文缛节不复存在,常日里不可逾越的等级屏障得以瓦解,人们的交往方式由约束且疏离变得自由而随便。其二,插科打诨。与"随便而亲昵的接触"相联系的还有这种看似不得体的插科打诨,这种轻松自如的姿态将广大群众从常规生活的压迫中解放出来,促成了一种"新型的相互关系"。在狂欢世界里,乱来一气的话语方式和行为方式都是被允许的,都是被接受的,而这些具体、感性的语言形式和姿态是在日常生活逻辑中被绝对禁止的。通过这种脱离常规的插科打诨,人们那种向往自由交往和平等对话的潜在本质也不断得以揭示。其三,俯就。从词源学上来看,"俯就"一词最早是由法语引入俄语,意指"与身份低微者联姻"。在自由、亲昵的狂欢世界之外,是另一片充满思想禁锢、彼此疏远、等级森严的世界。正反两极的"价值、思想、现象和事物"在这里正面交锋,彼此对立,无法调和。唯有通过狂欢将"神圣同粗俗,崇高同卑下,伟大同渺小,明智同愚蠢"等完全对立的价值观念"接近起来,团结起来,订下婚约,结成一体"。这种结合不仅意味着禁锢与分裂的消亡,而且预示着自由与对话的新生。其四,粗鄙。具体而言,粗鄙就是"狂欢式的冒渎不敬"。它经常涉及一些与生殖器官相关的污言秽语和行为举止,并对某些箴言警句或是神圣文字进行肆意的"模仿讥讽",是一种"降低格调"的狂欢姿态。

通过对狂欢式生活四个特殊范畴的深入考察,不难看出,无论是随便而亲昵的接触,还是插科打诨、俯就和粗鄙,都有着深刻的象征意义和具体感性的思想意味,这些脱离制度和脱离常规的创新之举对于新型文学体裁的创生有着深远的影响。不同于悲剧和诗史中作者与主人公的高度隔阂,内藏狂欢意蕴的文学作品

[①] 巴赫金. 陀思妥耶夫斯基诗学问题[M]//巴赫金全集(第五卷). 白春仁,顾亚铃,译. 石家庄:河北教育出版社,2009:158.

中的作者不再是至高无上、掌控一切的"神",而是主动降格,低身俯就地去与主人公进行亲昵接触和平等、自由的对话。作者与主人公之间内在隔阂的破裂与对话关系的建立,将在一定程度上影响文学作品情节的发生和发展,最终在某种意义上塑造着文学作品新的体裁特点和情节布局。

2. 民间诙谐文化中的狂欢精神

狂欢的源头是狂欢节,而狂欢节可追溯自风靡于古希腊、罗马时期,并在中世纪以及文艺复兴时期得到承续的"农神节"①"愚人节""驴节"和"葡萄节"等各类斑斓多姿的民间庆典活动。这些充满诙谐色彩的民间庆典仪式与官方的制度化仪式有着明显的甚至是本质的区别。不同于官方的制度化活动,民间的狂欢活动采取一种完全不同于国家、教会和官方的立场去审视自我与世界、个体与个体之间的关系,这无疑是在官方世界的彼岸重新建立了一个截然不同的世界。而这样的第二个世界和第二种生活,其实是那些中世纪的民众在某些特定的时间和情景中,曾或多或少生活过的世界和体验过的生活②。基于此,巴赫金指出,中世纪的民众生活在一种"特殊的双重世界"之中。而巴赫金所描绘的这个"双重世界"与古罗马传说中的双面门神雅努斯③有着异曲同工之妙,它们都具有深刻的双重性。

的确如此,生活在中世纪的普通民众置身于官方文化与民间文化的双重场域之中,只不过等级森严、死板严肃的官方文化在当时具有绝对的霸权地位和专横性,以至于将民间文化挤压至民众生活的边缘,压得普通老百姓透不过气来。普通民众唯有在多姿多彩的狂欢节中才能暂时摆脱制度和规范的束缚,获得片刻的平等与自由。他们尽情地"笑",肆意地放飞自我,或是插科打诨,或是放荡不

---

① 农神节为古罗马民众为纪念土星神庇佑农民的庆典活动,为期一周(12月17日至23日),此节庆仪式的最大特色在于"社会秩序的暂时倒置"。庆典期间,奴隶也可以暂时盛装打扮,坐在酒桌的前席痛饮,活跃在广场的最中央,肆意地嬉闹、赌博、咒骂和疯癫。
② 巴赫金. 拉伯雷的创作与中世纪和文艺复兴时期的民间文化[M]//巴赫金全集(第六卷). 李兆林,夏忠宪,译. 石家庄:河北教育出版社,2009:6.
③ 雅努斯(Janus)是古罗马传说中的双面门神,也被誉为战争与和平之神。相传神庙大门敞开预示着雅努斯即将为古罗马人远征出战;神庙大门紧闭时,而表明雅努斯在和平时期在神庙内为古罗马人庇佑祈福。为纪念雅努斯,恺撒在制定罗马新年历法时,以雅努斯的名字来命名第一个月,其拉丁语拼写为Januarius(month of Janus),后演变为英语January,意为"一月"。

羁，以怪诞的肉体形象进行亲昵的交往。而这种形象"同一切自我隔离和自我封闭相对立，同一切抽象的理想相对立，同一切与世隔绝和无视大地和身体的重要性的自命不凡相对立"①。民间的诙谐文化正是在这些对立中得以形成和发展，进而演化成三种不同的表现形式。

第一种民间诙谐文化的表现形式是不同形式的表演和仪式，主要包括形式各异的狂欢庆典活动和精彩纷呈的广场表演等，这些仪式和形式的本质特点是狂欢式的"节庆性"。其实，在森严的阶级社会和封闭的国家制度诞生之前，"严肃和诙谐"是两种具有同等地位的"看待神灵、世界和人"的方式，它们同等的重要，同等的神圣，并且同样被视为"官方的"形式。后来，随着等级制度和各项禁令规范的日渐形成与全面推行，"严肃的形式"被视为正统，"诙谐的形式"因此沦落至"非官方"的边缘。虽然现行的各类狂欢庆典与严肃的宗教仪式同源，但是两者的最大区别在于，以各种仪式和演出形式表现出的狂欢式的诙谐文化是对严肃的、封闭的教会庆典及其背后深蕴的神秘主义与教条主义的反抗与讽拟。所以，无论是"农神节""愚人节"，还是"驴节""葡萄节"等狂欢仪式，都属于一种非宗教的活动，它们是正统领域的第二种存在。就其表现形式而言，这些狂欢仪式具有强烈的可感性、游戏性和全民性，是一种与戏剧演出具有很多相似之处的表现形式，但它们又并非是一种真正的艺术性的戏剧演出。所以这些带有艺术性质的表演形式不能完全界定为艺术形式。更准确地讲，它置身于生活与艺术相互交界的疆域。或者可以说，这种表现形式就是生活本身，只不过是它以某种特定的游艺形式在表达生活②。基于此，巴赫金指出，在狂欢节之中，生活本身在演出，而演出也是生活本身。人民大众通过狂欢式的演出来展现"再生与更新"，就像现实的生活形式也是它自身的一种"再生与更新"的理想形式一样。狂欢节没有演员与观众的泾渭分明，也没有台前与幕后的严格区分，每个人都可以自由地登上舞台，成为主角，尽情地展示自我。所以狂欢节上没有真正的旁观者，每个人都真实的生活在其中。在这个意义上而言，狂欢节是一种全民性的仪

---

① 巴赫金. 拉伯雷的创作与中世纪和文艺复兴时期的民间文化[M]//巴赫金全集(第六卷). 李兆林，夏忠宪，译. 石家庄：河北教育出版社，2009：23.

② 巴赫金. 拉伯雷的创作与中世纪和文艺复兴时期的民间文化[M]//巴赫金全集(第六卷). 李兆林，夏忠宪，译. 石家庄：河北教育出版社，2009：8.

式活动[①]。也正因此，狂欢节被视为是普通民众"暂时进入全民共享、自由、平等和富足的乌托邦王国的第二种生活形式"。

第二种民间诙谐文化的表现形式是"诙谐性话语作品"。更进一步而言，这种诙谐性话语主要是指拉丁语和那些不同形式的民族语言。这种诙谐文学，也可以称为狂欢文学，整个文学作品和话语之中都"渗透着狂欢节式的世界感受"，其内部充满了"双重性的诙谐"。就诙谐性的拉丁语作品而言，最开始是将诙谐的因素渗透到宗教活动和宗教思维之中，形成了对话、纪事和讽拟体等多种诙谐文学的变体。其中，由于讽拟体主要是对教会圣事和传统教义的讽体，因此是最独特、也是最有影响力的一种诙谐文学形式。而作为一种"神圣的讽拟"，其主要通过纯讽拟体和半讽拟体两种形式流传至今。据巴赫金考察，最古老且最具影响力的纯讽拟体读物当举《基普里安的晚餐》，这部作品对《圣经》中所出现的狂欢式的饮宴场景进行了诙谐式的改编，这一杰作不仅充满了诙谐式的讽拟话语，而且还能从这部经典巨著的话语中听到来自古罗马时期农神节庆典上传来的余音。半讽拟体的典型代表当属《维吉尔语法》，这既是一部关于拉丁语语法的学术专著，又是一种对中世纪时期学院派教条主义的强烈讽拟。无论是纯讽体还是半讽体，作为拉丁语诙谐文学的重要表现形式，在决定文学传统和文学趣味的进程中扮演着极为重要的历史作用。除了拉丁语，其他各民族语言的诙谐文学也在中世纪大放异彩。一方面，包括英雄史诗、骑士小说、韵文故事等不同体裁的讽拟体叙事文学得到了大力发展；另一方面，各种狂欢式的辩论、赞歌、颂词和对话等不同形式的诙谐演说尤为盛行。无论是拉丁语，还是其他民族的语言，都能从这些诙谐文学作品中感受到狂欢节式的具身体验，"也可以听到狂欢节的笑声"。

第三种民间诙谐文化的表现形式是"某些独特的现象和不拘形迹的广场言语体裁"。在狂欢节的广场上，民众齐聚一堂，逾越了制度生活中各种禁忌和规范的藩篱，破除了由阶级、财产、家庭、年龄、职位等差别所造成的隔阂，形成了一种自由自在的接触和亲昵无拘的交往，这是一种在严肃的官方生活中不曾有过的"一种特殊的既理想又现实的人与人之间的交往"。一种全新的交往方式必定

---

① 巴赫金. 拉伯雷的创作与中世纪和文艺复兴时期的民间文化[M]//巴赫金全集（第六卷）. 李兆林，夏忠宪，译. 石家庄：河北教育出版社，2009：8.

会催生一种全新的话语方式。亲密无间、毫无隔阂的交往关系直接挣脱了各种谈话礼节和言语禁忌的规训与束缚，各种新型的独特现象和言语体裁应运而生，其中最为典型的是骂人话、咒语和粗话。其实，骂人话有着极为丰富的来源，而其中最为代表性的起源是祭祀活动中咒语的变体。早在原始部落，骂人的话就承载着巫术和某些神秘力量，并作为其世俗化的载体和肉身游弋在民众之间。在一些诙谐性的祭祀庆典上，亵渎神灵的脏话是一个尤为重要的组成部分。"这些骂人话具有双重性：既有贬低和扼杀之意，又有再生和更新之意"[1]。这种全新的言语体裁不仅丰富了狂欢节的话语形式，营造出一种更为自由活泼的节日气氛，而且其中所蕴藏的"双重性"为民众提供了一种全新的看待世界、看待自己、看待他人的独特视角。咒语和粗话，作为言语体裁的另外变种，与骂人话在形式和功能上具有很多共同之处。虽然它们的起源和来源不同，但是它们的话语内部不仅酝酿着"诙谐音调"，而且"同样都渗透着狂欢节式的世界感受"。在严肃、死板的官方生活之中，它们遭到严苛的禁止和恣意的排挤，唯有在"狂欢节这场更新世界的熊熊烈火之中"，它们才可能成为"飞溅的火花"，照亮一个崭新的世界。

3. 狂欢是边缘状态中生命意识的爆喷

一个无法否认却常被忽视的事实是：每个人都在现实世界中据有唯一的、具体的、不同于他者的时空位置，每个个体都有观察现实世界的独特视角。"所谓他者，是指一切与我相异且外在于我的主体或主体性存在，包括具体的你和他，也包括蕴含意义的物质的或是思想的存在与环境，甚至包括我试图摆脱的那部分自我或自我意识"[2]。这种不可重复的时空位置和独特视角在赋予我优越性的同时，也在一定程度上暴露了我的局限性。

从视觉现象学层面来讲，我置身于一个外位于他者的时空位置，我在这个独特且唯一的位置上可以看到他者无法看到的时空景观，但从生理学层面而言，我始终无法亲眼看到自己的神情面貌和一颦一笑，也无法全面网取我背后的现实世界。不得不承认，我的眼睛并非透视世界万物的"千里眼"，在某种意义上而言，它更像是一座封闭的监狱，我的目之所及不是一览无余，而是一座围墙。我

---

[1] 巴赫金. 拉伯雷的创作与中世纪和文艺复兴时期的民间文化[M]//巴赫金全集（第六卷）. 李兆林，夏忠宪，译. 石家庄：河北教育出版社，2009：20.
[2] 王建刚. 狂欢诗学——巴赫金文学思想研究[M]. 上海：学林出版社，2001：44.

的眼睛在自我意识的长期浸润下，在全息观感的过程中逐渐"体制化"，进而形成一种视觉定势甚至是个人偏见，最终可能演化成一座"囚闭之墙"。关于围墙的界说，享誉世界的法国史学家雅克·勒·高夫（Jacques Le Goff）曾有过这样深刻的认识，即"墙"这个意向主要具有两大功能：其一，界定一个群体自己的土地；其二，保障墙内居民及其财物的安全①。显而易见，一道墙，将自我与他者进行了明显切分。墙的这头，是自我的世界；而墙的那一头，是他者的世界。墙内，是可见的世界；墙外，是不可见的世界。有其可见，必有其不可见。我的可见亦即我的充实，我的不可见亦即我的匮乏。当我能见他者不可见时，我是充实的；当我不能见他者可见时，我又是匮乏的。我的充实可以填补他者的匮乏，而我的匮乏亦可容受他者的充实。唯有通过自我与他者的不断对话，才能"跨越鸿沟"，拆除偏见之墙和隔阂之墙，进而搭建理解之桥和沟通之桥。

世界创生于我与他者的充实和匮乏的互相填补之中，每个人都有自己"超视"和"短视"的那一部分，每个人都"在途中"有意识或无意识地与他者相遇。所谓相遇，其实就是不同存在的联结与交融，而结合之处即为双方共同占据的领域。这一地域不完全为某一方所独有，对任何一方而言它都是一种边缘。"这一共同据有的边缘正是对话的理想场所"，在这个边缘之处，一个自我可能分裂出固步自封的自我与向他人敞开的自我，但这两个不同的自我都没有完全完成分裂，而是带有某种趋向性，它不仅是对已然的超越，而且也是对或然的接近。此外，这种游离的边缘状态不受等级分明的秩序与权威制度的严格控制。旧有的价值体系正分崩离析，而新的价值体系还在建构之中，这里充满着各种活力与潜力，个体可以独立发声，可以畅所欲言，可以自成权威，这样赋予了边缘的一体两面的重要特征，即边缘的状态"既是危险之源，又是创生之源"②。

其实，狂欢也具有这样类似的边缘品性。"狂欢生活可以说也是一种边缘生活，狂欢生活中的人是一种边缘人"③。狂欢在其本质上而言，是一种边缘状态中生命意识的爆喷。在这种爆喷中，同时汇聚着死亡与新生、加冕与脱冕、交替与更新

---

① 乐黛云，勒·比松. 独角兽和龙——在寻找中西文化普遍性中的误读 [M]. 北京：北京大学出版社，1995：87-88.
② 王建刚. 狂欢诗学——巴赫金文学思想研究 [M]. 上海：学林出版社，2001：44-45.
③ 王建刚. 狂欢诗学——巴赫金文学思想研究 [M]. 上海：学林出版社，2001：45.

等多种双重指向。在巴赫金看来，无论是狂欢，还是狂欢生活，同时寓有正反两种价值：既体现出对繁文缛节等陈旧严苛制度生活的消解与批判，又彰显了对亲昵交往、自由平等生活的美好追求与神往。人类同世界一起交替与更新，不断地发生着新的变化与生成。否定权威与肯定平等同在，瓦解压迫与构建民主一道，这种正反同体的特征正是狂欢内在逻辑的具体化，也是边缘状态的题中之意。对话，本身也深蕴着这种矛盾的双重指向。因此，在某种意义上，对话与狂欢同构，对话也内在地蕴藏着狂欢品性。话语，作为体现对话双方的重要载体，它活跃于自我与他者表达意向的交界线之上，也具有边缘性的品格。我们无法孤立地从字典中机械地择取辞藻进行遣词造句，并以此与他人进行交往。相反，我们必须基于他者的表述和话语，来构建属于我们自己的表述和话语。当这些话语和词句尚未为我所用时，它们为他人所有，"活在他人嘴上，活在他人创设的语境中，服务于他人的意向"。也正因如此，巴赫金深刻地指出，"语言总是充满他人意向"。

如果将地形学意义上的"边缘"进行意识形态化的考察，不难发现正是"边缘"让他者得以复现，正是"边缘"为自我与他者的狂欢和对话提供了理想场所。可以说，关于对话的理论就是关于狂欢的理论。每个人都生存在边缘之上和边缘之中，通过对话，通过狂欢，每个人又都在"超越"自己的边缘，扩大自我的"边界"，相互取向，彼此助成，进而更全面、更深刻地去探寻自我、构建自己、完善自我。

三、"时空体"：人内在的未完成性呼唤着对话

巴赫金的"时空体"思想是20世纪文艺学领域的一个重大理论成就，他在分析小说形式和体裁的时候，敏锐地察觉到"时空体决定着文学作品在于实际现实生活的关系方面的艺术统一性"[①]这一伟大命题。但是"时空体"这一概念并非源自文艺学，而是起源于自然科学领域对时间与空间之间相互关系的学术争鸣。它最早源自希腊语χρόνος（时间）和τόπος（空间）的组合，意指时间与空间的聚合统一体。可见，无论是自然科学界，还是人文艺术领域，对时间与空间这两个范畴所内蕴的理论深度和哲学含义均饶有兴致，这也吸引了一大批来自不同领域的前人先哲对时间与空间的探索激情，"时空体"的概念也应运而生。此后，巴

---

① 巴赫金. 长篇小说的时间形式和时空体形式［M］//巴赫金全集（第三卷）. 白春仁，晓河，译. 石家庄：河北教育出版社，2008：436.

赫金对这一概念范畴进行了创造性的发展与突破，从艺术"时空体"出发，继而向我们揭示了人也是一个未完成的"时空体"。

1. 巴赫金"时空体"思想的理论渊源：相对论与优势论

巴赫金是将"时空体"引入人文与艺术科学领域的先驱。概而言之，这一概念范畴意指时间与空间在体裁类型和历史文化等艺术特征上所具有的内在关联。空间特征以时间为尺度进行衡量，时间特征则在特定的空间中展开，时间和空间这两方面的因素共同决定着艺术题材及其特征布局、艺术体裁及其内在旨趣和审美价值。在对"时空体"这一范畴进行诗学化的过程中，巴赫金形成了一套有关"时空体"的理论成果。而这些独到的思想与爱因斯坦的相对论和乌赫托姆斯基[①]的优势论（Theory of Superiority）密不可分。

一方面，爱因斯坦相对论中关于时间与空间的不可分割性为巴赫金的"时空体"理论奠定了时空基础。恩格斯曾将空间与时间视为所有存在的基本形式，他认为不存在空间之外的存在，也不存在时间之外的存在[②]。的确如此，一切存在都离不开时间和空间，时间和空间是"时空体"中最重要的两个核心范畴。以牛顿的绝对时空理论为开端，继而到多维时空的现代超弦理论，这些来自科学领域里的理论成果的一个共同旨趣在于对时间与空间之间相互关系的持续探索。随着伟大科学家爱因斯坦所构建的新的世界图景在世人面前拉开帷幕，他进一步明确了时空聚合体的不可分割性及其对于物质世界组建所具有的重要作用，继而创造性地提出"引力物质附近空间弯曲和时间变化的可能性"这一研究议题[③]。而爱因斯坦对时间与空间的探索受惠于享誉世界的俄裔德国数学家赫尔曼·闵可夫斯基（Hermann Minkowski），他也是爱因斯坦早期在瑞士苏黎世联邦理工学院求学时的数学导师。

早在1908年，闵可夫斯基就提出了数学时空的概念。闵可夫斯基的时空理论极大地激发了爱因斯坦日后对时间与空间的探索热情和灵感。因此，爱因斯坦在1915年将时间与空间这两个科学范畴引入物理学的研究世界，也就不足为奇。众所周知，爱因斯坦有一段关于时间与空间的论述一直为世人津津乐道，时间与空

[①] 乌赫托姆斯基，苏联著名的生理学家、优势论的提出者。
[②] 中共中央编译局. 马克思恩格斯全集（第20卷）[M]. 北京：人民出版社，1971：56-57.
[③] 章小凤. 时空体[J]. 外国文学，2018（2）：87-96.

间形影不离，任何一个事件的发生总是由时间坐标和三维空间坐标共同决定。所以，物理学最开始就是基于四维而展开研究的。然而这种四维连续区常被简单地肢解为一维时间连续区与三维空间连续区的叠加。而产生这种谬误的原因在于人们对"同时性"这一关键范畴的理解产生了偏差，对"同时性"的误读又是基于这样一个事实：在光的作用下，我们接收到周围事物的信息差不多均是即时的[①]。基于此，爱因斯坦发现了时间与空间在互相融合之后形成了一个"均匀的四维连续区"，这一重大发现不仅揭示了时间与空间的连续性和不可分割性，而且也印证了他的导师闵可夫斯基的论断："从今以后，空间本身和时间本身都已成为阴影，只有两者的结合才保持独立的存在"。爱因斯坦对时间与空间内在关系的科学透视完全颠覆了人们对时间和空间的机械理解，在此基础上，他开创性地将时间与空间这两个科学范畴聚合在一起，形成了"时间-空间"这一概念集合体，而这一词条后来也被编入《大英百科全书》的条目之中，极大地拓宽了科学研究的视界。

另一方面，乌赫托姆斯基所提出的优势论为巴赫金发展"时空体"理论注入了新鲜血液。1925年，在爱因斯坦时空观的启发下，乌赫托姆斯基"为了表示时间与空间的向量意义"，将"时空体"的概念引入生物学之中。在乌赫托姆斯基的反复研究之下，他确认了"时空体"在人的心理发展和神经分析方面所具有的普适性的哲学深义。据乌赫托姆斯基考察，心理时间与物理时间之间有着明显的异趣，个体在这两种不同的时间形式中所经历的同一个事件或是同一段情感会有截然不同的体验和记忆。无论是心理时间还是物理时间，都有着自身特定的优势。而人类为了更好地适应周遭的环境，为了更好地生存下去，就必须不断地去获得这些"培植优势"[②]。人因为占据独特的时间和空间而获得了独具特色的优势，因为其他人无法取代另一个人所占据的时空位置，而这种独特的优势为个体在与他者的交往过程中提供了一个独特的视角，进而有助于其形成视阈剩余。

巴赫金曾在《长篇小说的时间形式和时空体形式》中对此直言不讳：其实"时空体""这个术语见之于数学科学中，源自相对论，以相对论为依据"[③]。此

[①] 许良英，范岱年. 爱因斯坦文集（第一卷）[M]. 北京：商务印书馆，1976：251.
[②] 章小凤. 时空体 [J]. 外国文学，2018（2）：87-96.
[③] 巴赫金. 长篇小说的时间形式和时空体形式 [M]//巴赫金全集（第三卷）. 白春仁，晓河，译. 石家庄：河北教育出版社，2008：269.

外，巴赫金还透露他早在1925年夏天就听过乌赫托姆斯基的生物学报告，而那个报告中就有与"时空体"相关的内容。由此可见，巴赫金的"时空体"理论是对爱因斯坦相对论和乌赫托姆斯基优势论中思想精华的批判性继承与发展。

2. "时空体"中"生成的视觉"

巴赫金用"时空体"对小说体裁进行分析时，尤其关注歌德这位伟大的文学家和自然科学家。歌德的伟大之处在于，"他在完成定型的事物上辨别得出成长着的、酝酿着的东西，而且这一切都分辨得异常鲜明"[1]。1786年，歌德"提起行囊，独自一人钻进一辆邮车"，开启了奔赴欧洲研究自然科学之旅，在他途经意大利穿越阿尔卑斯山脉之时，亲眼目睹了盘踞在山间的云雾缭绕，并提出了一个大胆的猜想：不同于平原地域的天气，山上的气候是一个"形成"的过程，而非"现成的、定型的"，这一奇思妙想也就是后来为世人所知的天气生成理论。歌德曾在自己的著作《意大利游记》中较为详细地描绘了这种"生成的视觉"：

"我们举目仰视山上，无论远近，只见山峦起伏，时而在阳光下金光闪闪，时而嶂气缭绕，时而彤云密布、暴雨倾盆，时而又被积雪覆盖——我们总把这一切看作是大气影响的结果。因为我们熟知大气的运动和变化，为肉眼所见。相反地，山峦对我们外部感官来说，本来是静止不动的。我们认为它们一旦凝固冷却便是死物；我们以为它们对天气的影响无济于事，因为它们处于恒久不变之中。可我早就忍不住要说，大气层绝大部分的变化正是由于它们内在的、悄然的、秘密的作用所致"[2]。

后来，歌德继续创造性地提出：山脉作为一种特殊的质体，并非一个恒定不变的实体，而是永远处于一种"搏动"的状态。而正是因为山脉内部的这种"搏动"，影响了大气层的变化，进而"形成"了不同的天气变化。如果以歌德观察事物的这种独特视角加以考察，就会发现绝大多数的观察者都会将山脉视为一个静止不动的、凝结的观察客体，而看不到山脉内部涌动的变化和震荡。这样的关照者自然也不会联想到山脉的自然"搏动"会在一定程度上决定着天气的变化。

---

[1] 巴赫金. 教育小说及其在现实主义历史中的意义 [M] //巴赫金全集（第三卷）. 白春仁，晓河，译. 石家庄：河北教育出版社，2008：235.

[2] 歌德. 意大利游记 [M]. 赵乾龙，译. 石家庄：花山文艺出版社，1997：141.

在歌德以前，大气层的变化，直接作用于群山峻岭这个恒定不变的背景之中。而在歌德看来，山峦本身并非一个静止不动的背景，其内部有着深入的"搏动"，因为内部的运动，背景也活跃起来了，并且反作用于大气层的变化。此时，就出现了"真正的运动和活动转移到这个背景之中"，这也揭示了歌德与常人观察世界的迥异之处。可以说在歌德之前，那些看似不发生任何变动和位移的存在通常被视为一团坚不可摧、牢不可破的背景，但在歌德眼里，这些存在无不在生成的过程之中，它们在时间的渗透下获得新的活力，而这也恰是艺术创作所需要的一股活力来源①。所以，经常能在歌德的小说中看到，那些通常在别的作品中被用来衬托情节的牢固背景、静态前提和恒定常数，在歌德的创作中也具有运动的活力，甚至一跃成为推动情节发展的重要载体和组织中心，而小说的情节发展和创作过程也因为这些因素变得迥然不同②。

可见，不同于目光短浅的凡人将背景视为静止不变的质体，歌德是一位独具慧眼的天才，他的目光极具历史洞察力，他在那个看似恒定不变的世界基础（社会的、政治的、经济的和道德的基础）的背景中看见了运动，也在空间中看出了时间。具体而言，歌德的这种有关历史时间的"生成的视觉"主要体现在以下两个方面：

一方面，歌德拒斥割裂不同时间之间的内在联系，在他看来过去并非与世隔绝，过去也并非囿于自身、只为自身。相反，他坚信过去与鲜活的现在之间有着紧密且必然的联系，过去在浩浩荡荡的历史长河中占据着重要的一席之地。一段孤立、隔绝的过去，犹如一个茕茕孑立的"幽灵"。所以，歌德勇敢地向这个"幽灵"宣战，他更希望看到过去与现在的"混杂"，看到时间与空间的"交融"。也正因如此，当他观察大片的绿地和树木的时候，看到的"不是偶然天生而成的，而是出自人的统一意志的、有计划地行动的结果；又根据目测得出树木的年龄，当这一有计划的行动意志得以实现之时，他看出了时间"③。当他观察河岸的

---

① 巴赫金. 教育小说及其在现实主义历史中的意义［M］//巴赫金全集（第三卷）. 白春仁，晓河，译. 石家庄：河北教育出版社，2008：236.
② 巴赫金. 教育小说及其在现实主义历史中的意义［M］//巴赫金全集（第三卷）. 白春仁，晓河，译. 石家庄：河北教育出版社，2008：236.
③ 巴赫金. 教育小说及其在现实主义历史中的意义［M］//巴赫金全集（第三卷）. 白春仁，晓河，译. 石家庄：河北教育出版社，2008：239.

碎石时，他不仅看到了矿石的种类与河岸的历史，而且还看到了山地的性质和地球的过往。现在和过去并非那种简单机械、偶然的叠加，所有存在都会在时间中占据无法取代的一席之地[①]。

另一方面，歌德宣称其实过去具有一定的创造力，它完全可以对现在造成某些积极的作用。哪怕这种作用是消极的，是超出预期的，但它也是有创造力的。他进一步指出，过去不仅创造性地决定着现在，而且过去联合现在一起预先决定着未来，在一定程度上为未来的发展趋势指明了方向。正如他透过小城艾恩贝克的树木所看见的那样，眼前的这片绿树成荫是由过去决定的。虽然植树造林的计划是过去的，但是这个过去依然继续积极地活在现在之中，致使一株株小树苗长成一棵棵参天大树，呈现出一派生机勃勃的景象，而且这些树木苍翠挺拔，继续生长着，继续开枝散叶，为这座小城增添了不少绿色盎然的诗意和活力，塑造着这座城市的风貌，也势必在一定范围内深刻地影响着这座城市的未来。

巴赫金通过对歌德作品中的"时空体"进行分析，发现了一个"生成的视觉"，进而发现了无论是时间还是空间，都不是彼此割裂的，而是互相联系且处于变化之中的，不是一个完成了的、结束了的、孤立的存在，而应采取一种"生成的视觉"去审视自己以及自己所遇见的他者和所处的世界。

3. "时空体"中的三重对话关系

巴赫金在分析长篇小说的形式时，发现了"时空体"在决定小说体裁类型和文学中"人"的形象时所具有的重要意义，进而沿着"时空体"工具价值和本体价值的挖掘过程，在人的时空意识的变化中发现了人在不同时空中的流变，从而向我们揭示了人并非一个完成的、凝固的实体，而是一种未完成的、诗意的生成。在巴赫金看来，"时空体"不仅是一个单纯的数学概念和科学概念，更是一个审美范畴和哲学概念，"时空体"除了具有实用的工具价值，还深蕴着丰富的本体价值，它是巴赫金对话理论中的一个重要范畴。

就其工具价值而言，巴赫金在研究小说的体裁时，创造性地将"时空体"视为分析小说的一个"单位"，他通过记录时空的变化，来探究小说的发展历程和体裁类型。他以"时空体"为划分标准，将古罗马希腊时期的小说细分为"传奇

---

① 巴赫金. 教育小说及其在现实主义历史中的意义［M］//巴赫金全集（第三卷）. 白春仁，晓河，译. 石家庄：河北教育出版社，2008：241.

教喻小说""传奇世俗小说"和"传记小说"三个类型。后来,"时空体"这种分析小说体裁的功用价值在文艺学领域不断得以发扬与继承。诚如俄罗斯学者В·Н·扎哈罗夫所指出的那样,巴赫金的一个重大学术贡献在于为小说类型的细分以及文学作品体裁的定义提供了一种"时空体"的方法论①。巴赫金有关"时空体"的研究成果主要产生于20世纪四十年代,但是巴赫金与此相关的研究一直处于"未完成"的状态,他在其后的学术探索中一直对"时空体"进行持续性思考。也正因此,他在1973年对《长篇小说的时间形式和时空体形式——历史诗学概述》一文进行了补充,并在结语部分总结了"时空体"的情节意义和描绘意义。巴赫金指出,"时空体"在推动小说情节发展和组织小说事件走向方面承载着核心作用。他认为小说中复杂的情节纠葛是在"时空体"中逐渐生成的,也是最终在"时空体"中获得解决②。与此同时,巴赫金强调所谓"描绘"就是将某一事件的重要特征在特定的空间中进行揭示和呈现。基于此,他指出"时空体"可以作为描绘事件的一个重要手段。"时空体"的描绘作用也因此不言而喻。此外,美国学者还发现了巴赫金的"时空体"所富涵的连接作用。比如拉丁·杰伊(Ladin Jay)曾在20世纪末一篇系统研究"时空体"的学术论文中明确指出,"时空体"连接了社会和个人、读者和作品、作者和语言等关系,"时空体"的特征定义了行为和事件的可能性和意义③。

就本体价值而言,巴赫金从爱因斯坦相对论中所阐发的时空观出发,在文学的艺术时空中,继续探索时间与空间的内在关联。在巴赫金看来,就艺术"时空体"本身而言,空间特征与时间特征互相融合,在文学作品中凝聚成一个被认识的充实整体。空间不断伸展,被卷入复杂的情节发展和时间变化之中,而时间不断浓缩,继而成为艺术中某种可视化的存在。空间依靠时间来衡量,而时间的各种特征在空间中得以显现。而艺术"时空体"的一个重要表征正是不同时间特征

---

① 扎哈罗夫. 作为历史诗学问题的时空体[M]//周启超,王加兴. 俄罗斯学者论巴赫金. 南京:南京大学出版社,2014:367.
② 巴赫金. 长篇小说的时间形式与时空体形式[M]//巴赫金全集(第三卷). 白春仁,晓河,译. 石家庄:河北教育出版社,2008:444.
③ Ladin Jay. Fleshing Out the Chronotope[M]// Emerson Caryl. Critical Essays on Mikhail Bakhtin. Boston:G.K.Hall,1999:231.

与不同空间特征的互相渗透与交融①。此后，巴赫金不仅确证了时间与空间的不可分割性，将时间与空间视为一个聚合体，并在这个充实的整体中看到了时间的流动；而且还发现了"时间表现于空间中，空间表现于时间中"，并将"在时间中发现空间，在空间中发现时间"视为研究者的重要任务②。不同于上述的情节意义、描绘意义和连接意义等工具性价值，巴赫金认为"时空体"在本体论上具有"重大的体裁意义"。依巴赫金之见，"时空体"直接决定着小说的体裁和文学中人的形象，并且这里的人物形象，通常而言是一种经过时空化了的形象③。此外，巴赫金还确信时间是认识世界的第四维，并且在艺术的"时空体"里时间占据着主导因素。

巴赫金在对"时空体"进行分类时，主要集中讨论了"拉伯雷型的时空体""田园诗的时空体""相会时空体"和"道路时空体"等大型"时空体"。而每一种包罗万象、内涵丰富的"大时空体"内部又有很多"小时空体"，因为"每一主题都能有自己特殊的'时空体'"。换言之，每一部作品内部都存在着许多形式各异的"时空体"。这些不同形式的"时空体"有的彼此融合，有的彼此对立，有的相互交织，有的共生共荣，无论它们之间处于何种变化莫测的复杂关系，可以肯定的是，任何一个"时空体"都不会将其他的"时空体"完全替代甚至是吞噬。这些不同形式的"时空体"内在地表现出一种"对话性"的关系④。确实，具有不同工具价值和本体价值的"时空体"都是"时空体"的一种特殊形式，它们相互碰撞，但是并不会互相吞噬，而是呈现出一种对话性的关系。

而艺术"时空体"中的对话关系主要体现在三个层面：其一，"时空体"内部时间与空间的对话。这种对话关系既包括同一时间与不同空间的对话，又包括同一空间与不同时间的对话；其二，一部艺术作品内部"时空体"与"时空体"

---

① 巴赫金. 长篇小说的时间形式和时空体形式［M］//巴赫金全集（第三卷）. 白春仁，晓河，译. 石家庄：河北教育出版社，2008：269-270.

② 扎哈罗夫. 作为历史诗学问题的时空体［M］//周启超，王加兴. 俄罗斯学者论巴赫金. 南京：南京大学出版社，2014：366.

③ 巴赫金. 长篇小说的时间形式与时空体形式［M］//巴赫金全集（第三卷）. 白春仁，晓河，译. 石家庄：河北教育出版社，2008：270.

④ 巴赫金. 长篇小说的时间形式与时空体形式［M］//巴赫金全集（第三卷）. 白春仁，晓河，译. 石家庄：河北教育出版社，2008：446.

之间的对话。每部作品内部都包含不计其数的"时空体",每一个"时空体"都可以与另一个"时空体"进行对话,形成"视域融合",各自发挥彼此的情节意义、描绘意义和连接意义等工具价值,进而协同、联动地为读者、听者、观众呈现一个更加完整、充实的艺术作品或是主人公形象;其三,作为作品的"时空体"与作为作者和读者的"时空体"之间的对话。每一部艺术作品都介乎于自然物与文化之间,均可被视为一个特殊的"时空体"。同样地,作者或读者也能被视为一个不可重复的时空聚合体。在巴赫金看来,每个人都占据了一个他人无法取代的特殊空间位置和时间,因而人也是一个特殊的"时空体"。从他早期的哲学美学思想就可见一斑:"我以唯一而不可重复的方式参与存在,我在唯一的存在中占据着唯一的,不可重复的,不可替代的,他人无法进入的位置"[①]。也就是说,每个人的位置都是唯一的,任何人都无法与另一个人占据同一个时空,每个人都是一个无可替代的存在,都是一个不可重复的"时空体"。而这种不可替代性和不可重复所导致的差异性,为作者以及读者与作品进行对话提供了有利条件。而且无论是作者还是读者,当作为一种特殊的"时空体"而呈现时,是一个难以自足的、未完成的、需要不断充实的"时空体"。正是这种未完成性,呼唤着与他者进行对话,获得进一步的完整与充实。

巴赫金创造性地将"时空体"这一科学概念引入文学理论中,进而创造了一个艺术的"时空体",破除了"文学就是时间的艺术"这一传统命题,也挖掘出了"时空体"中所深蕴的诗学向度和哲学内涵。自爱因斯坦发现相对论以来,现实世界不再是一个机械的、静态的、被视为科学研究的客体对象,而是一个灵动的时空聚合体,这也凸显了现实世界的未完成性。乌赫托姆斯基的优势论则告诉我们每个人所占据的时空位置都是一个不同于他者的特殊优势,也是看待自己、看待他人和看待世界的一个特殊视角。而巴赫金通过"时空体"理论向我们揭示了小说和小说的主人公是一个正在成长中的、未完成的人的形象。同样地,由时空组成的现实世界也在不断的变化之中。生活在时空中的人也是一个特殊的"时空体",也具有这种内在的未完成性,而这种未完成性呼唤着未来的对话与回应。

通过上述分析,显而易见,巴赫金的复调、狂欢和"时空体"是巴赫金对话

---

① 巴赫金. 论行为哲学 [M] //巴赫金全集(第一卷). 晓河,等,译. 石家庄:河北教育出版社,2009:40.

理论中的三个核心范畴。由这三个重要概念生发的复调理论、狂欢理论和"时空体"理论都是巴赫金的对话哲学思想在不同领域的变体性应用，它们都是巴赫金对话理论的重要组成部分。事实上，巴赫金的复调理论、狂欢理论和"时空体"理论与对话理论之间有着内在的一致性。如果将巴赫金的思想理论体系视为一个整体，那么它的完整性不在于内容与形式的统一，也不是概念与范畴的统一，而是理论焦点和理论视角的内在统一。这个理论焦点和视角的共同指向是"人"，是人的自我主体的建构和自我对话本质的复归，而对话是实现这一目标追求的重要途径。更进一步而言，从诗学角度来看，巴赫金的复调理论让主人公自我的独立意识得以复现，让内蕴于"作者—主人公—读者"之间的多重对话关系得以澄明；从现实角度来看，巴赫金的狂欢理论，为脱离常规的"第二种生活"加冕，鼓励生存在边缘之上和边缘之中的人们进行亲昵交往。从人学角度来看，巴赫金的"时空体"理论赋予每个人特殊的时空优势，这也成为了每个"未完成"的对话主体进行信息交流和对话交际的重要前提；鉴于此，本章将巴赫金复调理论、狂欢理论和"时空体"理论全都统摄于巴赫金对话理论之下。从广义上来看，巴赫金对话理论内在地囊括了巴赫金的复调理论、狂欢理论和"时空体"理论。

第三节 巴赫金对话理论中"对话"的形式

前文对巴赫金对话理论的内容进行了阐释，那么巴赫金对话理论中又包含哪些对话形式呢？其实，巴赫金在对陀思妥耶夫斯基诗学问题进行细致探究时，特别是在研究陀思妥耶夫斯基的复调小说的创作过程时，就总结出了两种对话形式：分别是"微型对话"和"大型对话"。而这两种对话形式都是基于巴赫金对话理论中对众多互不相同而又彼此独立的声音与意识所具有的内在价值的充分肯定而提出来的。巴赫金对话理论中的"微型对话"与"大型对话"之间既有一定的区别，也有某些内在的联系，在这两种不同形式对话的共同作用之下，陀思妥耶夫斯基的复调小说呈现出一种由上到下、由里及外、从微观到宏观的"全面对话"的态势，而这也为颇具对话意识的"陀氏巨制"独秀于俄国小说创作之林奠定了坚实基础。

一、"微型对话"：话语层面的双声语

"微型对话"是一种属于话语层面的双声语。据巴赫金考察，"对话渗透到每

个词句中，激起两种声音的斗争和交替。这就是微型对话"①。巴赫金在另一处继续指出，所谓"微型对话"，"是两种声音在一个声音中、两种对语在一个对语中交锋、干扰的产物"②。而在"微型对话"内部，主要存在自白式的双声语和对白式的双声语两种类型。

一方面，在巴赫金看来，自白式的双声语是"微型对话"的一个重要体现。所谓自白式的双声语，意指人物的内心独白是一种有双重指向的话语，它既指向说话者本人，又指向他者，它是一种对其他话语有着积极回应的独白话语。就这一类型的"微型对话"而言，我们可以在陀思妥耶夫斯基的著作中找到不计其数的绝妙典范。以1866年问世的长篇小说《罪与罚》为例，在小说伊始，当男主人公拉斯科尔尼科夫收到母亲的来信并告知他卢仁提亲的相关事宜时，他颇为反对这桩婚姻，并且心理活动极为丰富，继而在小说中涌现出了一系列的内心独白："'我活着一天，这门婚事就不会成功，去他妈的卢仁先生！''要了解人，应该慢慢地、细心地接近他''她们俩为什么都看不出这点呢，还是故意熟视无睹？要知道，她们都心满意足！认为这只是开花，而收获丰硕的果实是以后的事！但这儿值得注意的倒不是悭吝，不是视钱如命，而是他的作风，要知道，这也是他将来婚后的作风，一个预兆……可是妈妈为什么高兴呢？她带几个钱到彼得堡来？'"③，等等。虽然这些话语出自于拉斯科尔尼科夫一人之口，是主人公的内心独白，但其实这些话语完全是因他人话语而引发，它们抑或是对他人话语的应答，抑或是对他人话语的叩问，所以它们都是彻彻底底的双声语。除此之外，在陀思妥耶夫斯基于1868年出版的长篇小说《白痴》中，也遍布了以自白式双声语出现的"微型对话"。面对男主人公梅诗金公爵的求婚，出身悲惨的女主人公娜斯塔西娅既兴奋又紧张，她的内心独白也因此分裂为两个声音的双声语：一方面她出于自卑，认为自己是一个"堕落的女人"，不值得被拯救和被爱，因而萌生了疏远公爵的想法；另一方面她又肯定自己的"出淤泥而不染"，勇于为自己开脱，想要接受爱情和宽恕，于是又涌现出了靠近公爵的意向。这两种完全不同

---

① 巴赫金. 陀思妥耶夫斯基诗学问题［M］//巴赫金全集（第五卷）. 白春仁，顾亚铃，译. 石家庄：河北教育出版社，2009：97-98.
② 巴赫金. 陀思妥耶夫斯基诗学问题［M］//巴赫金全集（第五卷）. 白春仁，顾亚铃，译. 石家庄：河北教育出版社，2009：346.
③ 陀思妥耶夫斯基. 罪与罚［M］. 岳麟，译. 上海：上海译文出版社，1982：45-47.

的声音在娜斯塔西娅身上针锋相对，有时候靠近公爵的声音占据上风，有时候又是远离公爵的声音更胜一筹，但是从未出现某一种声音压倒性地击败另外一种声音的情况。此外，这两种不同的声音都会受到周遭其他人声音的影响，时而被加强，时而被削弱，时而被打断。比如那些责骂她的声音会加强她责骂自己的声音，当然她也有可能故意削弱责骂自己的声音以此去对抗那些责骂她的声音①。

另一方面，巴赫金认为"微型对话"还交织在对白式的双声语之中。在陀思妥耶夫斯基的作品里，他除了将对话的色彩抹到了人物自身的内心独白之上，还将这种对话色彩涂到了人物与人物之间的对白里，直接激起了两种声音的正面对峙，不妨将其称为对白式的双声语。同样是在《罪与罚》中，这样对白式的双声语比比皆是。在拉斯科尔尼科夫谋杀老太婆前夕，他同多个重要人物展开了紧张的对话：

"'你，未来的百万富翁，支配她们命运的宙斯，有什么办法能使她们不向斯维德里加依洛夫们和阿法那西·伊凡诺维奇·瓦赫鲁欣借钱。再过十年吗？母亲在十年内会因编织三角头巾而双目失明，也许会哭瞎的；她会因吃不饱而变得憔悴，可是妹妹呢？嗯，你想一想吧，十年后，或者十年内，妹妹会变得怎么样呢？你想过吗？'"②

"'您明白吗？您明白吗？先生，走投无路是一种什么样的境遇啊？'他忽然想起昨天马尔美拉陀夫所提出的问题来，'因为得让每个人有条路可走啊……'"③

按照巴赫金的说法，在他们的对白中，"其中所有的词句都是双声的，每句话都有两个声音在争辩"。这些对白话语，既带着评价性的语调，又带有说服性的语调；既包含了拉斯柯尔尼科夫自己的声音，也隐藏着索尼娅和马尔梅拉多夫等人的声音。这些对白既直接显露主人公的话语，又映射出与谈者的内心话语。巴赫金继续指出，在这种对白式的双声语中，一个人的声音必定会牵涉另外一个人的声音，两种声音甚至还可能有重合的地方。在陀思妥耶夫斯基的作品中，某个主人公所言说的他人话语，或多或少地同另外一位主人公的内心声音有着千丝万缕的关系，这些不同的声音相互交织在一起，或是部分地相互重叠。而这一特

---

① 巴赫金. 陀思妥耶夫斯基诗学问题［M］//巴赫金全集（第五卷）. 白春仁，顾亚铃，译. 石家庄：河北教育出版社，2009：342.
② 陀思妥耶夫斯基. 罪与罚［M］. 岳麟，译. 上海：上海译文出版社，1982：51.
③ 陀思妥耶夫斯基. 罪与罚［M］. 岳麟，译. 上海：上海译文出版社，1982：51.

征也正是陀思妥耶夫斯基与其他创作者的不同之处,也是其作品中对话关系展开的重要前提和基础。陀思妥耶夫斯基创作中的一些重要对话都是建立在这些因素之上[①]。

二、"大型对话":小说结构、思想矛盾或人物关系上的对话

不同于"微型对话"仅停留在话语层面,"大型对话"更加强调一种对话意识和对话立场,它是"微型对话"在小说结构、人物思想和人物关系等领域中的一种扩展。在"大型对话"中至少包含三层对话关系:小说在布局结构上的对话关系、人类思想与人类生活的对话关系以及作者与主人公的对话关系。

首先,从布局结构上来看,小说作品的各个章节和各段情节之间存在着内在的对话关系。如果阅读陀思妥耶夫斯基的《卡拉马佐夫兄弟》《死屋手记》和《地下室手记》等作品,就会发现,小说内部提到了很多看似杂乱无序、毫无关联的场所,而且相关场景在不停地切换,从修道院到寓所,从酒吧到咖啡馆,从医院到监狱,从澡堂到地下室……很多场景的设计看似零散随意,但从小说的整体结构来看,每一个场景都与另外的场景遥相呼应,不同的场景在结构上存在着一种内在的对话关系,都是为了共同推动小说的故事情节朝着更为惊喜的方向发展。另外,章节与章节之间的排列其实也具有这样的对话关系,很多章节孤立地看起来就像是"一堆闲话",可是随着后续章节的推演,"这堆闲话"竟然会反转成为"突如其来的灾难"。由此看来,不同章节和小说情节看似"形散",实则"神聚",它们在一种潜在的对话关系的作用之下共同演绎出一个个精彩的故事,这种"大型对话"关系也使得"不同的声音用不同的调子唱同一个题目"在文学创作中成为现实。

其次,社会生活中思想的对峙与交锋在作品中以对位的方式呈现。陀思妥耶夫斯基作品的一大特色就在于其内部有着很多不同形式的大型对话,从艺术的立场来看,这些大型对话根植于一个开放的整体,而这个整体是一个充满对峙和交锋的生活本身[②]。"对位是不同意识之间的对话交际,表现为人物组合在同一命题

[①] 巴赫金. 陀思妥耶夫斯基诗学问题[M]//巴赫金全集(第五卷). 白春仁,顾亚铃,译. 石家庄:河北教育出版社,2009:338.

[②] 巴赫金. 陀思妥耶夫斯基诗学问题[M]//巴赫金全集(第五卷). 白春仁,顾亚铃,译. 石家庄:河北教育出版社,2009:82.

下的对立及联系"①。在陀思妥耶夫斯基的《罪与罚》中，作为谋杀凶手的穷大学生拉斯柯尔尼科夫和基督教的虔诚信徒索尼娅，与作为法律代言人的审判官波尔菲里就是一种对位关系。进一步而言，他们是"罪与罚"的对位。陀思妥耶夫斯基最喜爱的作曲家之一，也是俄罗斯音乐之父的米哈伊尔·伊万诺维奇·格林卡曾有过这样的洞见："生活中的一切都是对位的，也即互相矛盾的"。巴赫金极为赞许格林卡的这一论断，并娴熟地将格林卡在音乐理论中创造的对位原则引到了诗学问题的研究之中，继而对陀思妥耶夫斯基的作品进行了深入考察，并得出了这样的见解："生活中的一切全是对话，也就是对话性的对立"②。如果从哲学美学的立场来看，音乐创作中的对位关系，在本质上而言，其实是广义上的对话关系在音乐领域里的一种应用性变体。换言之，对位关系意味着一种思想上的对立，而这种对立已然超越了具体的对话，它进入意识形态的领地，生成了一种对话关系。更确切地说，这是一种大型对话关系，具体到文学创作方面，它意指作品中不同人物之间在思想上的对峙关系，这也是复调小说在内容创作上的一种潜在形式③。

最后，作者与主人公的对话关系也是"大型对话"的重要组成部分。据巴赫金考察，陀思妥耶夫斯基笔下的主人公，不是作者创造的客体和议论的对象，更不是失声的言语障碍者或无声的奴隶，而是有独立见解、不同声音和内在价值的言说主体。那么，作者针对主人公的议论，自然就变成了一种针对议论的议论。因为主人公自身也可以发出议论，所以主人公与作者之间就形成了一种对话关系。事实上，作者是通过整部小说在发表自己的议论，他是同主人公一道进行议论，而不是议论主人公④。由此可见，处于"大型对话"关系中的作者，不再将主人公视为背地里创作的对象和客体，而是将其当作一个可以与之面对面交流的主体，主人公的话语也不再是作者的传声筒，而是另外一种思想立场，另外一种观点和见解。唯有在这种对话关系里，主人公的意识才能保持高度的独立性，主

---

① 董小英. 再登巴比伦塔——巴赫金与对话理论［M］. 北京：三联书店，1994：32.
② 巴赫金. 陀思妥耶夫斯基诗学问题［M］//巴赫金全集（第五卷）. 白春仁，顾亚铃，译. 石家庄：河北教育出版社，2009：57.
③ 董小英. 再登巴比伦塔——巴赫金与对话理论［M］. 北京：三联书店，1994：32-33.
④ 巴赫金. 陀思妥耶夫斯基诗学问题［M］//巴赫金全集（第五卷）. 白春仁，顾亚铃，译. 石家庄：河北教育出版社，2009：82.

人公的议论才能与作者的议论发生真实的密切联系，而不被作者的声音所吞没。由此可见，"大型对话"不是表现在作者视野之内的客体性的人物对话，而是生发于作者和主人公两者的视野之间的一种主体间的对话关系。

三、"微型对话"与"大型对话"的辩证关系

其一，从性质上来看，无论是"微型对话"还是"大型对话"，都是巴赫金的对话理论在文学创作中的审美转型。"复调小说"是对话理论的衍生品，而"微型对话"和"大型对话"又是"复调小说"最为重要的内在组成和外在表征。"复调小说"与传统"独白小说"的一个重要异趣在于，"复调小说"中有两个各自平等而又独立的意识在互相对话。有时候，这两个意识之间的对话是以人物独白或是对白的形式外化于读者的视野之内，仅停留在话语层面，即所谓的"微型对话"；而在另外一些时候，这两个意识的对话又可能极为隐秘，它们内隐于小说的布局结构之上、人类的生活思想里面或是人物的关系之中，即"大型对话"。但是，无论何种形式的对话，它们始终都归结于对话原则，也都因对话而生。

其二，从内容上来看，"微型对话"是"大型对话"在文本话语方面的内在渗透，也是"大型对话"的重要基础。"大型对话"是基于对话原则的一种对话意识和对话立场，它主要体现在小说的内在结构、人类思想和人物关系之中。为了在"复调小说"中呈现并外化这种"大型对话"，对话关系必须向内部渗透，深入小说的对语之中，并将其转变成双声语。当抽象的对话关系渗透进主人公的每一个具体的动作、每一个丰富的表情时，主人公的话语和形象都会变得饱满立体起来。而这些正是成就陀思妥耶夫斯基独特语言特色的"微型对话"[①]。换言之，在某种意义上来讲，抽象的"大型对话"在话语层面的渗透就表现为具象、灵动的"微型对话"，"大型对话"存在的一个重要基础正在于多层次、多声部的"微型对话"。如果没有"微型对话"在话语层面的"众声喧哗"，何谈"复调小说"在作品结构、人类思想和人物关系上的"大型对话"？也正因如此，巴赫金公开指出"形诸布局结构的对话，与内心对话（亦即微型对话）密不可分地

[①] 巴赫金. 陀思妥耶夫斯基诗学问题［M］//巴赫金全集（第五卷）. 白春仁，顾亚铃，译. 石家庄：河北教育出版社，2009：55.

联系在一起，并在一定程度上以内心对话为基础。而它们两者同样密不可分地与囊括它们的整部小说的大型对话联系在一起"①。

其三，从形式上来看，"微型对话"和"大型对话"分别是巴赫金对话理论在微观与宏观两个层面的具体表现。就微观角度而言，"微型对话"是一系列的话语层面的、缩小的"微观对话"，它们主要出现在小说的文本之中，以人物的内心独白或是对白的形式呈现；而从宏观角度而言，小说创作的结构、人类的思想、人物的关系是一种基于"微型对话"但又拓展了的对话形态，它是一种更大范围上的对话，多重"微型对话"的杂交，演绎出声势浩大的"大型对话"。进一步而言，以微观的话语，准确来讲是双声语，来表达内心冲突和矛盾关系时，即所论"微型对话"，而当这种冲突和矛盾冲破话语和文本层面，拓展到小说创作的结构形式、人类的思想活动和人物关系之中时，并且这种紧张的对话关系贯穿于整个作品的始终，也就是所谓的"大型对话"。

由此可见，巴赫金对话理论是"微型对话"与"大型对话"的有机结合，两者之间既有明显的分野，又有着内在的复杂关联。只有"大型对话"与"微型对话"相互交织在小说创作的全过程，才能共同编织出一部部精彩绝伦的"复调小说"。不同的声音在小说内部众声喧哗，不同的意识在文本和话语之中相互交锋，进而闪烁出一种颇具对话意蕴的人文精神。虽然巴赫金对话理论中的"微型对话"和"大型对话"是基于文学创作的精彩阐发，但是其中内蕴的对话精神不仅只对文艺学有价值，这两种充满哲学深义的对话形式对于其他领域的研究和创新也具有不可忽视的重要意义。

第四节 巴赫金对话理论之"对话"

对话理论并非巴赫金独创，那么巴赫金对话理论又是何以在众多色彩斑斓的对话理论之中绽放自己的光彩呢？它与其他的对话理论相比有何精彩之处？为什么要将巴赫金对话理论引入教育场域？它与教育的理论研究和实践发展又有着怎样的契合性？此部分内容将对上述问题进行阐释。

---

① 巴赫金. 陀思妥耶夫斯基诗学问题［M］//巴赫金全集（第五卷）. 白春仁，顾亚铃，译. 石家庄：河北教育出版社，2009：354.

一、巴赫金对话理论与其他对话理论的辨析

纵观整个对话理论的发展史，除了巴赫金提出的对话理论，苏格拉底、奥古斯丁、马丁·布伯、保罗·弗莱雷（Paulo Freire）、哈贝马斯和伽达默尔等人也在不同的历史时期提出了他们有关对话的思想和理论。那么，巴赫金对话理论和上述这些对话理论比起来，又有哪些特殊性呢？

早在古希腊时期，举世闻名的哲学家苏格拉底就开始了他的对话实践，并将对话视为一种重要的交流方式和教学方式。苏格拉底指出，个体由于知识上的匮乏，并无真正的智慧，因而需要认识自己的无知，并以一种开放的态度与他者进行对话，进而在对话中否定既有经验，探求真理与智慧，实现心灵的自我转向，践行美善生活。就苏格拉底的对话实践而言，"对话并不传递现成的知识或信息，毋宁说，对话者通过自己本身的努力而拥有他的知识。他通过自己而发现知识，而且为了自己而思考知识"[①]。也正因如此，在苏格拉底看来，这种唤醒个体灵魂，引导个体向善的对话才能构成真正的教育。

苏格拉底的这种精神性对话传统一直延续到中世纪时期，并在古罗马思想家奥古斯丁那里得到了进一步发展。"在奥古斯丁这里，人自身而非城邦，才是对话真正发生的场所，对话不是在对城邦意见的考察和哲学在光与昏暗之间的穿梭，而是构成一个人的不同声音之间的冲突；不是政治的悲剧，而是信仰的戏剧。对话的焦点是人的意志与软弱，理性与暗昧，自由与受缚"[②]。奥古斯丁的对话理论将对话从外在的城邦拉回人的内心，继而进入一种内心孤独的"内在思考与言说"。奥古斯丁确信人生就是转向上帝的过程，人与人之间的对话不过是为了引向更高层次的人与上帝的对话，唯有人与上帝之间的对话才算得上是真正的对话。奥古斯丁的对话思想虽然赓续了苏格拉底对话中的内在性和精神性，但是最终走上了一条在对话中超越自我、趋向上帝的道路，因此带有明显的神学色彩。

此外，德国宗教哲学家马丁·布伯在人知觉周围之存在的双重态度中发现了双重世界中的双重关系，即"我—它"关系和"我—你"关系。在"我—它"关系中，

---

① 皮埃尔·阿多. 古代哲学的智慧 [M]. 张宪, 译. 上海：上海译文出版社, 2012：71.
② 李猛. 指向事情本身的教育：奥古斯丁的《论教师》[M] //思想与社会编委会. 思想与社会（第七辑）：教育与现代社会. 上海：上海三联书店, 2009：32.

周遭人事与"我"相分离，它们只不过是为"我"所用的客体，是满足"我"之欲求的工具性存在，却无法成为另外一个"我"。而在"我—你"关系中，"我"将"你"视为一个精神性和主体性的存在，"当我与'你'相遇时，我不再是一经验物、利用物的主体，我不是为了满足我的任何需要，哪怕是最高尚的需要（如所谓'爱的需要'）而与其建立关系"①。"我"与"你"建立的关系不是将"你"物化的主客关系，而是一种对话关系。真正的对话意味着"我"扬弃了对"你"的控制与支配，转而以一个开放的心灵与"你"相遇，最终通过对话实现彼此的整合。

由此可见，从苏格拉底到奥古斯丁再到马丁·布伯，他们的对话理论都蕴藏着浓郁的古典气质。他们的对话理论在某种意义上而言具有某些相通之处，即对话的过程就是"向着更高事物开放的过程"，而对话的旨趣则在于"促成个体灵魂转向更高的美善事物"②。"如果说古典对话理念关注的是个体灵魂的转向，意在促成个人精神的完善，那么现代性对话理念则更关注个体在现实中的被承认，意在凸显个体的独立与自由"③。

巴西的著名教育家保罗·弗莱雷尤为关注第三世界成人文盲的生存状况，他敏锐地发现了教育的实践性和政治性，坚信政治具有教育性，教育也具有政治性，教育是政治行为，政治是教育的灵魂④，继而提出了"教育即政治"和"教育即解放"的主张。他希望通过对话唤起那些游离在"文化沉默圈"的被压迫者们的意识觉醒，将其从一种灌输式的"驯化教育"中解放出来，并帮助这些被压迫的劳动者们认识到他们也是"文化和历史的创造者"⑤。很显然，保罗·弗莱雷的对话理论带有强烈的政治意味。

法兰克福学派的重要代表人物哈贝马斯基于资本主义社会中技术理性所招致的人的异化等现代性危机，提出了沟通理性这一重要概念范畴。根据哈贝马斯的阐述，理想的沟通情景需要满足"真实性""正当性"和"真诚性"三重要求，他在基础上进一步建构出了一个以同质型主体间性、普通语用学和公共领域为重

---

① 马丁·布伯. 我与你［M］. 陈维纲，译. 北京：商务印书馆，2015：5.
② 刘铁芳. 对话的古今之变与教育性对话的意蕴［J］. 高等教育研究，2019（7）：18-32.
③ 刘铁芳. 对话的古今之变与教育性对话的意蕴［J］. 高等教育研究，2019（7）：18-32.
④ Paulo Freire. The Politics of Education［M］. London：Macmillan，1985：188.
⑤ 保罗·弗莱雷. 被压迫者教育学（30周年纪念版）修订版［M］. 顾建新，等，译. 徐辉，校. 上海：华东师范大学出版社，2014.

要组成部分的交往行为理论。"哈贝马斯既希望交往行为理论具备'由己及人'的对话性质,又希望这种交往对话时刻以理性共识为导向"①。由此可见,哈贝马斯的交往行为也是一种对话行为,所以他的交往行为理论也可以视为一种对话理论。但是,值得注意的是,哈贝马斯的对话理论,特别是其有关"公共领域"的思想具有明显的阶级垄断性和虚构性②。整体上而言,他的对话理论过于依赖理想的言语情景和抽象化的程序设定,严重脱离了日常生活实践。

德国哲学家汉斯-格奥尔格·伽达默尔(Hans-Georg Gadamer)在其著作《真理与方法》中系统阐发其哲学解释学思想时十分强调对话。可以说,对话是伽达默尔构建其伦理共同体的理论要求和实践道路,所以他的伦理共同体也常被世人称为对话共同体,他的早期代表作《柏拉图的辩证伦理学》的研究焦点正是探寻"对话和我们走向共同理解的方式"。依伽达默尔之见,所谓"达到理解"也就是"达到共同理解",而理解的内在目的则是为了与对话的"他者"建筑一个"共同的世界"③。与此同时,伽达默尔还进一步指出,人们常说我们正在"进行"一场谈话,但事实上一场真正的谈话绝不会基于谈话者中任何一方的意愿而进行。也正因如此,伽达默尔强调,真正的谈话绝非是那种依照我们的意愿进行的谈话。通常而言,或是更准确地来讲,谈话者"陷入"了一场谈话之中,甚至可以说他们是"卷入"了一场谈话之中④。很显然,伽达默尔的对话理论告诉我们,对话的实质和中心就是进入谈话之中,真正的对话其实是一种超越固有意识和主观意愿的对话,并主动将孤立和固执的自我融入他者和对话情景之中。

通过对现代视阈下的几种代表性对话理论的简要概述,可以看出这些现代性的对话理论与富含古典气质的对话理论较之,更加关注对话主体和对话过程的平

---

① 毕晓. 哈贝马斯交往行为理论再批判与差异对话理论的建立[J]. 人文杂志,2021(6):96-106.
② Ken Hirschkop. Justice and Drama: on Bakhtin as a Complement to Habermas [M] // Nick Crossley, John Michael Roberts. After Habermas: New Perspectives on the Public Sphere. Oxford and Malden: Blackwell Publishing, 2004: 49-66.
③ 何卫平. 解释学与伦理学——关于伽达默尔实践哲学的核心[J]. 哲学研究,2000(12):60-67.
④ 伽达默尔. 真理与方法——哲学诠释学的基本特征[M]. 洪汉鼎,译. 北京:商务印书馆,2013:539.

等，也更为强调个体的完整性和独特性，而非只强调对话之于个体德性成长和超越自我的精神性作用。综合而言，以苏格拉底、奥古斯丁和马丁·布伯等人为代表的古典意蕴的对话理论的关注重心是个体心灵的开放性和教化，以及由此带来的自我超越和德性成长，而以保罗·弗莱雷、哈贝马斯和伽达默尔等人为代表的充满现代意味的对话理论的关注焦点乃是人的现实生存以及人自身独立与平等的实现。而巴赫金对话理论不仅和古典对话一样，极为鼓励个体向他者敞开的开放性，而且也十分关注置身于社会空间中个体的现实生存。更为重要的是，巴赫金将对人体现实存在的关注上升到了一种本体论的高度，他不仅通过对话探寻到了人是一种对话式的存在方式，还探寻到了话语的对话本质，乃至整个世界的构成方式，而这也正是巴赫金对话理论与上述对话理论的最大异趣。巴赫金对话理论与上述对话理论一道共同推动了对话理论的发展与繁荣，但严格来说，前者与后者之间具有如下区别：

其一，在巴赫金对话理论看来，对话不仅是苏格拉底所论的一种交流方式和教学方式，它更是一种存在方式。巴赫金对话理论的这种本体性就意味着对话各方在对话过程中的本体性参与，那么对话者内在的主体性、独立性和平等性也就不言而喻。然而，在苏格拉底与不同他者的对话中，所体现出的平等性和主体性有明显的差别。苏格拉底与自己的学生和自由公民的对话偏向于一种主体性的对话，但他与奴隶之间的对话带有明显的权威性和控制性[①]。由此可见，苏格拉底毕生所实践的对话并非是一种人人生而平等的对话，对话的平等性会随着对话者自身的差异性而发生流变。反观巴赫金对话理论所倡导的对话，正是一种超越年龄、时空、阶级、性别等因素的主体性对话，无论对话的另一方为何人，巴赫金都矢志不渝地强调应当完全肯定并尊重他者的主体性和独特性，并倡导一种真正平等的对话。

其二，不同于奥古斯丁和马丁·布伯的对话理论中所带有的强烈的宗教神学色彩，巴赫金对话理论更具一种世俗性和社会性。虽然巴赫金对话理论的形成在某种程度上受到了俄国东正教的影响，但是其并没有完全被宗教神学思想所吞噬，反而以宗教思想中的"上帝形相抛弃论"为智慧资源，确立了话语的物质性

[①] Matusov Eugene. Journey into Dialogic Pedagogy [M]. New York：Nova Science Publishers，2009：47.

与"彻底的集体性",走上了一条世俗化与社会化的道路。巴赫金对话理论,特别是其中的狂欢思想,尤为强调不同的个体在丰富多彩的狂欢交往中亲昵接触,插科打诨,自由地"脱冕与加冕",以此在一种真正自由平等的对话关系中摆脱各种严厉的制度性束缚,获得自我的真正解放。

其三,巴赫金对话理论和保罗·弗莱雷的对话思想一样,都强调对话之于人的解放所具有的重要意义,但是后者是基于第三世界成人文盲这一特殊群体的阐发,且带有强烈的政治性和精英主义的色彩,而巴赫金对话理论更具有普遍意义,更加强调对话的纯粹性和普适性。在保罗·弗莱雷的对话理论看来,"教育即政治",只有对话式的教育才能解放处于压迫之下的"被压迫者",并且这种对话必须依靠"开明的"精英者领导那些"无知愚昧的""被压迫者"才能实现。事实上,保罗·弗莱雷所倡导的那种对话式教学只不过是一种基于某种意识形态和政治议程对受教育者的学习内容所进行的单方面规定,教育过程从头到尾都在教育者严格的控制之下,其实也是一种反对话的教育[①]。然而,在巴赫金对话理论看来,不仅是成人文盲,任何人都应该向他者敞开,并尊重他者,继而在与他者的平等对话中拓展自己的视野,充实自己的生活,获得自我的解放。也就是说,所有个体都是一种对话性的存在,所有人都需要对话,都离不开对话。并且在对话过程中,没有谁控制谁,谁领导谁,所有人都具有内在的平等性。

其四,虽然哈贝马斯的对话理论基于普通语用学对语言进行了符号化处理,但是其仍旧没有摆脱语言学对纯语言的研究,而巴赫金对话理论超越了传统语言学的关注对象,对超出语言学的部分卓有建树。不可否认,对话离不开语言,但是这种语言绝非只是一种平面的纯文字语言,它还可能是一种肢体语言、心理语言,甚至是一种超越时空的两个不同意识之间的交流。而巴赫金对话理论的视野绝非局限于一种纯粹的言语交谈,它更加关注那种生成于日常生活与实践活动中的活生生的言语,而这种鲜活的话语正是巴赫金对话理论所研究的重点对象,巴赫金对此研究的重大成果主要体现在巴赫金对话理论对"超语言学"的精彩阐发之中。

其五,伽达默尔的对话理论强调对话各方"共同理解"的达成,而巴赫金对话理论更加关注对话的未完成性,而这种未完成性也就意味着自我与他者的对话可能没有任何论定,也可能无法达成一个确定性的"共同理解"。此外,伽达默尔的对

---

① Schugurensky D. Paulo Freire [M]. London:Continuum,2011:135.

话理论将文本和历史的因素也纳入了对话的结构之中，强调与文本和历史的对话，因此他的对话更倾向于一种历史的理解。虽然巴赫金也强调与文本和历史的对话，但是在这方面，巴赫金对话理论比伽达默尔的对话理论走得更远。巴赫金对话理论所论的与文本和历史的对话，不是一种单向度的对话，而是将文本中的作者与主人公、各种历史人物及其重要思想也视为一种对话主体。因为在巴赫金看来，他们也有自我的独立的意识，所以与这些文本和历史的对话，是一种双向的、不具有历史权威的、有待检验的、未完成的对话，而这样的对话永远不会终结。

概而言之，巴赫金对话理论与其他的对话理论相比，更加强调对话的主体性、平等性、世俗化、社会化、普遍性以及未完成性。此外，巴赫金对话理论还充满了哲学深义，它已然将对话上升到了本体论的高度，还为不同存在的主体建构提供了方法论指导和价值论层面的意义。而这些区别于其他对话理论资源的特殊性，正是巴赫金对话理论获得众多人文学科青睐的根本保证，也是巴赫金对话理论在不同领域研究中都具有较强解释力的重要前提。

二、巴赫金对话理论之于教育研究的适切性

无论在国际社会，还是在中国学界，主流的学术传统还是将巴赫金对话理论视为文艺学和语言学的重大理论突破，从当前国内外对巴赫金对话理论丰硕的研究成果中就能窥见一斑。不同于主流的学术观点，本书将巴赫金对话理论视为一种哲学理论。巴赫金本人在晚年之际也公开宣称，他是一位哲学家而不是文艺学家，他在文艺学领域的建树只不过是为了在那个特殊的时代背景下隐晦地阐发自己的哲学思想。如果站在哲学的高度去理解巴赫金对话理论，那么其对于教育研究将有更为宽广的解释空间和更高的适切性。

一方面，从巴赫金对话理论自身内涵来看，其中有关"复调""狂欢"和"时空体"的思想可为教育变革提供丰富的理论资源和明确的实践指引。基于当前的对话教育实践中所面临的种种困境，巴赫金对话理论可为这些沉疴痼疾的解决提供深层方案。具体而言：

首先，巴赫金对话理论中有关"复调"的思想为拓宽教育中的多元对话主体提供了思想资源。传统的对话教育更加强调师生和生生之间的对话，而巴赫金对话理论强调文本中的主人公与作者一样，也具有独立的意识，因此也可以被视为一个潜在的对话主体，这种洞见极大地扩展了对教育中的对话主体的认识视野。

其次，巴赫金对话理论中有关"狂欢"的阐发为丰富传统的、严肃的、制度性的教育生活提供了可能路径。巴赫金对话理论十分强调向"第二种生活"开放，这也为增加办学活力、充实教育生活提供了实践指引。最后，巴赫金对话理论中有关"时空体"的论述充满了深刻的人学价值，其为教育主体自身的独特性和异质性等内在价值的澄明提供了理论支撑，而这也正是不同的教育主体之间进行自由和平等对话的重要前提与基础。

另一方面，从教育理论与教育实践的本质特征来看，教育在本质上就是一种对话性的实践活动，但是当前的很多"反对话"的思想理念和行为模式肢解了教育的对话性，因此很有必要实现教育对话本质的复归，而巴赫金对话理论正好可为这一目标追求提供深层方案。巴赫金对话理论中有关"独白"与"对话"的思想可以用于审视当前的教育实践，并且教育中教育者与学习者的关系与巴赫金所论的作品中的作者与主人公的关系具有高度的契合性。巴赫金对话理论是基于对传统独白式小说的批判而提出的，其拒斥作者声音完全吞噬和取代主人公声音的创作手法，倡导一种主人公声音与作者声音在作品中相互交织的新型创作体裁——复调小说，而这也是小说创作领域里的"哥白尼式"的重大发现。如果将目光转向当前的教育实践，不难发现在大多数教育场景中，教师与学生的关系就如同巴赫金笔下独白小说中作者与主人公的关系。教育者具有至高无上的权威和话语权，他们的声音控制着教育教学活动，而大多数学习者则沦落至"失语"的边缘，学习活动也就异化为教师们的"独角戏"，这些"反对话"的教育实践对学习者的学习体验和身心发展都造成了一定的伤害。在此境遇下，有的学校和教师开始有意识地尝试将对话的方法和技艺引入至课堂教学中，鼓励学生们在课堂上积极发言，但是学生们对话的内容、节奏、时长乃至结果仍由教师单方面严格控制。教师可以基于自己的个人偏好为部分学生分发"话语权"，也可以基于自己的主观意愿随时"撤回"或"终止"学生们的"话语权"。如果用巴赫金对话理论对教育场域中的对话进行考察，不难发现其不过是一种"装扮成对话的独白"，在本质上并没有摆脱"独白主义"，这些"反对话"的教育实践严重地遮蔽了教育的本质特征。在此境遇下，很有必要从认识论和实践层面两个维度，对教育进行重构，而巴赫金对话理论可为此提供深厚的精神矿藏。

概括地说，综合巴赫金对话理论自身的丰富内涵以及教育的本质特征，巴赫金对话理论之于教育研究的适切性在于，其不仅可以作为"诊断"当前教育实践的理论工具，有助于揭示当下教育实践所面临的困境及其产生的根源，而且它还是"拯救"当前教育实践，实现教育对话本质复归、重启对话教育实践的"良方妙药"，有利于进一步创新教育实践，并在推动自身发展的同时促进教育的发展与变革。更进一步而言，本书将以巴赫金对话理论中有关"独白"和"对话"的思想精华作为理论工具对传统教育以及实践中的对话教育进行审视和反思，并在此基础上以巴赫金对话理论为分析框架，从本体论层面对教育的本质进行重新审视，对对话教育的内涵进行重新解读，对对话教育的基本规定性进行重新认识，继而用巴赫金对话理论重启对话教育，以此充分挖掘巴赫金对话理论的教育学价值。

第三章

巴赫金对话理论视阈下"独白"与虚假"对话"教育实践的反思

巴赫金对话理论不仅对复调、狂欢和"时空体"等深蕴对话哲学内涵的概念范畴进行了系统阐释，而且还尤为关注对话的对立面"独白"，特别是在《陀思妥耶夫斯基诗学问题》等论著中，可以看到巴赫金对"独白"进行了很多精彩的论述，而巴赫金对话理论中有关"独白"的思想资源既可以为审视传统教育的基本图景提供一个理论视野，又有助于对现实中"对话"教育的实施现状进行揭示，以此为我们在实践层面重启对话教育指明方向。

第一节 "独白"：传统教育的基本图景

在巴赫金对话理论看来，"独白"至少包含三个层面的含义：其一，独白式的活动；其二，实际存在的独白式的思维状况；其三，指导独白式思维的主导原则。事实上，巴赫金所论"独白"是一种否定他人话语、否定他人声音、否定他人意识，甚至是否定他人存在的行为模式或思维方式。据巴赫金的深入考察，"独白型原则在现代能得到巩固，能渗入意识形态的所有领域，得力于欧洲的理想主义及其对统一的和唯一的理智的崇拜；又特别得力于启蒙时代……整个欧洲的乌托邦空想主义，也同样是建立在这个独白原则之上的"[①]。那么究竟何谓独白？所谓"羊为群，犬为独也"；又所谓"犬好斗，好斗则独而不群"。不难看出，"独"具有独自、单独的意思。而所谓"白"，意指一种陈说或言谈。合而言之，"独白"即是一个人的单独言说。从词源学上来讲，独白最早是一个起源于欧洲的戏剧术语，指代戏曲或歌剧中"只说不唱的语句"，后演变为一种以自言自语的方式来抒发内心情感和推动戏剧情节的活动。换言之，独白最初是以一种自言自语的话语方式而呈现的，此后才逐渐拓展到意识层面，而当这种独白意识渗入传统教育的场域之中，就会演变为一种独白式的教育。综合来看，传统教育所呈现出的独白样态，既带有传统剧场里最原始的话语独白的色彩，又内蕴着一种拒斥他者的独白思维。

早在18世纪，法国思想家让-雅克·卢梭（Jean-Jacques Rousseau）就曾尖锐地指出，巴黎就像是一座巨大的剧场，生活在其中的民众既观剧，又被动地演剧。同样地，美国人类学家克利福德·格尔茨（Clifford Geertz）也尤为关注"剧场"这一

[①] 巴赫金. 陀思妥耶夫斯基诗学问题［M］//巴赫金全集（第五卷）. 白春仁，顾亚铃，译. 石家庄：河北教育出版社，2009：104.

充满深刻涵义的术语,他于1978年在其著作《尼加拉:十九世纪巴厘剧场国家》中创造性地提出了"剧场国家"这一概念。格尔茨分别于1952—1954年、1957—1958年期间两度前往巴厘岛国家尼加拉进行深入的田野调查,继而对巴厘岛传统的国家理念及其施政作为的戏剧性特征进行了批判。据格尔茨考察,在19世纪,可以从巴厘这个"国家"的身上探寻到许多戏剧化的特征,巴厘岛的盛典就是其政治权力的戏剧性展演[1]。同样地,传统学校乃至传统教育,在某些方面也带有鲜明的"剧场"色彩。很多时候,传统的教育甚至异化为一种教师在台上"自编自导自演",学生在台下百无聊赖地观看的独白图式,教学最终与剧场里的"独角戏""单口相声"颇有几分相似。就像剧场中台上的演员忽视与坐在台下的观众进行真实交流那样,学校中的教师在教学的过程中也经常忽略学生的主体性参与,而这种缺乏与学生真实互动和平等对话的教育,势必是一种独白的教育。基于传统学校与剧场在诸多方面所具有的内在一致性,此部分试图将传统学校隐喻为上演独白演出的剧场,以此在一定程度上揭示传统教育中的独白现象和独白思维。

一、规训的学校:充斥微观权力的"剧场"

独白虽最早是以话语的方式出现在古典时期的欧洲剧场,但在现代社会我们仍然能捕捉到独白的身影。无论是传统的学校,还是现代剧场,都带有一定的独白色彩,并且传统的学校与剧场在某些方面还具有相似之处,它们作为一个相对封闭的实体,时间、空间和制度在其内部相互交织,筑起一张精密的微观权力之网,对其内部的个体产生一定的规训作用。具体而言,一方面,在法国哲学家莫里斯·梅洛-庞蒂(Maurice Merleau-Ponty)看来,"不应该说我们的身体在空间里,也不应该说我们的身体在时间里。我们的身体寓于时间和空间中"[2]。所以,人类至少同时存在于时间和空间两个维度之中,并同时受到时间与空间的双重规训。另一方面,无论是传统学校还是剧场,为了保障权力可以正常运转,规训者会制定一系列的规章制度去规范内部人员。据此,粗略来看,无论是传统学校还是剧场,其内部至少充斥着时间、空间和制度的三重规训。

---

[1] 克利福德·格尔茨. 尼加拉——十九世纪巴厘剧场国家[M]. 赵丙祥,译. 北京:商务印书馆,2018.
[2] 莫里斯·梅洛-庞蒂. 知觉现象学[M]. 姜志辉,译. 北京:商务印书馆,2005:185.

1. 时间的规训

每个人都生存在时间的枷锁之中，而试图逃离时间的人就无法生存。时间一直被视为衡量个体生命的重要尺度，也被看作是个体存在与发展的重要基础。所有人的任何行为与活动都离不开时间而单独存在，可见，时间之维对于属人的教育而言，具有重要的特殊意义①。就像剧场对观众的进场、出场，对演员表演的每一个动作、每一句台词、每一个情绪都有着严格的时间控制一样，学校也对师生的教学活动和日常生活有着精密的控制，其中最鲜活的注脚就是师生在学校的工作和生活完全被一张张僵死的时间表所切割。就教师方面而言，一项对437名高校教师工作时间的研究表明，高校教师每周的平均工作时间为52.3小时，远高于《中华人民共和国劳动法》规定的法定周工作时间（44小时）的18.8%②。超额的工作时间将在一定程度上消解教师自由思考和创新创造的可能。其实不仅是高校教师，中小学教师也是如此，大多数教师除了按规定的时间给学生上课、上自习、答疑，还要定期从事日常的教研活动、磨课、接受培训、递交表格、参与考核、应付检查、申报课题和各类人才计划、评优评选等。教师的时间完全被各种"倒计时"钳制，很难腾出更多的闲暇时间去仔细倾听自己或学生灵魂深处的真实声音，遑论用自己的灵魂去唤醒学生的灵魂。就学生方面而言，有的小学生因面临巨大的升学竞争压力，常常学习到深夜甚至凌晨。2021年，陕西一小学生的母亲为了给即将步入小升初的女儿争取多一点的睡眠时间，竟然在女儿深夜伏案写作业的同时为其洗头，这也是当下小学生睡眠时间被严重剥夺的冰山一角③。不仅是小学生的学习生活受到时间的严格规训，中学生也是如此。从"高考工厂"衡水中学的作息表④可以看出，为了冲刺高考，学校让所有学生与时间赛跑。学校强制性地规定学生早上凌晨5点30分起床，深夜22点10分晚休。此外，晨跑、上课、就餐，甚至是熄灯的时间都精确到每一分钟。作为自由象牙塔的高

---

① 傅淳华. 道德·时间·时间制度：对学习时间制度的道德审视 [J]. 全球教育展望，2009（12）：13-16.

② 刘贝妮. 高校教师工作时间研究 [J]. 开放教育研究，2015（2）：56-62.

③ 妈妈心疼女儿学习太累，在女儿写作业时帮忙洗头 [EB/OL]. [2021-05-25] https://baijiahao.baidu.com/s?id=1700737519449111632&wfr=spider&for=pc.

④ 衡水中学作息表曝光：时间安排精确到分 [EB/OL]. [2019-09-11] https://www.sohu.com/a/340300275_559441.

等学府，也能在其中追寻到时间对大学生规训的踪迹。对于当前大学生的时间完全被学业所挤占的现实困境，北京大学社会学系教授渠敬东曾公开表示质疑，"我的一个本科生，一个学期11门课，做了34篇作业，他能健康吗？在这种训练的强度下，他会持久地对一项事业喜爱和热爱吗"[①]？由此可见，无论是初等教育中的儿童，还是高等教育里的大学生，他们的时间完全被"为了分数和考试的活动"所侵占，难以在完全属于自己的自由时间中去交往、去思考、去创造。对于学校时间对师生生活规训的背后原因而言，可能在米歇尔·福柯（Michel Foucault）的著作《规训与惩罚》中找到答案，"时间单位分得越细，人们就越容易通过监视和部署其内在因素来划分时间……由此产生了这种对每个行动的时间控制"[②]。的确如此，学校正是通过这种严格精细化的"时间宰割"来规训师生的所有作息，并以此无时无刻地监控着师生的一举一动。其结果是，学生在"兴趣、嗜好中容身的自我不断从时间上退场，让'受教育者'真正变成一个没有内在欲求的、完全由外界操控的、精确无误的学习机器"[③]，而"教师的时间沦为失去自我的被动性时间、失去连续性的无指向时间和失去意义的平庸时间"[④]。可想而知，教育生活完全被碎片化、精细化的时间表和任务书所钳制的师生将受到巨大的身体折磨和心理压力，他们必须无条件服从且全身心投入于既定作息表的执行，个体性时间也因此完全被挤占，最终将丧失与自我和他人进行自由对话的可能。

2. 空间的规训

空间是个体活动和交往的重要基石，其内部弥漫着复杂的社会关系。通常而言，剧场中的舞台伫立在演艺大厅的最中央，演员位于最中心，观众则散坐在边缘处，演员在台上表演，观众在台下观看，两者有着相对严格的界限区分，这也造成了演员与观众之间的疏离。而这样的空间区隔也存在于教育场域之中，最

[①] 北大教授疾呼：教育陷入全面竞争状态，让孩子过早"夭折"[EB/OL]. https://www.163.com/dy/article/GAR1VP220516BILI.html，2021-05-25.
[②] 米歇尔·福柯. 规训与惩罚[M]. 刘北成，等，译. 上海：生活·读书·新知三联书店，2012：22.
[③] 刘云杉. 学校生活社会学[M]. 江苏：南京师范大学出版社，2000：53.
[④] 蔡辰梅. 教育变革中教师自我认同的时间困境及其重建[J]. 教育研究，2015（7）：89-97.

为明显的当属校园中等级森严的建筑布局和教室内的摆设。在大多数校园中，校长和学校各级领导的办公场所最为气派恢弘，它们是学校面子工程的重点项目，也是学校行政权力的象征，通常耸立于学校空间最核心的地段，也就是我们日常话语中的"行政楼"。而其他建筑物，如教学楼、食堂、体育馆、师生宿舍等都是以行政楼为中心进行辐射而建，以此凸显行政楼至高无上的核心地位。而这样的楼宇布局进一步强化了等级观念，也拉开了区隔空间内外个体的距离，并在一定程度上规训着全校师生的行为，例如遇事要逐级上报，学生进门之前要喊报告、出入行政楼需刷门禁卡等。就传统教室的布局而言，讲台位于教室的最前端、最高位，不仅是一个物理空间，更是知识与权力相结合的符号，它完全规训了学生的视觉流向，位于讲台之下的学生不得不全程仰视高处的教师。这样的设计理念在实质上与英国功利主义哲学家杰里米·边沁（Jeremy Bentham）的"环形监狱"有着异曲同工之处。福柯则将其称为"全景敞视"：一座瞭望塔从环形建筑的中心拔地而起，建筑内部被多个小囚室所切割，每个小囚室被凿开两面窗，一面朝向瞭望塔，便于被监视，另一面向外界敞开，用于采光。我们的学生何尝不是置身于这样的空间布置里，他们"彻底被观看，却不能观看"，而位于讲台中心的教师"能观看一切，但不会被观看到"[1]。如果将视野投向我们的教育空间，不难发现各种学习场所，特别是教室，事实上都是基于建筑几何学的设计理念，对门、窗、墙进行精密设计，以此构建出一个以监视和驱逐隐秘作为首要任务的知识生产空间。在这样的教育空间中，学习者的隐私权和自主性不得不让位于各种威权的控制和规训[2]。所以说，这样的空间布局，表面上看起来一目了然，其实到处渗透着如毛细血管般的微观权力，对学生进行着全景敞视般的监视。如今很多校园的空间构造金碧辉煌，甚至是巧夺天工，但遗憾的是在设计理念中缺乏一种学生视角。教育空间的设计及其布置应该将学习者这个重要的主体纳入视野之内，而非设计者或是管理者一个人的"奇思妙想"，否则学校空间将异化为规训者单方面权威意志的承接载体和运作机器。

---

[1] 米歇尔·福柯. 规训与惩罚（修订译本）[M]. 刘北成，杨远婴，译. 北京：生活·读书·新知三联书店，2012：226.
[2] 潘跃玲，熊和平. 教室空间的现象学之维[J]. 教育发展研究，2013（04）：66-70.

3. 制度的规训

制度，简言之，就是对个体或组织的行为进行制约的尺度和规则。它具有一定的引导性、规范性甚至是强制性。剧场不仅为演艺人员制定了相关的演出制度、考勤制度、奖惩制度、舞台机械的管理制度等，而且还为观众设定了观看演出的制度，如必须凭票入场，对号入座，严禁在剧场中走动、交谈、打电话，非工作人员禁止入内等，剧场通过设置各项规章制度来规训演艺人员以及观众在剧场中的行为。同样，学校也是一个在各项制度的推动下进行正常运转的组织。就学校制度与教学活动的内在关系而言，美国社会学家威拉德·沃勒（Willard Waller）指出，教学活动是一种制度化的领导，教师的权威来自于制度所规定的地位，而非个人表现。学校制度可分为核心制度与外围制度两种形式，很显然，教学属于核心制度的范畴，而其他形式的制度都应为教学制度服务[1]。从这个意义上看，现代学校制度的核心就是如何促进教师更好地教与学生更好地学的制度（教学管理制度、校本教研制度、学生评价制度和教师评价制度），以及与其相近的制度（与校本管理相关的学校内部管理制度）[2]。不可否认，学校制度为确保教育教学工作的正常开展提供了重要保障，也可以作为一种教育资源进行深度挖掘和运用。但是在传统学校中，一方面，某些制度因其权威性和稳定性等特征，走上了一条自我"神话"的道路，完全将教师的理性思考和合理质疑排除在外，教师也因此在教学过程中陷入了"无思"的状态，完全被动地执行学校制度的所有规范。据此，杰克逊（P W Jackson）曾公开指出，对于教师在课堂中做出的许多教学行为，即使在课后，他们本人也常常无法道出他们这样做的缘由[3]。另一方面，由于有些学校的招生制度和学生培养制度的设计有着强烈的市场主义色彩和经济效率的趋向，导致了教育本真意义的丧失，片面地追求分数，使得"唯分数论"大行其道，完全将学生异化为答题的机器。在这些制度的裹挟下，教师也不得不以分数为唯一标准去规训学生，难怪德国著名的历史学家德罗伊森（J G Droysen）曾嘲讽道：

---

[1] 褚宏启. 我们需要什么样的现代学校制度［J］. 教育研究，2004（12）：32-38.
[2] Rwan B，Miskel C G. Institutional Theory and the Study of Educational Organizations［M］// J Murphy，K S (Eds.). Handbook of Research on Educational Administration(second edition). San Francisco：Jossey-Bass Publishers，1999：368.
[3] P W Jackson. Life in Classrooms［M］. New York：Holt，Rinehart，and Winston，1968：3.

"因为我喜欢你这样,所以你必须是这样,这是一切教育的秘密"①。

二、独断的教师:"编剧""导演""演员"三位一体

纵观之,传统教育场域中的教师,在教学的过程中呈现出一种自说自话,甚至是"自编、自导、自演"的独断倾向。而这种独断的深层次来源,在于教师被一种独白的思维方式所指引。传统课堂中的教师,与学生缺乏真实有效的沟通与交流,无论是教学大纲的拟定,还是教学过程的设计与教学内容的输出,大多数教师都没有将学生作为教育的一个重要参与主体纳入视野之内,进而陷入了一种封闭自足、刚愎自用的状态。如果将学校视为一个"剧场",那么教师的身份与"编剧""导演"和"演员"在某些方面有着高度的相似性。

1. 作为"编剧"的教师:独自编制教学大纲

传统课堂教学中的教师犹如编剧一样,他们都承担着编制蓝本(教学大纲或剧本)的重要使命,而这个蓝本又是后续(教学或表演)活动开展的重要遵循。所谓编剧,简而言之,就是剧本的创作者。根据剧本的使用场景不同,编剧大体上可分为话剧编剧、电视编剧和电影编剧三种不同类型。但无论是何种类型的编剧,他们进行剧本创作的过程大同小异。中国青年导演,也是著名电影《让子弹飞》的编剧危笑曾这样公开揭露编剧的创作过程,"编剧写剧本之前,脑子里已经有一个假定的鲜活的东西,无论是人物形象还是人物的精神本质,通过长时间的加工,把它凝练成一个其他人可以看得懂的基本汉字组合"②。可见,传统的编剧在创作剧本之前,他们基本上与演员和导演没有任何的沟通,仅是根据自己的设定和假想,独自进行文字的创作,设计相关的人物形象,继而加工成剧本,成为表演的蓝本。同样地,在传统的教学中,大多数教师也是基于一定的课程标准,按照自己的主观意愿进行教学大纲的编制工作。并且,教师通常在没有与学生进行任何协商的前提下,专断地为学生拟定教学大纲的框架,规定学生的学习内容、学习方式、学习时间、学习场所和学习评价等。编剧设计的剧本是演员表演的蓝本,而教师编制的教学大纲也是学生学习的蓝本,没有学生"在场"的教学大纲势必无法满足学生学习的兴趣和需求,这也是教育独白现象的一个生动投影。

---

① 伽达默尔. 真理与方法(上卷)[M]. 洪汉鼎,译. 上海:上海译文出版社,2004:302.
② 姜文,吴冠平. 不是编剧的演员不是好导演[J]. 电影艺术,2011(2):79-87.

2. 作为"导演"的教师：肆意操纵教学过程

教师在一堂课中的权威地位，就诚如导演在一场剧目中的地位一样无法撼动，他们以其自由意志操纵全局。导演，顾名思义是一部影视作品或一场舞台表演的总策划师和总指挥，承担着总调度的角色。导演通过挑选符合自己主观预期的演员来表达自己（导演）的思想和情感，并支配演员按其（导演）规定的想法和要求去演绎，最终把选定的剧本搬上荧屏或是舞台。当前的导演主要分为影视导演和舞台导演两个类别。严格来说，无论何种类型的导演，他们在拍摄现场或是舞台现场都有着不可动摇的至高权力，他们可以肆意挑选并调度一切演出人员、技术人员和创作人员，并且所有人员必须无条件服从导演的个人意志。所以，一部影视作品或是一个舞台表演往往内在地体现着一个导演的个人风格及其对现有演艺资源的调度方式。同样地，当把目光转向课堂中的教师时，不难发现教师也是类似于导演一般的存在。在真实的教育生活中，教师是权威的化身，很多学生无条件地遵循并服从教师的一切安排和指挥，教师的思考代替了大多数学生的思考。但是，在巴赫金看来，"我在思考就意味着我在以思考来完成行为"[①]。换言之，没有思考就没有完成这个行为。进一步而言，没有真实思考的学生意味着没有真实地参与学习这个行为和过程。此外，有的教师完全据个人原因肆意将课堂时间提前或延后，并在教学的过程中基于个人喜好任意指派学生担任小组活动的汇报人或是有意挑选特定的学生回答问题；亦有教师像导演挑选角色的扮演者时，将演员分为一线演员、二线演员、三流演员那般，也将学生仅以分数为标准而简单、粗暴地分为优等生、中等生和差等生，并据此差别对待，在教学过程中给优等生更多的"优待"，"马太效应"在传统的教育中因此大行其道，优等生（一线演员）在教师（导演）的操纵下也因此获得了更多的"演出"机会，而差等生（三流演员）则无人问津，得不到展示的舞台和锻炼的机会，教师利用自身权威所做出的这些专断行为，也在一定程度上扰乱了教育生态，加剧了教育的不公平现象。

3. 作为"演员"的教师：强制执行教学内容

传统教育中的教师，除了在某种程度上具有"编剧"和"导演"的形象属性，

---

① 巴赫金. 论行为哲学［M］//巴赫金全集（第一卷）. 晓河，等，译. 石家庄：河北教育出版社，2009：37.

与"演员"在某些方面也具有内在的一致性,他们最为关心的是如何将事先确定好的蓝本(教学大纲或剧本)按照原计划准确、无误地演绎出来,而非与其受众(学生或观众)发生真实的互动与平等的对话。演员,在简单意义上而言,就是扮演某个角色的表演者。通常情况下,当演员在演绎作品和诠释角色时,必须完全服从于编剧的剧本,他们的台词和所有的表演过程都是被提前精心设计好的。他们的视野中并没有观众,因此在表演时很难与观众发生亲密的对话与交流,更无法在与观众的真实互动中去调适自己的表演节奏。演员所演艺的作品虽为观众而生,但遗憾的是大多数演员在其演出的始终既忽视了观众的声音,又无心观察观众的目光,他们只关注自己表演的精准度。而反观传统教学中的教师,又何尝不像是那个站在舞台中央唱"独角戏"或是讲"单口相声"的演员呢?无论学生是否在认真听讲,无论教学的过程中发生何种意外,教师都会按照既定的教学大纲完成课堂教学,很少考虑学生的学习需求和反馈。可见,这种以教师为中心的教学观仍旧是传统教育的顽瘴痼疾,依然没有被完全清除,某些教师为了追求知识灌输的效率,千方百计地尝试在同样短的时间内尽可能将更多的知识存储进学生的大脑之中,传统的课堂因此异化成车间和作坊,大多数学生也沦为了一个个等待被雕塑和加工的原材料。教师独自忙碌在讲台中央的身影,是一个面对黑板却"看不见"学生的孤独背影。他们迫切地为学生灌输知识,却来不及与学生发生真实的互动,忽视了学生的学习需求。这种没有学生真实参与的教育,只有教师一个主体,学生最终沦为被改造和训练的客体,继而被强行塞入各种教师提前准备好的教学内容。

三、被压迫的学生:聚光灯之外的"观众"

杜威早在19世纪末期就对当时的教育现状进行了深刻的批判,而杜威所描绘的那个时代对儿童的压迫在今天仍旧没有销声匿迹。学校教育以教师为中心,以教材为中心,就是不以学生为重心。学生被消极对待,在机械化的课程设置和教学安排下被动学习,学生无法按照自己的本能去选择学习活动[①]。现实的确如此,在学校这座传统的"教育剧场"中,无论教师是以幕后"编剧"或"导演"的身份亮相,还是以光鲜亮丽的"演员"形象登场,毫无疑问,大

---

① 约翰·杜威. 学校与社会·明日之学校[M]. 北京:人民教育出版社,1994:43.

多数学生势必都会沦为聚光灯之外的"观众"。在某些方面，学生和真实剧场里的观众一样，他们都在一定程度上异化为被压迫者，严格遵守观看"演出"（教师的教学或演员的表演）的禁令和规则，正襟危坐于固定的位置上无精打采地注视着舞台中心，还可能遭受到身体的管制、话语的失却和思维的同化三重压迫。

1. 身体的管制

路德维希·维特根斯坦（Ludwig Wittgenstein）曾指出，"人的身体是人的灵魂的最好的图画"[①]。身体长期处于管制状态下的个体，其灵魂的自由发展势必也受到钳制。无论是作为观看演员表演的观众，还是作为观看教师进行教学"表演"的学生，他们的身体在某些方面都会受到严格的管制。演出时，观众常常被告诫必须全程坐在原位，不得随意走动、相互交谈等。同样地，校园里的学生，其身体至少受到教学人员及教学设备的双重管制。一方面，大多数教授低年级的教师会要求学生：上课端坐手背后，回答问题须举手，诵读课文手指字，同伴应答勿插嘴等，对学生实行全方位的身体管制。这样的学生宛如被设定了程序的"机器人"，丧失了活动的自由，他们的身体牢牢地被束缚在座位之上。对于这种身体管制，杜威早就批评道，"那直背式的课桌，就等于婴儿的襁褓，还有头要朝前看，手要放在背后，所有这些对于上学的儿童来说，正好比是束缚和精神上的折磨。难怪每天必须这样坐上几个小时的学生，一旦束缚解除，就会爆发出阵阵过分的喧哗和盲动"[②]。另一方面，学生的身体除了受到教师的管制，还在一定程度上受到教学设备的管制。在大多数传统学校，所有学生，无论高矮胖瘦，无论处于哪一年纪或学段，均被统一安插在栅格化、统一尺度的桌椅之上，这样的教学布置不仅对学生们的身心健康可能造成危害，而且还很有可能抹杀他们的感知力和想象力。早在2009年，广州市越秀区某重点小学的班主任曾向教育行政部门汇报，学生体检结果显示超过两成学生超常发育，标准化的桌椅已无法满足其身高和体重要求[③]。而教育行政部门的相关人员，最终以教学桌椅必须批量统

---

① 路德维希·维特根斯坦. 维特根斯坦全集（第八卷）[M]. 涂纪亮，译. 石家庄：河北教育出版社，2002：250.
② 单中惠. 现代教育的探索[M]. 北京：人民教育出版社，2002：192.
③ 课桌椅高度不合适给学生带来的危害[EB/OL]. [2009-12-08]. http://kid.baby.sina.com.cn/2009-12-08/082541098.html.

一采购、可调节的桌椅不易于清洁等为由，驳回了班主任的相关诉求，该校最终不得不继续按照规定使用统一尺寸的固定桌椅。而据卫生健康专家表示，不合适的桌椅将可能导致学生注意力不集中、近视、脊背弯曲，甚至还会影响学生的消化功能和血液循环等。可见，在独白式、权威式、效率至上的取向下，课桌椅等教学设备的设计人员完全忽视了处于生长发育期的青少年对不同尺寸、不同高度课桌椅的个性化需求，而学校的采购部门由于"懒政"，为了提高工作效率，简化办事流程，盲目地批量购买同一型号的标准化产品，其结果是导致学生的身体在教育场域中尽受折磨，其求知体验和情感体验也受到严重破坏。没有一个良好的身体素质作为基础和保障，何谈学生对某一学科、某一领域或未来某一事业的持久性投入与研究。

2. 话语的失却

通常情况下，当剧场中的演员在舞台中央声情并茂地表演时，观众都被要求坐在固定的位置上安静地观看演出，甚至是一言不发。而在传统的教室里，教师作为知识的分发者，手握知识的解释权和审判权，也常常处于"一言堂""满堂灌"等话语霸权的强势地位。反观学生，由于话语权的缺失，沦落至课堂话语的边缘，甚至是处于完全"失语"的状态。从教师的层面来看，由于陈旧的教育观、知识观、学习观和方法观，有的教师误以为教育就是把自己脑中现成的知识灌入学生的脑海之中，所以为了在规定的教学时间内为学生植入更多的教学内容，提高传输知识的效率，很少给学生发言的机会，而是更倾向于自己讲授。随着数智化时代的到来，那些信息化素养较高的教师开始使用多媒体进行辅助教学，但是教师在"台上"滔滔不绝地讲，学生在"台下"手忙脚乱地记的教学实践依旧没有发生任何转变，所以传统的课堂由"人灌"变成了"人机共灌"，学生依旧处于"失语"的境遇。而从学生的层面来看，大多数情况下，他们没有发言的机会。而哪怕是教师将"话语权"下放至他们手中时，他们也很有可能把握不住，有的可能因为担心公开发言出现纰漏而引起同伴的嘲笑，有的则惧怕答错问题影响自己在教师心中的形象和评价，还有的是受"言多必失""沉默是金"等传统的家风庭训的影响，而不敢公开表达自己的真实想法，进而逐渐养成了沉默不语的学习习惯。这也直接导致了教师的话语充斥着整节课，但是教师的话语不能替代学生的话语，学生的话语因其特殊性和唯一性，对于课堂教学有着重要的作用。就像巴赫金曾指出的那样"我以唯一而不可重复的方式参与存在，我在唯一的存在中占据着唯一的、不可重复的、不可替代的、他人无法进入的位置"①。学生因其在课堂中占据着唯一的、不可重复的、他人无法替代的位置，他们也应该从他们自身的位置言说代表他们真实内心感受的话语，进而与教师的话语一道琴瑟和鸣，共同谱写探索知识的乐章。学生也唯有通过自己的真实话语才能确证自身在课堂中的真实"在场"。在伽达默尔看来，对话艺术的一个重要条件就是与谈双方同时具有平等的发言权。但是由于在传统的教学实践中，教师对知识观和教学观的认识偏差，致使学生的话语权旁落。

3. 思维的同化

观众在观看演出时，常常会默默猜测演员究竟在讲述一个什么样的故事，他们到底想通过表演传达何种情感或是价值观念，并在这种猜测中完全排斥自己的具体性，不自觉地让自己的意识尽量去贴近演员的潜在想法，甚至是与演员的意识重合，以此获得对演出内容的标准化理解。这样思维同化的现象同样发生在传统的教育场景之中，很多教师误以为教学的首要目的就是教会学生像教师一样思考，让学生的意识与教师的意识越来越像，甚至是完全重合。学生与教师虽是完全不同的大脑，但是因其高度相似的思维模式，最终都沦为了同质内容输出的机器，教学的过程也就成为了无所不知的教师教授一无所知的学生学习程序化、标准化和确定性的"真理"。巴赫金曾将这样的教育过程总结为："知者和真理的掌握者教会不知者和失误者"②。其结果是作为"不知者"和"失误者"的学生以教师的思维方式为唯一准则，学生的大脑完全成为了教师思想的跑马场，学生也就因此完全丧失了独立思考的能力。其本质原因在于大多数教师将自己视为一个独立且自足的意识主体，并忽视了学生意识所具有的本真价值。据巴赫金考察，陀思妥耶夫斯基构思中的主人公意识，虽然各自独立但是却无法自足，每个独立的意识都可以发表各自的独特见解，但是这些不同的意识总是卷入其他人的意识之中，这些不同的意识处于一种对峙或是交锋的对话关系。在主人公不同意识下产生的声音、感受、动作和见解，都具有深刻的斗争性、辩论性和对话性。反正

---

① 巴赫金. 论行为哲学 [M]//巴赫金全集（第一卷）. 晓河，等，译. 石家庄：河北教育出版社，2009：40.
② 巴赫金. 陀思妥耶夫斯基诗学问题 [M]//巴赫金全集（第五卷）. 白春仁，顾亚铃，译. 石家庄：河北教育出版社，2009：103.

这些不同的意识绝不会固步自封，而是以一种开放的态度向其他的意识敞开，伺机接受其他人的影响，并影响其他人，但绝不会成为其他人[①]。由此可见，将学生的意识按照教师的意识进行临摹雕刻是完全错误的做法，这种同化学生意识的行为将严重妨碍师生对真理的共同探索。

特别要说明的是，将学校这个实体比喻为"剧场"，将教师视为剧场中"编剧""导演"与"演员"的三位一体，将学生看作"观众"，并非否定"剧场"（学校）的教育意义和审美功能，也并非企图将"剧场"及其"剧场"内的相关形象与学校及其师生进行一对一的机械化类比。就像我们永远无法从世界上找到一个与"剧场国家"这一概念完全契合的实例一样——格尔茨笔下的尼加拉王朝也并非如此，我们也无法从"剧场"这个概念中发现传统学校中所存在的所有问题。所以，在绘制传统教育的独白图景时，引入"剧场"这一概念，并非只是将其简单粗暴地"硬化"为一个死板的模型供传统学校进行套用，而是基于"剧场"及其"剧场"内部深蕴的某些独白特征和独白思维，进行了一种"软化"的处理，并将这种"软化"后的"剧场"形象引入至传统的学校教育的考察之中，其实质更多的是将"剧场"视为一种启示或是一种视角，以此启发我们去关注并形象理解传统教育中的独白现象和独白思维及其产生的深层次原因[②]。综合来看，在传统"独白"教育中，一方面，大多数学校因其内部遍布的微观权力，而异化为一个权威型的科层制机构，在其中学习和生活的师生必然在一定程度上受到来自时间、空间和制度的三重规训。另一方面，在不少课堂教学中，教师通过手中独享的话语霸权，在其独白视野下，不与任何学生进行对话，恣意决定所有学生的学习内容、学习时间、学习场所、学习方式和学习评价等，学生因此丧失了学习的主体性，继而沦为了学习的机器，并受到身体的管制、话语的失却和思维的同化三重压迫，学生的教育生活也因此陷入了意义危机和主体性危机。

[①] 巴赫金. 陀思妥耶夫斯基诗学问题［M］//巴赫金全集（第五卷）. 白春仁，顾亚铃，译. 石家庄：河北教育出版社，2009：42.

[②] 克利福德·格尔兹. 尼加拉：十九世纪巴厘剧场国家·代译序［M］. 赵丙祥，译. 北京：商务印书馆，2018：6.

第二节 "装扮成对话的独白"：虚假"对话"教育的实践表征

基于传统教育的"独白"图景及其错综复杂的积弊，教育学人开始关注到"对话"之于教育教学改革以及人的生存发展所具有的重大意义。早在1982年，就有研究者开始对国外的对话理论进行译介，并引入英语的教学之中[①]。此后，"对话"开始慢慢走进众多人文社会科学研究者的视野之中，教育学界的很多学者也逐步展开对对话教育的积极探索。特别是进入21世纪以来，在第一轮基础教育课程改革的浪潮中，教育领域的研究者大声疾呼应将颇具人文精神的对话理论引入到不同的教育场景之中，试图消解传统教育中所存在的种种"独白"现象。"对话"因此受到前所未有的广泛关注，并被公认为救治传统"独白"教育中众多沉疴痼疾的一剂"良方妙药"。

经过几代学人的薪火相传，很多研究者从理论层面或实践层面，揭示了对话理论对于教育教学的积极意义。确实如此，"教育若要促进人的全面发展，增进人与人、人与社会、人与自然的和谐相处，使人们幸福、美好地生活，那么利用对话理论构建现代教育，重塑一个以对话为特征的教育世界应成为人类教育发展的一种追求"[②]。当这种教育理想照进现实后，也就是当"对话"的视点引入学校教育之后，对话教育在实践中究竟运行得怎么样呢？鉴于此，为了更加细致地考察师生是如何在课堂实践中进行对话，此部分将采用批判话语分析的方法，以分析课堂教学中鲜活的语料为切入点，对从不同学科的"对话"教育实践中收集到的丰富语料进行分析，主要涵盖了中小学的语文课、生物课、科学课、英语课和思想品德等不同的课程，以期对话语实践背后的社会文化实践及其深层的指导思想进行批判与反思，进而从这一侧面对当前对话教育的实践表征进行归纳与总结。

一、对话目的功利化

通过考察发现，当前的"对话"教育是一种功利化的教育。大多数课堂教学中的"对话"只不过是为了帮助教育者以一种更加高效、更加活跃的方式为受教

---

① Julia Dabson，应望. 英语对话教学（一）[J]. 国外外语教学，1982（1）：20-23.
② 王向华. 对话教育论[J]. 教育研究，2010（9）：90-94.

育者灌输一些现成的、论定性知识。在这种功利化和短视化的倾向下，教师不达到"对话"的目的绝不罢休，因此教育者时常在未充分考虑学生真实的学习需求和生活世界的基础上，衍生出了很多虚假的对话。

1. "照本宣科"的对话

课堂教学的时间非常有限，所以有些教师为了在规定的时间内将更多知识以更加高效的方式强行灌输给学生，同时又试图摆脱人们对课堂中教师话语霸权的声讨，因而将对话视为传输现成知识的工具引入教学之中，最终走上了一条"照本宣科"的不归路。在一节初中思想品德课的课堂上，在教师和学生们之间就出现了这样的对话情景：

[课例3-1]

初中思想品德：《当代青年的崇高使命》的课堂教学实录[①]

师：在社会主义初级阶段，我们面临的伟大而又艰巨的历史使命是什么？

生1：实现社会主义现代化。

师：为了完成这一目标，党的十三大从我国的国情出发，制定了什么？

生2：经济社会发展三步走战略。

师：哪三步？

生2：第一步，实现国民生产总值比1980年翻一番……

师：前两步，我们实现了吗？

生：实现了。

师：第三步，我们实现了吗？

生：没有。

师：因此，时代赋予当代青年的崇高使命是什么？

生：使祖国基本实现现代化。

这种完全基于教材内容的平面对话，就是"照本宣科"的典型。教师的视野仅局限于僵化的教材和文本，围绕教材中的单元标题和教学内容机械地问，学生也基于教材有口无心地答，这样的对话因流于形式而丧失了应有的效果。另外，随着教育信息化的发展和教师数字素养的提升，有的教师开始使用多媒体手段进行教学，

[①] 王木君，张学枚. 新课程课堂教学行为创新——初中思想品德[M]. 北京：新华出版社，2005：125.

比如制作内容丰富、绘声绘色、包含各种图片、动画、声音和影像资料的电子课件，其中偶尔也会穿插一些对话。但遗憾的是，这些对话依旧完全以教师制作的课件为唯一蓝本进行展开，教师拒斥任何与课件无关的对话，对话的内容和节奏完全由教师操纵，这样就形成了数字化时代的"照本宣科"。"只是这样的'本'和'科'被披上了科技的新衣，在显得更加时尚的同时，更具伪装性"①。

2. "生硬冷场"的对话

在对话教育的现实场域中，很多教师将对话视为传输知识的手段。很多时候，为了在规定的教学时长内顺利地完成教学目标，有的教师甚至会无视学生的学习需求、学习能力和课堂反馈，直接通过一些简单、粗暴的对话强行输出知识点，这种缺乏引导和着力点、抽象又生硬的对话在课堂实践中泛滥成灾，尤其是在数学、生物、物理、化学等科学属性较强的学科之中。这样的对话，有的过于笼统和模棱两可，有的则超出了学生的理解基础和接受程度，因而学生们常常陷入集体的沉默之中，这也导致了对话教育陷入了"冷场"的尴尬之中。

[课例3-2]

小学四年级科学：《一杯水里能溶解多少食盐》教学片段②

教师为了向学生们讲授"一杯水里能溶解多少食盐"，准备了实验器材，并向学生们展示将食盐加入水中溶解的过程。

师：同学们，你们知道它能不断溶解吗？

生：……

师：同学们，一种物质在水中的溶解能力到底有多大呢？

师：我们怎样来研究呢？怎么来制定这份研究计划呢？

（学生们一脸茫然……）

对于小学生而言，教师在课上展示的食盐溶于水的过程虽然很直观，但是他们对其中的内在机理并不熟悉。"你们知道它能不断溶解吗？"这一问题本来就过于抽象，教师在提问遭到"冷场"后，又继续追问"一种物质在水中的溶解能力到底有多大呢？"，其实这是一个更加难以回答的问题。但是教师为了急于求成，加快课堂节奏，不顾学生是否理解，也不考虑全班的集体性沉默，一意孤行地继

---

① 罗召庆. 为什么我们今天还在照本宣科 [J]. 教书育人, 2010 (22): 4-5.
② 李森, 伍叶琴. 有效对话教学：理论、策略及案例 [M]. 福州：福建教育出版社, 2012: 263.

续引出新的问题，且教师所提出的问题与问题之间毫无逻辑性，这样生硬的对话势必遭遇"冷场"。其实，从表面上看起来，教师好像是和学生一起围绕"知识"进行对话，但是这样的对话是一种呈现方式极为不恰当的对话，学生自然无法对其进行回应，也无法对知识本身进行深层理解、深入探究和批判性检验，"对话"最终也就沦为了教师向学生们灌输现成知识的一种手段和形式，对话教育的最终目标也因此无法得以有效实现。

3. "无疑而问"的对话

传统教育的课堂教学因教师的"满堂灌"而陷入死气沉沉的泥淖之中不可自拔，因此经常遭到诟病。为了以一种更加活跃的方式为学生传输知识，有的教师开始尝试将对话引至日常教学之中。但是由于灌输知识的对话目的尚未从根本上发生转变，课堂实践中产生了很多基于简单是非判断的对话和没有真问题的对话，甚至是明知故问的对话。我们可以从一位中学语文老师在教授《范进中举》一文的教学对话中窥探一二。

[课例3-3]

中学语文：《范进中举》课堂教学对话[①]

师：这篇课文的作者是谁？

生：吴敬梓。

师：吴敬梓是哪个地方的人？

生：安徽全椒人。

师：吴敬梓是哪个朝代的小说家？

生：清代。

师：吴敬梓的出生年月是什么？

……

不难看出，在课堂实践中，有的教师将对话简单地理解成"教师问，学生答"，而且教师所提出来的这些"疑问"，如课文作者的姓名为何？出生于何时何地何朝代？这些确定性的、常识性的现成知识完全可以从课文注释之中找到答案。而有关课文作者详细的生平经历和创作背景等核心问题或是关键信息则较少涉及，因此它们很难算得上是真正的"问题"。这种"无疑而问"的对话在当下

[①] 卢派清. 对话教学的误区及对策[J]. 贵州教育, 2007 (9): 33-34.

的课堂教学中比比皆是。严格来讲，这些对话中所谓的"问题"既不来自学生本人，也并非老师真正的疑问，而是教师检验学生对课本中的显性知识了解程度的一种手段，其在本质上是学生对确定性知识的一种机械重复，根本谈不上是激发学生深入思考的"真问题"。如果课堂实践中的对话都以这样的方式展开，而不是以真实的问题或是学生感兴趣的问题为支点，其结果将是学生不仅会逐渐丧失思考和提问的能力，而且还会沦为"答题"的机器，甚至还可能在"抢答"的过程中滋生肤浅的表现欲和强烈的虚荣心。

二、对话形式"表演化"

巴赫金在阐述《陀思妥耶夫斯基诗学问题》时，以陀思妥耶夫斯基的长篇小说《罪与罚》为例证进行了深入考察，经过对小说人物对语的细致分析，巴赫金直截了当地指出主人公拉斯科尔尼科夫经常用一种"装扮的角色的话语和语词"与波尔菲里进行交锋。在巴赫金看来，拉斯科尔尼科夫所使用的是以一种"巧妙装扮"的对语。后来，巴赫金进一步发现，"在交谈双方佯装的对语"中，偶尔也会有"真实的对语"闪现。鉴于此，巴赫金将对话的形式分为"佯装层次"和"真实层次"两种类型[①]。就当下对话教育的实践而言，从对话形式上来看，以"作秀表演式"的对话、"预设过度"的对话和"言不由衷"的对话为主，它们也正是巴赫金所批判的那种经过精心"巧妙装扮"的、处于"佯装层次"的对话。

1. "作秀表演式"的对话

当前对话教育的一个明显特征就是，课堂中充斥着大量"作秀表演化"的对话，特别是在公开课、评优课和教学竞赛之中，常常可以看到各种学生喜闻乐见的对话形式，比如辩论、访谈、小品、相声等，简直令人眼花缭乱、目不暇接，而且师生之间的配合堪称"天衣无缝"。从表面上来看，这样的课堂对话常常赢得阵阵掌声，课堂气氛格外活跃，完全称得上是一节很"成功"的公开课。但如果进一步深入考察，就会发现这些公开课的执教老师在正式上课之前，通常都会求师于专家学者、特级教师和资深教研员，在他们的专业指导下，精致装扮仪容仪表，精心设计教学内容，精准控制教学节奏，精细管理课堂纪律，甚至对每一

---

① 巴赫金. 陀思妥耶夫斯基诗学问题[M]//巴赫金全集（第五卷）. 白春仁，顾亚铃，译. 石家庄：河北教育出版社，2009：348.

个教学环节、每一个"举手投足"、每一个课堂互动、每一个提问和回答，都要进行严格设定和反复演练，最终丝毫不差地在公开课中再现[①]。经过多次彩排，所有学生都心知肚明，哪些学生在哪个教学环节以何种话语方式回答什么样的问题，每个人都事先被安排好了角色和任务，在公开课的时候，齐心协力、"各司其职"地为评课的专家和领导呈现一个精彩、准确的"表演"。

[课例3-4]

高中一年级语文：《故都的秋》公开课教学实录[②]

师：快速阅读全文，明确故都的秋有何特色？这些特色的描写集中在哪些段落？

生1：第一段。"北国的秋，却特别地来得清，来得静，来得悲凉"是文眼，概括了故都的秋的特色。3至11段是集中描写特色的段落。

（教师要求同学以低沉、舒缓的语调朗诵课文，以此渲染"清""静""悲凉"的气氛）

师：（学生诵读介绍后）作者绘声绘色为我们描绘了几幅秋光图？

生2：五幅。静对蓝朵、落蕊清扫、秋蝉残鸣、闲人话秋、秋果将熟。

在这节课中，教师问，学生答，配合得简直是"天衣无缝"。学生在不需要任何时间思考的前提下，居然将教师提问的答案"滴水不漏"地脱口而出，简直和标准答案一字不差，一模一样。这样的对话，就像巴赫金所说的那样"犹如数学般地明确无误"[③]。难怪曾有研究者质疑公开课中的这种"作秀表演式"的对话，将其总结为"伪对话"，并将这种课定性为"做课"，形象地揭露这种虚假性对话的作秀本质[④]。而这样有着严重表演成分和作秀色彩的对话，完全消解了对话的本真意蕴，最终"造成了彼此主体性的双重失落，于是师生关系呈现出了一种'角色—角色'的交往形态，演变成一种'戴着面具'的表演关系"[⑤]。

2. "预设过度"的对话

虽然与传统的独白式课堂比起来，现在的教学有问有答，看起来一片祥和与

[①] 张天明. 公开课教学中师生博弈关系的社会学审视[J]. 中国教育学刊, 2015（8）: 30-33.

[②] 黄玉峰. 课堂中的"伪对话"（下）[J]. 内蒙古教育, 2018（11）: 16-18.

[③] 巴赫金. 陀思妥耶夫斯基诗学问题[M]//巴赫金全集（第五卷）. 白春仁, 顾亚铃, 译. 石家庄：河北教育出版社, 2009: 336.

[④] 黄玉峰. 课堂中的"伪对话"（下）[J]. 内蒙古教育, 2018（11）: 16-18.

[⑤] 余宏亮, 秦淼. 对话教学的致思方式及时间转向[J]. 课程·教材·教法, 2012（8）: 28-33.

热闹。但从对话的性质上来看，很多对话其实并非是在真实的教学场景中动态生成的，而是在教师的"精心"设计下展开的，甚至是一种"过度设计"。因为当教师发现学生的对话偏离了他们的预设，教师就会中断该轮对话，并重新引发下一轮对话，以此"引诱"学生进入教师提前设计好的"对话圈套"之中，诱逼学生趋近"标准答案"，说出教师最想听见的，也是最和教学重点相关的内容。而那些与教师预设内容无关的回答和交谈，往往惨遭教师的回避或漠视。

[课例3-5]

初中二年级思想品德：《消费者权益》的课堂教学对话①

教师请学生表演小品"熊掌风波"。表演结束后，教师设置了对话问题。

师：你碰到过类似的事吗？你是怎么处理的？

生1：我碰到过……后来我与我爸去跟经理说，最后经理把钱退还了。

师：很好。（教师一边说一边点击鼠标，屏幕显示：与经营者协商解决）

生2：我也碰到过……消费者协会负责人帮我们解决的。

师：很好。（教师继续一边说一边点击鼠标，屏幕显示：请求消费者协会调解）

生3：我碰到过……不过我没说，自认倒霉算了，反正钱也不是很多。

师：你的做法是错误的。（生3想争辩，教师瞪了他一眼）

继续说：请其他同学再说说……

从以上这个简单的教学片段之中，不难发现教师至少进行了两次预设。其一，所有学生在日常生活中都肯定遭遇过消费权益被侵犯的经历；其二，学生们在面临被侵权时所作出的处理方式与教材或法律文本中所规定的一模一样。并且教师还把预设好的标准答案提前制作到了电脑课件之中。课堂对话就是在教师这样的过度预设之下展开，当学生说出的答案与教师提前预设的一样，教师就对其表示肯定。而当有的学生，比如课例3-5中的学生3，做出的回应完全超出了教师的预设，或是说，与教师想要的标准答案不一样、与其强调的主张不太吻合时，教师便会直接否定该学生的观点。言外之意，教学中的所有对话都必须符合教师的预设，学生的鼻子必须被老师牵着走，否则学生的话语权就会被剥夺。事实上，本书并不反对教师对课堂教学中的对话进行合理预设，本书反对的是教师对

---

① 李森，伍叶琴. 有效对话教学：理论、策略及案例[M]. 福州：福建教育出版社，2012：272.

课堂教学中的所有对话进行过度预设，反对教师一味地要求学生服从自己的意志，反对教师否定跟自己预设不一样的声音和观点。

3．"言不由衷"的对话

在课堂教学的实践中，还有另外一种现象，就是尽管师生交谈甚欢，甚至是滔滔不绝，但是很有可能是心口不一。无论是教师还是学生，他们说出口的并非是自己内心最真实的想法，而是一种"言不由衷"的无奈，这也正是美国学者唐纳多·P·马赛多所批判的"讲话中的失语"（silencing while speaking）[1]现象。

[课例3-6]

高中三年级英语：新学期第一节课教师的开场白[2]

"各位同学，大家好！我叫张XX，已经具有五年毕业班英语课的教学经验，本来不想再带毕业班了，该休息一下了，但是学校领导再三找我，我就接下了这个任务。英语课的重要性，我想大家都是清楚的。希望我们能够在相互认识的基础上，互通有无，加深了解，相互学习。过去已经属于'死亡'，大家要从'零'开始，要脚踏实地地学、认真学，只有这样才能把我们的任务完成好。你们要认真、踏实和坚持。好，现在我们开始上课……"

在上面这个程式化的自我介绍中，无不蕴藏着张老师的"言不由衷"。根据部分研究者对张老师的试探性访谈和多方考察，可以得出这样的结论：首先，他强调自己五年之久的教学经验以及学校领导的大力委派，无不是向学生展现自己的业务能力，以此来震慑学生。但这些也并非他真实的内心独白，而是一种"言不由衷"的谦辞和套话。其次，他表达了想和学生深入了解、互相学习、互通有无的意愿，但真实情况是在课堂教学之余，他不希望自己的生活被打扰，也不想在课外与学生有进一步的接触与交往。最后，他所强调的学习方法以及要从"零"开始，要认真、踏实和坚持等与他本人秉持的教育理念相差甚远。因为对于英语的学习效果，张老师更加强调遗传的因素以及前期学习基础的重要性，而非一味的个人努力。而以张老师为代表的教师们之所以"言不由衷"，究其背后的原因，可能是出于树立个人权威，也可能是试图激发学生学习的积极性，更有

---

[1] Freire P，Donaldo P Macedo．A Dialogue：Culture，Language，and Race［J］．Harvard Educational Review，1995，65(3)：337-402．

[2] 严从根．新学期第一堂课的开场白：普遍地言不由衷［J］．教育理论与实践，2010（8）：21-22．

可能是生活在规训化的学校空间中的不得已而为之。置身于官僚体制中的教师，也处在一种被监视的恐惧之中，所以他们经常在课堂教学中隐藏自己的真实想法，而向学生说出一些"言不由衷"的话。其实，除了教师，学生在课堂中，有时候为了取悦教师，有时候为了逃避惩罚，有时候为了不被嘲笑，也会畏于表达自己的真实想法，继而说出一些"言不由衷"的话。但是，一旦师生之间的对话失去了真实性，那么对话也将失去本真意义，使得对话教学有形无实。

三、对话结构失衡化

除了对对话的目的和对话的性质进行审视，也很有必要深入对话的结构内部，来揭示对话教育中的师生到底是如何用话语进行交际。而分析对话结构的模型和方法其实有很多，特别是在语言学的相关研究之中，其中伯明翰学派的话语分析模式颇为典型并被广泛地运用到课堂教学的话语分析之中。该学派的两大代表人物，也是两位享誉世界的语言学家——辛克莱（Sinclair）和库尔哈特（Coulthard），他们于1975年合作出版了一部杰出论著——《话语分析：教师和学生使用的英语》(Toward an Analysis of Discourse: The English Used by Teachers and Pupils)。他们在此书中首次提出了一个包含五个层级的话语结构：话目—话步—回合—课段—课（Act—Move—Exchange—Transaction—Lesson）。其中，课是这个话语结构中最大的单位，它由比其低一层级的课段组成。以此类推，课段由回合构成，回合又由话步组成，话步则由话目组成。因为回合是这个话语层级系统中的核心组成，所以成为了两位语言学大师研究的重点对象。基于对英国多所学校师生课堂语料的仔细分析与深入研究，他们将回合细分为教授（Teaching）回合与边界（Boundary）回合，前者具有显著的教学功能，是课段极为重要的构成，由引发（Initiation）、回应（Response）与反馈（Feedback，后改为Follow-up）三个话步构成，这三个话步的发现也标志着伯明翰学派师生话语基本模型的形成与确立，即IRF模型。而后者主要承担组织功能，它是一个课段结束和另一个课段开始的重要标志，由焦点（Focusing）话步或框架（Framing）话步组成。下文将试图在伯明翰学派所提出的IRF模型的基础上对当前对话教育中师生的话语实践进行考察。不可否认，仅从IRF模型来考察师生对话的结构，可能因其标准的单一化和模型本身的限制而产生一些局限性。但是，通过这个模型，以引发—回应—反馈这个对话结构为某一视角，可以较为深入地探寻师生对话的内在结构。

1. "由师而生"的对话

其实,在当前的对话教育中,如果深入课堂教学的实践,会有一个很深切的体验,现在的很多课堂已经扭转了以往"满堂灌"的局面,但是却又身陷"满堂问"的囹圄。暂且不论问题的质量和难度,仅从问题的提出者来看,这些问题基本上都由教师引发,课堂中学生很少有机会提出自己感兴趣的问题。这也就说明了课堂教学中的对话仍旧是由教师全然操控,仍旧是因教师而生。如果以伯明翰学派的IRF模型来考察课堂中所提出的这些问题,这种失衡的对话结构将暴露无遗。

[课例3-7]

小学语文:《刘胡兰》的课堂教学对话[①]

师:这篇文章是写谁的?(教师引发)

生1:是写刘胡兰的。

师:这个故事发生在什么时候?(教师引发)

生2:1947年1月4日。

师:这个云周西村在什么地方?(教师引发)

生3:在陕北,在延安。

师:云周西村在革命根据地。课文里,敌人对刘胡兰说"你说出一个共产党员给你一百块钱",谁知道那时候发的什么钱?(教师引发)

生4:银元。

生5:铜板。

生6:那时候的钱中间是有窟窿的。

从语文课文《刘胡兰》的教学实践中,可以很清晰地看到仅这么一个简短的教学片段,就有四个话轮,每一个话轮都是由一个问题引发,且每一个问题的引发者都是教师。这样的对话场景在当下的课堂教学中比比皆是,仅从问题的引发主体上来看,学生完全处于主体性失位的境遇,教师不仅异化为知识的分发者,而且还严密地控制着话语的分发权。爱因斯坦曾指出,提出一个问题比解决一个问题更加重要。有研究发现,所谓"问题提出指新问题的提出和已有问题的重新阐释,它可以发生于问题解决之前、问题解决之中和问题解决之后",学生主动提出问题的能力不仅有助于学生对该学科基本知识与技能的掌握,而且还能促进

---

① 黄白兰. 盲点——中国教育危机报告[M]. 北京:中国城市出版社,1998:241-242.

学生更好地建立学科知识与自然世界和人文社会之间的联结，增进对学科的理解和信心，并在此过程中进一步养成创新精神，解决问题的能力以及正确的情感态度①。换言之，学生提出问题的能力得不到培养就意味着包括创新能力和解决问题的能力等在内的各种学习能力都无法得到很好的发展，这也是当前对话教育所面临的一个重大挑战。

2. "回应受阻"的对话

对话，的确是促进学生深层思考、活跃课堂气氛的重要法宝。但是，如果教师的对话无法引发学生的回应与共鸣，不仅会让教师本人陷入尴尬的境地，而且也无法实现以对话来推进教学目的达成的初衷。在一个较为完整的对话结构中，引发回应是检验对话中问题提出的一个很好标准，一个好的回应也将有助于下一个问题的引发和下一个话轮的进行。然而，在当下的对话教育实践中，频繁出现了很多无法拨动学生思维之弦的对话，这种无法引发学生任何反应的对话，将严重阻碍对话教学的顺利开展。

[课例3-8]

初中二年级语文：《像山那样思考》开场白②

师：同学们，今天我们学习《像山那样思考》，现在给你们5分钟时间，自己把课文读一读。

（五分钟之后，学生阅读完课文）

师："那样思考"究竟是怎样的思考？

生：……（学生无任何回应）

师：为什么我们必须像山那样思考？

生：……（学生仍然毫无回应）

师：牧羊人和猎人对狼嗥叫的思考与山对狼的嗥叫的思考有什么不同？

生：……（学生还是没有任何回应）

《像山那样思考》是美国"生态伦理之父"奥尔多·利奥多德（Aldo Leopold）在其论著《沙乡年鉴》中一则颇具生态哲学的随笔。此文以"狼——鹿——草"

---

① 陈丽敏，Verschaffel Lieven，陈琦. 论问题提出与学生能力发展的关系［J］. 数学教育学报，2006（3）：31-34.
② 李森，伍叶琴. 有效对话教学：理论、策略及案例［M］. 福州：福建教育出版社，2012：262.

这条生物链的破坏为例，揭示了人类无法像山那样以一种深层次的思考来审视狼的嗥叫，无法理解过度扑杀狼将导致鹿群的激增，而由于草原牧地有限，暴涨的鹿群极可能死于饥荒。这篇短文以流畅的文笔、动情的语言，哲理性地批判了人类缺乏像山那样思考的长远视野，无法领悟到短视行为背后隐藏着的巨大的生态危机和生存危机。对于初中生而言，此文的内容确有一定的深度。特别是作为新课的开场白，教师应做足够的铺垫和精心的导入，否则在学生无法深入理解课文的基础上，仅让学生在自行朗诵课文之后，教师就提出"'那样思考'究竟是怎样的思考？""为什么我们必须像山那样思考？""牧羊人和猎人对狼嗥叫的思考与山对狼的嗥叫的思考有什么不同？"等问题，势必无法引起学生的任何反应，最终课堂对话也就成为了教师一个人的表演。

3."反馈单一"的对话

除了对话引发和对话回应，对话反馈也是对话结构中的一个重要组成。曾有研究者对课堂中的对话反馈进行深入研究，并提出没有反馈，学习者就不会在学习的过程中有所发展；"不相干的反馈比没有反馈更糟"；哪怕是积极的反馈，也有可能阻断对话的继续，"因为学生常把表扬作为终结信息，认为正确答案已经说出，就没有必要进一步交际了"[①]。由此可见，对话教育不仅需要对话反馈，而且需要形式多样、多元化的、有启发意义的对话反馈。然而，如果将视野转向当前的对话教育实践，会遗憾地发现，课堂中的很多对话，在大多数情况下没有反馈，就算偶尔有反馈，也是"蜻蜓点水"式的终止对话继续的反馈，甚至还有一些过激的、不尊重学生个人观点和人格尊严的反馈。

[课例3-9]

初中语文：课文《向沙漠进军》的教学片段[②]

师：作者竺可桢写这篇文章的目的是什么？

生1：是为了改造农田。

师：不全面。

生2：为了加强环保。

师：太时髦了，那时还没这么提。

---

① 贾爱武. 语言课堂话语模式的分析与改进[J]. 解放军外国语学院学报，1999（4）：72-73.
② 李森，伍叶琴. 有效对话教学：理论、策略及案例[M]. 福州：福建教育出版社，2012：265.

生3：为了多拿钱。

师：（听到此回答后大发雷霆，并大声呵斥）乱弹琴，你给我站起来！

……

最后老师很失望地给出了标准答案——为人民服务！

20世纪五十年代末期，中国科学院治沙队成立。中国近代地理学奠基人竺可桢深入内蒙古、河西走廊和新疆等地的沙漠进行深入考察，并对沙漠的进攻方式、潜在危害及其治理策略进行了研究，此后将研究成果《向沙漠进军》一文公开发表于《人民日报》。在为学生教授这篇课文时，教师并没有为学生提供此文创作的相关背景信息，也没有提醒学生注意竺可桢所处时代和我们现在所生活的时代所面临的现实困境以及所弘扬的时代精神可能具有一定的差异性。教师完全基于学生对课文的字面理解，就在课堂上引发了"作者竺可桢写这篇文章的目的是什么？"这一提问，虽然学生也给出了自己的回应，但是对于学生的回应，教师的反馈极为简单粗暴。"不全面""太时髦"这样的反馈是对学生积极回应的一种否定和压制，而且这样的反馈也终止了学生们的对话进程和继续思考的可能性。而"乱弹琴"，甚至是"体罚"这样的激进反馈，更是对学生的一种打压甚至是伤害。其结果是，一方面，学生将在今后的教学过程中越来越惧怕说出自己内心真实的想法而逐渐失去对话的热情和积极性；另一方面，教师对学生的回应没有给予积极的反馈和有针对性的分析与引导，致使学生对于教师的"标准答案"无法引起真正的共鸣，这样将在很大程度上影响对话教育的有效性。

四、对话内容"空心化"

自从"对话"被引入学校教育以来，沉默的课堂的确是变得活跃起来了。但遗憾的是，当前课堂教学中的很多对话内容空洞，很少向意义层面纵深。不少对话或是在"天马行空"中偏离教学目标，或是在"空中楼阁"里远离学习者的现实生活，抑或是缺乏真实的情感支撑。

1. 偏离教学目标的对话

任何教学活动都有特定的教学目标，如今越来越多的教师将对话视为实现教学目标的一种有效手段，所以对话的内容应该围绕教学目标而展开。然而，在对话教育的实践过程中，由于严重偏离教学目标，课堂表面上看起来充满着师生间的各种交谈言说，实则空洞无物。有的对话内容不过是"天马行空"的自说自话，也有的对话内容只不过是漫无目的的自由发挥，还有的对话内容是无关痛痒的无谓争辩。

[课例3-10]

初中一年级语文：课文《观沧海》的课堂教学[①]

在这节课伊始，教师为了让学生们更加形象、全面地理解曹操所作的《观沧海》一文，于是打算让学生在课文讲解之前简单介绍曹操的相关情况。

师：同学们，有谁能讲一点关于曹操的故事？

生1：我知道他是一个很坏的人，在逃跑的时候杀了他的救命恩人。

生2：他多疑，而且很凶残，杀死华佗。

生3：我挺喜欢他，他很有能力，也有抱负，但我更喜欢关羽。

师：是吗？（教师面带微笑，给予学生们的回答以赞赏的眼神……）

受到教师肯定的学生们，对话的积极性更加高涨，讨论也愈发热烈。他们从最开始对曹操的讨论，延展到了对张飞的评价，还对诸葛亮和周瑜等人进行了议论。整节课全然在这种毫无限制的随意漫谈中度过，直到下课铃响，这节课的核心内容《观沧海》一文一个字也没有被提及。

其实，对曹操的讨论原本只是作为课文《观沧海》的一个引入，但这种引入式的讨论却犹如脱缰的野马，越演越烈，甚至是一发不可收拾。此后，学生们的对话完全偏离了教学目标，陷入了一种看似热闹非凡实则混沌无序的状态。事实上，这样的对话困境在对话教育中不胜枚举，就其背后的原因看来，"因为要突出学生的主体地位，所以有的教师对学生的'言说'不加任何调控和引导，致使学生的讨论长时间游离于文本之外或者纠缠在作品中一些琐碎的无关紧要的问题上"[②]。教师作为教学活动的组织者和引导者，应该基于本节课的教学目标和教学重难点，对教学过程中的对话内容进行一定程度的规范与引导，不能放纵学生任意发挥。否则，教学实践将从传统的"教师中心"沦为片面的"学生中心"，从一个极端步入另一个极端。进一步而言，这样脱离教学目标的对话一旦流于形式，任其肆虐发展，对话教育的价值与功能必将难以突显。

2. 脱离现实生活的对话

当前的对话内容基本上都是以"语言情景"为中心，并在以话语为根基构建的

---

① 李森，伍叶琴. 有效对话教学：理论、策略及案例[M]. 福州：福建教育出版社，2012：273.
② 王随仁. 反思语文对话教学的误区[J]. 当代教育科学，2006（15）：56-57.

"知识大厦"内展开,忽视了对"非语言情景"的关注。换言之,当下的对话教育过于集中在"知识世界"的框架内,而很少将其触角深入"生活世界"之中,对话内容对现实生活的关照较为缺乏。基于巴赫金对生活话语与艺术话语内在关系的阐释,可以得知作为"非语言情景"的现实生活也是对话内容中的一个不可忽视的重要构成。对话的过程"与其说在破解情景,不如说在给情景作概评"。在巴赫金看来,"非语言的情景绝不只是表述的外部因素。它不是作为机械的力量从外部作用话语,而是作为表述意义必要的组成部分进入话语的"①。然而,根据现实考察,发现作为表达意义和承载意义的现实生活经常在对话的过程中被忽视,这也直接导致缺乏现实生活关照的对话教育显得格外抽象空洞,犹如"空中楼阁"那样,没有坚实的基础。

[课例3-11]

初中一年级生物:《发生在肺内的气体交换》教学对话②

师:同学们知道外界的空气经过呼吸道的处理后是如何进入肺部的吗?又是怎样被排出来的呢?

生:不知道。

师:肺是呼吸系统的主要器官,富有弹性,当肋骨间的肌肉和膈肌收缩使得胸腔容积扩大时,肺变扩张,肺内的气体压力相应缩小,于是气体就被吸入。当肋骨间的肌肉和膈肌舒张使得胸腔容积缩小时,肺便收缩,肺内的气体压力相应增大,于是气体就被排出。

生:(迷茫、若有所思)

……

其实,有关气体在肺内进行交换的过程,对于初中一年级的学生而言过于抽象。仅通过教师知识性的抽象介绍,很难使学生形成气体在肺内进行交换的形象感知。但是,呼吸又是一个与学生们日常生活息息相关的生命活动。如果教师不是使用这些抽象、生硬的知识点与学生进行灌输式的对话,而是借助一些更具生活气息的肺部组织模型来为学生们现场演示气体交换的原理,再配合那些记录人们在日常生活中自然呼吸时的动画视频来给学生全方位展示气体交换的动态过

---

① 巴赫金. 生活话语与艺术话语 [M] //巴赫金全集(第二卷)[M]. 李辉凡,等,译. 石家庄:河北教育出版社,2009:83.

② 李森,伍叶琴. 有效对话教学:理论、策略及案例 [M]. 福州:福建教育出版社,2012:264.

程，在此基础上去引导学生们亲自感受自己的呼吸，用心体验气体在自己的肺部进行交换的过程，然后邀请学生互相分享感受，交换意见，最后在充满具身感受和生活气息的对话中去总结肺内气体交换的过程及其原理。这样紧密联系学生生活实际的对话内容才是充盈的，这样的对话教育才是有效的。

3. 缺乏情感支撑的对话

纵观当前的对话教育，从对话内容上来看，基于"学科逻辑"和"知识逻辑"的对话占据了对话教育的绝大部分"版图"，而指向真情实感的对话内容实属凤毛麟角。学生的情感发展既是教育目标的题中之意和内在要求，也是学生获得社会性发展的重要基础，因此也应引起教育者的高度重视。无论是知识世界，还是科学世界，都是基于一些公认的数理逻辑、基本定理和相关原理，在一套严密的语言符号下构成的一种封闭世界，而这样的世界将个体丰富多彩、感性温情的生命形式格式化、程序化、机械化，完全不考虑人的个体情感与经验直觉[①]。唯有通过富有真情实感的对话才能让学生对冷冰冰的现成知识产生情感共鸣，进而融通学生的"知识世界"和"内心世界"，最终促进学生将知识内化为行为与意识。但在真实的教育场景中，很少有教师能够积极调动学生的情感因素去开展对话，常常将"对话"简化为"问答"，致使对话内容陷入肤浅化和空洞化。

[课例3-12]

小学三年级品德与社会：《有多少人为了我》教学片段[②]

师：在我们的成长中，有哪些人付出了辛苦的劳动？

生1：爸爸、妈妈。

生2：爷爷奶奶、外公外婆。

生3：还有老师。

师：还有吗？

（学生不作声）

师：（有点急）比如当我们生病时……当我们遇到危险时……我们吃的水、用的电哪里来的呢？

（学生恍然大悟）

---

① 张莉莉. 小学德育课程"对话教学"的实践研究[D]. 西安：陕西师范大学，2019.

② 何孔潮. 对话教学"流行病"面面观[J]. 基础教育研究，2006（11）：44-46.

生1：还有医生、警察。

生2：还有工厂的工人叔叔。

……

师：我们应该这么对待他们呢？

生1：我们应该……

生2：我们应该……

好的对话教育强调不同教育主体之间的情感交融，并提倡通过有内在情感支撑的对话来共同探寻和分享生活的意义，继而满足不同个体、群体和学校整体的不同发展需求[①]。品德与社会学科，作为促进学生良好品德养成和社会性发展的重要学习载体，更应该为学生提供充满丰富情感体验的教学内容。但在上述课例中，教师将一个非常容易引起学生情感共鸣的课文讲授得空洞乏味，仅通过苍白的文字和简单的对答无法刺激学生强烈的情绪冲动，自然也无法引起学生的深层思考，遑论弘扬课文中秉持的那些社会主义核心价值观。其实，对于《有多少人为了我》这节课的教学而言，教师完全可以在课堂上为学生们播放那些为了我们辛苦付出、默默坚守的劳动者的视频短片和真实画面，让学生们切身感受医生、警察、环卫工、快递员等劳动者为了我们是如何在工作前线奋战，甚至还可以邀请部分劳动者走进课堂，与学生们进行面对面的情感交流。在此基础上，再去引导学生进行有关课文内容的深入讨论。这种有坚实情感支撑的对话内容才能真正促进所有学生对所学知识的情感共鸣和真实认可，继而驱动学生将所学理论知识转化为行动实践。

五、对话主体单一化

当前"对话教育"实践的另一个典型问题在于对话主体过于单一。调查发现，课堂教学中的对话大多数情况下都"被优等生垄断"，学业成绩一般的学生或是"学困生"参与对话的机会较少。此外，除了师生与生生之间的对话，教育主体同文本和自我的对话也经常被忽视。

1. "被优等生垄断"的对话

与传统独白教育中教师的绝对话语霸权不一样，当前的教师开始将话语权有

---

① 希尔兹，爱德华兹. 学会对话：校长和教师的行动指南［M］. 文彬，译. 北京：教育科学出版社，2009：63.

限度地"下放"至学生手中。但如果仔细考察就会发现,当下的师生对话内部存在一种不太公平的现象:大多数的对话全都被"优等生"垄断,而那些学业成绩相对较差的"后进生"仍旧处于"失语"的边缘。曾有中学教师基于自己的课堂教学进行了深刻反思,蓦然发现在他的课堂上,他和他的那些得意门生"自顾自地美丽着",完全忽略了还有很多学生没有参与到对话中来,这部分学生的话语权被无情地剥夺了。教师也全然没有注意到"他们脸上的无奈、渴慕和事不关己的云淡风轻"[①]。的确,由于班级内学生的认知能力和学习能力以及学习需求的差异性,"优等生"的知识面较广,反应速度也更快,在课堂中也更加活跃。"后进生"则因为学习基础和表达能力相对较差,不太敢积极回答问题,更不用说在课上主动提出问题。对于这些"后进生"肯定在学习的过程中存在某些"过失",诚如《学记》所言,"学者有四失,教者必知之。人之学也,或失则多,或失则寡,或失则易,或失则止。此四者,心之莫同也。知其心,然后能救其失也,教也者,长善而救其失者也"[②]。作为"教者",教师应该给予这些作为"后进生"的"学者"更多的关注和更多的发言机会,唯有在与他们的对话交流和深入了解中,教师才能"知其心",进而"救其失"。可实然情况却是,鉴于教学时长的限制,与词不达意的"后进生"相比,教师通常情况下更愿意指定反应更快的"优等生"来回答问题,以此节约教学时间,进而为学生们传教更多的知识。所以,当教师将话语权移交至学生之手时,话语权通常都是落至"优等生"之手,与"后进生"无缘,课堂中的对话也因此被"优等生"垄断。其实不仅是在课堂中,在课后和其他的教学活动、竞赛活动、评优评选中也大相径庭,"优等生"一直都是学生群体中最强势的"话语者"和受到最多关注的"宠儿",课内外的教学和实践活动自然也就异化为"优等生"的"表演"舞台,"后进生"则得不到应有的关注与锻炼,进而在校园中逐渐演变成一种"知识暴力",将"后进生"完全排挤在"对话圈"之外,其结果是他们有的被完全漠视,有的"闹中偷闲",还有的"淡化自我,否定自我",这样不仅不利于其学业成绩的提高和身心健康的发展,也在一定程度上加剧了教育的不公平现象。民主和平等本就是对话的题中之意,没有公平作为根基的对话教育还能称得上是真正的对话教育吗?

---

① 李彩娅. 巧建各种平台关注话语权利 [J]. 中学教学参考, 2009 (10): 3-6.
② 高时良. 学记研究 [M]. 北京: 人民教育出版社, 2005: 154.

2. "远离文本"的对话

现在的大多数教师对于引发师生和生生之间的对话，具有较强的自觉性。但是，他们常常忽视了另外一个极为重要的对话主体——文本。其实，文本之中蕴藏着深厚的教育价值，包括各种教材、教辅和教参在内的文本，它们都是师生开展教学对话的重要依托。可以说，如果远离了文本，师生之间的对话极可能沦为"空中楼阁"。如某所重点中学的语文教师在教授《赤壁赋》一文时，仅让一位学生将课文当场诵读一遍后，就要求学生们"超越时空"来与苏轼进行对话。

[课例3-13]

中学语文：《赤壁赋》教学片段①

生1：苏轼为什么不学学陶渊明，放弃官职，或者去办学堂，硬要当这个"窝囊官"？

生2：苏轼流放到了海南，为什么不学鲁滨孙，想着法儿逃出来？

生3：苏轼"安于现状，不肯斗争"，如果我与他同时代，我想劝劝他。

生4：（拿苏轼与曹雪芹做比较）你这样才高八斗，为什么不去写《红楼梦》一样的小说，硬要混迹于官场。

生5：不在沉默中死去，就在沉默中爆发。

……

（全班二十多位学生每个人都表达了自己的奇思妙想，然后一节课就这样结束了）

在这节课上学生虽然可以畅所欲言、异想天开，与大文豪苏轼进行超越时空的对话，但是他们的对话内容基本上远离了《赤壁赋》的文本，成为了不着边际的"漫谈"。在教师没有对课文文本做任何讲解和分析的前提下，学生们可能无法真实理解苏轼创作《赤壁赋》的时代背景，也无法感知到这位伟大文学家复杂的内心世界，以及那些诗情画意中深蕴的人生哲理。对话应以理解为重要前提。试问，如果学生们都不了解苏轼，何谈与苏轼进行真正的、有意义的"隔空"对话呢？也许学生们这般不着边际的对话在一定程度上可以激发他们的想象力，但是基于文本理解的对话，才更容易碰撞出思想的火花。

3. 自我离场的对话

在巴赫金看来，内心对话是一种"微型对话"，也是"引进真实的他人声音

---

① 潘家明. 警惕对话理念下的语文课堂教学"假对话"[J]. 语文学刊，2008（14）：4-6.

所依靠的基础"①。但是这种"内心对话"常被忽视。经过学界的齐声呼唤，众多教育者已认识到对话的重要性，并且养成了一定的对话意识，开始注重在课堂教学中与学生进行对话。但是，师生或生生之间的对话并非对话教育的全部内容。心理学家维果茨基曾将个体的语言形式分为两类：一是指向与他人交际的社会性言语；二是强调与个体自己进行交谈的自我中心的言语。可见，对话不仅是与他人对话，而且还可以是与自己的对话。对话的主体除了作为他者的教师、学生和文本等，还应包括自己。但在当前的对话教育实践中，自我对话甚少。这种自我对话的缺失既体现于学生之间，也反映在教师身上。一方面，就学生自我对话的缺失而言，有研究表明在中国大学生群体的自我对话中，最常见的形式是自我批判和自我管理，其次是社会评价，自我激励型的自我对话最少见。事实上，自我对话与情绪智力呈正向关系，且自我意识在两者之间起到了重要的中介作用②。尤其是在课堂教学中，高密度的话语输出，每一节课的内容都被安排的很完备。教师很少提供"留白"的机会供学生慢下来与自己进行对话，并在与自我的对话中进行自我反思、自我管理、自我评价和自我激励。另一方面，就教师的自我对话而言，在课前鲜有教师对自己追问：教育的目的到底是什么？知识和学习的本质是什么？这些深层次的问题将在一定程度上决定教学大纲的设计；而在教学实施的过程中，教师也很少深入思考学生到底想学什么？想怎么学？如何才能真正促进他们更好地学习？而在课后教师也很少反思这节课学生到底学到了什么？还有哪些教学环节需要改进？该如何改进？其实，教育的整个过程、每个环节，都应该渗透着教师与自己的对话，这种对话可能是一种警醒，也可能是一种反思，还可能是一种成长。这种与自我对话的"内心声音"，"本身也只不过是替代现实中的一个他人声音，是一种特殊的替身"③。可遗憾的是，在当前的对话教育中，无论是学生还是教师，都缺乏在与自我的对话中进行质疑、批判、反思和碰撞，这也是钳制对话教育实践纵深发展的严重桎梏。

---

① 巴赫金. 陀思妥耶夫斯基诗学问题［M］//巴赫金全集（第五卷）. 白春仁，顾亚铃，译. 石家庄：河北教育出版社，2009：337.
② 郭素然，伍新春，滕秀杰，等. 自我对话与情绪智力的关系：自我意识的中介作用［J］. 心理发展与教育，2011（5）：513-521.
③ 巴赫金. 陀思妥耶夫斯基诗学问题［M］//巴赫金全集（第五卷）. 白春仁，顾亚铃，译. 石家庄：河北教育出版社，2009：338.

第四章

巴赫金对话理论视阈下对话教育的理论重构

传统的教育图景是一种独白式的教育，基于这种"独白"教育的痼疾，很多学者广泛地将各种对话思想和对话理念引介至教育理论和教育实践的研究之中，以期消解传统教育中的"独白"色彩。虽然这些理论探讨和实践探索在一定程度上缓解了传统教育"满堂灌"的现实问题，教育者开始有意识地在课堂教学中为部分学习者"分发"一定的话语权，师生关系和课堂气氛从表面上看似乎得到了一些改善。但是从总体上来看，学习者在教育教学活动中的话语权仍牢牢掌控在教育者的手中，且随时可以被教育者"撤回"或是"终止"，学习者对话的内容、时间、节奏及其评价完全受制于具有绝对话语霸权的教育者，而且教育者为学习者分发话语权也只不过是为了以一种更加活跃、更加高效的方式为学习者灌输既定的知识，其实并没有在对话中生成新的知识。更进一步而言，囿于对教育本质的理解产生严重偏差，尚未从根本上扬弃"教育雕塑说""教育灌输说"等落后的教育理念，致使那些引入了各种对话理念和对话思想的"对话"教育产生了严重的工具化倾向，继而片面追求在知识灌输和应试方面的效率，导致当前的"对话"教育实践深陷异化的泥淖之中不可自拔。

严格来说，当前正处于实践进程中的"对话"教育与其说是一种"对话"，不如说是一种"装扮成对话的独白"，其在本质上还是一种在教育者独白意识控制下的对话。更确切地说，它只是一种停留在方法层面上的虚假"对话"教育，是一种非本体论的对话教育。这样的"对话"教育只是在形式上看起来像"对话"，仅试图从技术层面去消解传统"独白"教育中的教师话语霸权、学生沦落至"失语"边缘甚至被严重物化等各种弊端，并未上升到本体论的高度，也没有对教育及其本质进行深层反思，因而充其量只能改变学习者的话语方式，无法改变学习者的存在方式。如果以巴赫金的观点来考察，这样虚假的"对话"教育实践，无法实现人之对话本质以及教育之对话本质的复归，自然也就无法在教育主体之间生成真正民主、平等的对话，遑论实现学习者的解放以及自由而全面的发展。基于此，我们很有必要从当前"对话"教育的实然现状出发，实现方法论到本体论的转向，以教育哲学的视野为立足点，借助巴赫金对话理论，从认识论上重新审视教育的本质，并在此基础上进一步澄明对话教育的本质内涵及其基本规定性，这也是真正的对话教育在实践中落地生根、开花结果不可缺少的重要前提。

第一节 教育即对话：教育本质的重新审视

其实在教育研究中，关于教育本质的探讨众说纷纭。也有研究者曾提出教育的本质是对话的论断，遗憾的是这些研究尚未对这一见解做出系统的阐释。本节内容将基于巴赫金对话理论，从教育主体、教育内容、教育过程、教育媒介和教育目的五个方面对教育的对话本质这一重要命题进行较为全面和细致的论证。巴赫金曾在其著作《陀思妥耶夫斯基诗学问题》中指出，"一切莫不归结于对话，归结于对话式的对立，这是一切的中心。一切都是手段，对话才是目的。单一的声音，什么也结束不了，什么也解决不了。两个声音才是生命的最低条件，生存的最低条件"[①]。此后，巴赫金又系统性地提出了人的对话本质、话语的对话本质等论断，进一步丰富了他的对话理论。教育作为一种需要人和话语参与的实践活动，也自然归结于对话。基于此，下文将以巴赫金对话理论作为理论视野，借助巴赫金对话理论中有关复调、狂欢和"时空体"的思想精华，对教育进行全方位、多维度的考察，进而探寻教育的对话本质。

一、教育主体："对话性"的生存形态

从巴赫金写于1961年的一个笔记本的内容提纲可知，人的本质即"人类生活本身的对话本质"[②]。其实早在20世纪二十年代上半期，巴赫金就在《论行为哲学》以及《审美活动中的作者与主人公》等论著中系统阐述他关于人的对话本质的独到见解。如果将巴赫金有关人的对话本质的人学观点引入教育场域进行考察，不难发现，教育中的主体也是一种"对话性"的生存形态。

1. "我"与"他人"的关系："我眼中之我""我眼中之他人"和"他人眼中之我"

巴赫金认为，作为个体的人，是其个性与社会性的统一。任何一个具体的个体，在这个世界上都是唯一的、独特的存在，都占据着其他人无法进入且不能替代

[①] 巴赫金. 陀思妥耶夫斯基诗学问题［M］//巴赫金全集（第五卷）. 白春仁，顾亚铃，译. 石家庄：河北教育出版社，2009：335.

[②] 巴赫金. 夹在二号笔记本中的内容提纲［M］//巴赫金全集（第四卷）. 白春仁，晓河，等，译. 石家庄：河北教育出版社，2009：363.

的时空位置，获得了一个与他人完全不同的审视自己、观察他人、探索世界的独特视角，这也是个体自身富有独特性的一个重要来源。与此同时，个体所存在的世界是由众多他人构成的世界，个体的生活离不开他人。每个人的话语、行为和思维都是在与其他人的话语、行为和思维的交锋中产生的，所以完全可以说，作为"我"的个体始终处于与"他人"的社会关系之中。按照巴赫金本人的话来说，就是"任何由内向外的表现，都是对他人的态度，内在之我与'他人'的交锋"[①]。

此外，巴赫金基于个体的独特性与社会性的观点，对"我"与"他人"的关系进行了全面透视，并进一步总结出了三种"我"与"他人"的关系，即"我眼中之我""我眼中之他人"和"他人眼中之我"。更进一步来说，其一，所谓"我眼中之我"就是通过"我"来观照并认识"我"自己，也是自我对自我的确认。巴赫金尤为推崇"我眼中之我"这一关系，并将其视为"行为的发源中心"。其二，"我眼中之他人"就是通过我来观照并认识他人，任何他人都是通过"我眼中之他人"进入我的视野和意识之中，他人的存在必须建立在与"我"的联系之上，对他人的确认首先建立在"我"与他人的关系之中。其三，"他人眼中之我"就是他人对我的观照以及与"我"的关系的确立。这层关系想要强调的是他人在与"我"的确认关系之中不是被认识的客体，"他人"也具有一定的能动性，他人除了被"我"确认，也可以主动、积极地参与到确认"我"的过程之中。

2. "一个人的声音什么也解决不了"

由于唯一的、确定的时空位置，"我"占据了看"我"自己的独特视角，但是就像"我"始终无法看到"我"自己的后脑勺一样，"我"自身的独特位置决定了"我"势必无法看清楚"我"的全貌。而他人因为占据了一个不同于"我"的独特位置，因而可以获得一个不同于"我"的独特视角，而在某些方面看到超过"我"所看到的全貌。同样地，他人在观照自己的时候，也囿于自身位置的独特性，而存在视阈短缺，无法看清自身的全貌。但是，他人相较之于"我"的外位，又获得了一定的超视，可以看到"我"所无法看到的部分，这也正好解释了大文豪苏轼为何发出"不识庐山真面目，只缘身在此山中"的感叹。由此可见，无论是确认自我，还是关照他人，单一的个体的见解、声音和意识都是无法自足

[①] 巴赫金. 夹在二号笔记本中的内容提纲[M]//巴赫金全集（第四卷）. 白春仁，晓河，等，译. 石家庄：河北教育出版社，2009：363.

的，自然也无法获得对"我"或他人的全然了解，必须借助于其他人的见解、声音和意识才能更全面地认识"我"抑或是他人。诚如巴赫金一直强调的那般，"一个人的声音什么也解决不了"。这也进一步说明了"个体的行为不能自足而须与他人互动，个人的思想不能自足而须与他人对话"①。也就是说，只有社会性参与才有可能实现行为与思想的自足，只有对话才能阐发对"我"与他人的本质见解。个体不再是一个自足的静态实体，而是一个需要与其他人进行对话的动态实体。进而言之，对话才是个体生存的形态。

3. 对话：教育主体的活动方式和思维方式

以巴赫金对人的本质是对话这一独到见地为思想资源，不言而喻，教育中的主体何尝不也是一种"对话性"的存在。一方面，对话是教育主体参与教育活动的基本形式。在教育场域中，无论是课堂教学、班级管理、师生交往还是情感表达，都需要以不同教育主体之间的对话沟通作为重要前提，没有言语对话作为基础，这些教育教学活动无法在实践中顺利推进。诚如保罗·弗莱雷所言，"没有对话，就没有了交流；没有了交流，也就没有了教育"②。另一方面，对话还是教育主体的思维方式。除了言语上的对话，思维上的对话正越来越成为教育主体共同探寻真理、接近本质、创生新义的坚实保障。作为单一的个体存在，每个教育主体的意识都无法自足，他们的意识就像陀思妥耶夫斯基笔下主人公的意识，永远无法自足，永远同他人的意识处于一种紧张的关系之中。无论是主人公外在的举手投足，还是内在的心理活动，都具有深刻的对话性。这些具有独立声音和意识的主人公做好了斗争与辩论的准备，他们绝不会"囿于自身"，而是经常性地"左顾右盼"，不断地向他者敞开③。无论是教育者还是受教育者，都是在对他人"左顾右盼"的关照中，逐渐对我们所生活的教育世界有了一个更为全面的了解。

从上述分析中，可以看出教育中的主体无论是通过言语方式来参与教育活动，还是进行高层次的思维活动，都离不开对话。就像巴赫金所言，"存在就意味着进行对话的交际。对话结束之时，也是一切终结之日。因此，实际上对话不

---

① 白春仁. 巴赫金——求索对话思维［J］. 文学评论，1998（5）：101-108.
② 保罗·弗莱雷. 被压迫者教育学［M］. 顾建新，等，译. 上海：华东师范大学出版社，2001：41.
③ 巴赫金. 陀思妥耶夫斯基诗学问题［M］//巴赫金全集（第五卷）. 白春仁，顾亚铃，译. 石家庄：河北教育出版社，2009：42.

可能、也不应该结束"①。基于此，完全可以说，对话既是教育主体的基本活动方式，又是教育主体的思维方式，教育中的主体就是一个彻彻底底的"对话性"的存在，并且无论是言语形式的对话还是思维层次上的对话，无不渗透在教育主体的所有交际之中。按照巴赫金的话来说，理想的教育就是将对话视为"永恒"，而这种"永恒"在教育主体看来"便是永恒的共欢、共赏、共话"，并且这种对话不可能终结，也不应该终结。因为"只要人活着，他生活的意义就在于他还没有完成，还没有说出自己最终的见解"②。

二、教育内容："未完成"的"时空体"

从教育内容上来看，知识并非一个确定性的存在，也并非控制人类所有思想和行动的"脑中之轮"，而是一个"未完成"的、在不同时空中可能发生嬗变的不确定性的存在。也正因为教育内容的这种内在的未论定性，为教育主体之间的对话创造了广阔空间。

1. "脑中之轮"：确定性的教育内容

传统的教育内容主要是以传授确定性的知识为主。对确定性知识殚精竭虑的追求是人类社会与生俱来的理想。无论是巴门尼德对"意见之路"与"真理之路"的划分，还是柏拉图对"意见"与"知识"的区分，都可以看出自古希腊以来人们对确定性"知识"和"真理"的迷恋，而这也成为了尔后西方哲学与科学发展的一大传统。

对于那些不同流派的哲学家和科学家都在不同道路上孜孜不倦地追求确定性知识的深层次原因，杜威曾做出这样的解释："确定性的寻求是寻求可靠的和平，是寻求一个没有危险，没有由动作所产生的恐惧阴影的对象。因为人们所不喜欢的不是不确定性本身，而是由于不确定性使我们有陷入恶果的危险"③。人们追求确定性知识，只不过是想探寻世界运转的不变规律，进而在没有任何危险的

---

① 巴赫金. 陀思妥耶夫斯基诗学问题［M］//巴赫金全集（第五卷）. 白春仁，顾亚铃，译. 石家庄：河北教育出版社，2009：335.
② 巴赫金. 陀思妥耶夫斯基诗学问题［M］//巴赫金全集（第五卷）. 白春仁，顾亚铃，译. 石家庄：河北教育出版社，2009：75.
③ 约翰·杜威. 确定性的寻求——关于知行关系的研究［M］. 傅统先，译. 上海：上海人民出版社，2004：6.

情况下对世界进行绝对控制和肆意利用。

当这种对确定性的执念延伸到教育场域中并成为教育内容的指导思想时，教育势必会陷入重重危机。在确定性知识占据统治地位的课堂教学中，吸纳更多的现成知识与结论已成为教学的首要目标。无论是教育者还是受教育者都沦为了既定知识的附庸，他们中的大多数都陷入了一种"无思"的状态，教育者被动地教，受教育者被动地学。不可否认，这样的知识观和教学观在一定的历史时期曾起到某种意义上的作用，但是随着知识大爆炸和"风险社会"的降临，以确定性知识为导向的教育内容将会招致严重的后果。一方面，确定性的教育内容将会剥削师生的主体性，封存师生的创造性和批判性，使其无法灵活地应对瞬息万变的生活世界；另一方面，那些确定性的知识与结论极可能逐步异化为乔尔·斯普林格（Joel Spring）所言的"脑中之轮"，因为"如果不是个人拥有思想，而是思想拥有了个人，那么这一思想就成了人脑中的一个轮子"[①]。如果知识变成"脑中之轮"，就会出现严重的知识倒挂的现象，不是人利用知识去改造自己和客观世界，而是知识成为控制人们思想和行动的主宰。

2. "时空体"：非确定性的教育内容

基于对传统教育内容认识的偏差所导致的弊端，很有必要引入巴赫金对话理论中有关"未完成"和"时空体"的动态思想，对教育内容的不确定性进行澄明。巴赫金所论"时空体"就是时间与空间的聚合体。基于巴赫金在《长篇小说的时间形式和时空体形式》中的论述，如果用时间和空间的观点对教育内容进行考察，就会发现教育内容的时间"要展现在空间里"，而教育内容的空间"则要通过时间来理解和衡量"[②]。严格来说，教育内容也是一个"时空体"形式，它可能也会随着时间与空间的嬗变而产生一定的变化，而这种变化渗透于人类不同的知识类型之中。

首先，就人文知识而言，它是一种与自然知识和社会知识相对应的一种知识类型，其更为强调个体对人文世界的解释与体验。所以较之自然知识与社会知识，

---

① 乔尔·斯普林格. 脑中之轮——教育哲学导论［M］. 贾晨阳，译. 北京：北京大学出版社，2005：献辞与标题说明.
② 巴赫金. 长篇小说的时间形式与时空体形式［M］//巴赫金全集（第三卷）. 白春仁，晓河，译. 石家庄：河北教育出版社，2008：270.

人文知识内在地具有更强的主观性、反思性和地域性。不同的个体基于自身不同的经验和体验，在不同的时空下可能对人文世界的把握有不一样的结论。据此，曾有研究者将人文知识视为一种反思性知识，这种知识类型的首要任务就是基于认识主体对某些特定的价值实践的个体反思来澄明认识主体特殊的人生价值与人生体验，因此反思性知识通常而言带有个体性、多质性和隐喻性[①]。我们完全可以从以上的这些分析中窥探到人文知识的不稳定性。也正因为人文知识缺乏一定的普适性、规律性和确定性，很多学者将其称为"人文学科"，而非"人文科学"。

其次，在社会科学知识方面，"无论人们怎样真诚地追求普遍性，迄今为止，在社会科学的历史发展过程中，对于普遍性的期待从来没有真正地实现过"[②]。为此，享誉世界的美国社会学家伊曼纽尔·沃勒斯坦（Immanuel Wallerstein）在其著作《知识的不确定性》中得出了"社会科学确定性之终结"的结论[③]。因此，社会科学知识的不确定性也就不言而喻。

最后，如果对最具稳定性的自然科学知识进行考察，就会发现其实在不同的历史时空下，有很多曾经一度被视为"真理"的结论随着时空的变化被相继推翻。例如，天体学中地球是宇宙中心的"地心说"，光在真空中传播是以以太为介质的"以太说"，热力学中热是一种物质的"热质说"，化学领域中火是由一种叫做燃素的元素构成的"燃素说"，生物学中拉马克"用进废退"的进化学说，等等，不胜枚举。除了这些物理世界和生化领域中的"真理"被颠覆，作为自然科学中最严谨、可靠的数学理论，其实也有其适用的时空范围，也并非绝对恒定的真理。美国著名的数学家莫里斯·克莱因（Morris Kline）就曾明确指出："数学中没有真理，即作为现实世界普世法则意义上的真理"[④]。科学知识生产的过程本身就具有明显的独白色彩，难怪巴赫金在谈论人文科学方法论时，曾对科学做出这样的批判："精密科学是独白型的认识形态，即人以智力观察物体，并表达对它的看法。这里只有一个主体——认识（关照）和说话（表述）者。与他相对

---

① 石中英. 教育哲学导论［M］. 北京：北京师范大学出版社，2002：173.
② 伊曼纽尔·沃勒斯坦，等. 开放社会科学［M］. 刘锋，译. 北京：生活·读书·新知三联书店，1997：53.
③ 伊曼纽尔·沃勒斯坦. 知识的不确定性［M］. 王昺，译. 济南：山东大学出版社，2006：20.
④ 莫里斯·克莱因. 数学：确定性的丧失［M］. 李宏魁，译. 长沙：湖南科学技术出版社，2004：89.

的知识不具有声音的物体。任何的认识客体（其中包括人）均可被当作物来感知和认识"①。据此，完全可以说，科学知识也具有明显的非确定性。

从上述对不同类型知识的考察可看出，作为教育内容重要基础的知识，是一个不确定的存在，即使是科学领域中的那些公认的定理和公式，它们充其量也不过是人类从某一视角在一定历史时空下基于自然现象的归纳总结或是推定假设，并非不可质疑，也并非不可推翻的"真理"，遑论多质性的社会科学知识与人文知识。诚然，教育内容绝不局限于知识，但是不得不承认技能、情感、态度、价值观等其他教育内容也都是以各种显性知识或隐性知识作为重要基础。基于此，在论及教育内容时，囿于篇幅限制，仅以知识作为教育内容的重点对象展开论述。

3. 教育内容的"未完成性"

巴赫金的"未完成"思想有助于深化对非确定性教育内容的认识与理解。巴赫金指出，在陀思妥耶夫斯基后期的作品中，几乎每个主人公都能内在地感受到自身的未完成性，看到自己身上的某些朝向性和可能性，但是这些趋向又都尚未真正完成，所以他们拒绝任何人对他们进行任何形式的盖棺论定式的评价，并证明这些臆断全部都是谬误②。

同样地，对于以知识为核心的教育内容而言，其实也有着深刻的"未完成性"，且这些现成的知识随着时空的变化，随时都有可能从其内部发生一些变化。今天被视为真理的知识，明天极可能沦为谬误。巴赫金的这种"未完成"思想和"时空体"思想带来了一个巨大的教育启示，即教育内容是一个"未完成"的"时空体"，当试图去把握教育内容的涵义时，要明确其内部的稳定性和确定性会在不同时空的流变中发生变化。按照巴赫金的话来说，就是"每次要进入涵义领域，都只能通过时空体的大门"③。

一方面，教育内容无法脱离时间和空间而单独存在，就像恩格斯曾指出的那样，"一切存在的基本形式是时间和空间，时间以外的存在和空间以外的存在，

---

① 巴赫金. 人文科学方法论［M］//巴赫金全集（第四卷）. 白春仁，晓河，等，译. 石家庄：河北教育出版社，2009：430.
② 巴赫金. 陀思妥耶夫斯基诗学问题［M］//巴赫金全集（第五卷）. 白春仁，顾亚铃，译. 石家庄：河北教育出版社，2009：75.
③ 巴赫金. 长篇小说的时间形式和时空体形式［M］//巴赫金全集（第三卷）. 白春仁，晓河，译. 石家庄：河北教育出版社，2009：452.

同样是非常荒诞的事情"①。另一方面，教育内容也是人类智慧在时间和空间中的凝结和聚合。因为时间和空间始终没有终结，所以作为"时空体"的教育内容也无法终结，任何人在任何时空下都不能对这种"未完成"的教育内容进行"盖棺论定"。教育内容这种内在的"未完成性"就为教育主体间的对话提供了无限空间和巨大潜力，教育者和受教育者可以在对话中对这种"未完成"和"未论定"的教育内容进行探究和检验，以此实现由被动的知识接受者到主动的知识生产者的重大转变。

三、教育过程："行为"与"责任"的统一

如果以巴赫金的对话理论来考察教育，就会发现教育行为是实现教育主体间文化世界与生活世界对话统一的过程，教育责任可分为"专门的责任"和"道义的责任"。而教育的过程，就是通过师生之间的不断对话，来实现教育主体间"行为"与"责任"之间的高度统一。

1. 教育行为：文化世界与生活世界的统一

教育行为是弥合师生文化世界与生活世界之缝隙的过程。这一思想的根源可追溯至巴赫金在构建对话理论时，在其论著《艺术与责任》中的真知灼见。在巴赫金看来，艺术创作尤为大胆，过于激昂动情和随心所欲，因为艺术对生活不需要承担任何责任，而现实的生活又无法追赶上天马行空的艺术，故而直接导致了在我们的生活世界之中，艺术与生活常常彼此疏离，渐行渐远。那些从事艺术的创作者经常视"灵感"为他们"不负责任"的替罪羔羊，并信口雌黄地宣称不承担生活的责任才有更自由广阔的创作灵感，当然也有一些过着庸碌无为的生活之人狡辩唯有在不考虑艺术的前提下才能较为容易地生活。在这样二元对立的传统观念之下，艺术与生活之间的裂缝越撕越大，生活之人开始逃避艺术的责任，而艺术之人也开始逃避来自生活的责任。

在此境遇下，巴赫金一针见血地指出，"生活与艺术，不仅应该相互承担责任，还要相互承担过失。诗人必须明白，生活庸俗而平淡，是他的诗之过失，而生活之人则应知道，艺术徒劳无功，过失在于他对生活课题缺乏严格的要求和认

---

① 李烈炎. 时空学说史［M］. 武汉：湖北人民出版社，1988：543.

真的态度"①。可见，艺术与生活虽是不同的行为，但是个体应将其纳入自身的统一体，并在个体身上相互渗透，"统一于我的统一的责任之中"。

就像生活世界与艺术世界相互脱离一样，其实生活世界与文化世界也相互隔绝。按照巴赫金的理解，所谓文化世界就是一个"客观的统一的文化领域"，它是"我们的活动行为得以客观化的世界"，而所谓生活世界是"我们在其中创造、认识、思考、生灭的唯一世界"，也是我们的"行为独一无二的实际进行和完成的世界"②。生活世界与文化世界之间的彼此对立，就像同时具有前后两副面孔的雅努斯门神，一副面孔对着面前，另一副面孔朝向脑后，向两个完全不同的方向敞开。

在传统的教育过程中，客观统一的知识文化世界与唯一的不可重复的现实生活世界相对隔绝，由于这两个不同的世界"不具有统一和唯一的方向"，因此文化世界和生活世界自然也无法同时面对同一个统一的、唯一的东西对彼此做出界定。而唯有现实存在的唯一性教育行为才能成为这种统一的、唯一的东西，将文化世界与生活世界统一于一个事件之中。教育的过程，本来就内在地具有两面性，一面对着教育主体的文化世界，另一面对着教育主体的生活世界。

由于"应试教育"的理念指引和基本格局尚未从根本上破除，传统的教育行为尤为重视教育主体间以知识为中心的文化世界，却对他们的生活世界关注较少。深受斯宾塞对科学知识最有价值这一论断的影响，教育过程中的科学知识在文化世界中异军突起，一度成为衡量教育行为的尺度，这也进一步加剧了文化世界与生活世界的脱节。现象学创始人胡塞尔曾在20世纪中期深刻地探讨过生活危机的科学根源，并批判了欧洲社会中以科学知识为代表的文化世界与生活世界相互分离的社会现实，继而提出了类似于将文化世界与生活世界进行有机统一的见解。他明确指出，科学危机只不过是欧洲社会生活危机的一种表现，科学观念绝不应该以实证的方式被简化为纯粹的科学事实，科学危机的根源在于科学本身丧

---

① 巴赫金. 艺术与责任 [M] // 巴赫金全集（第一卷）. 晓河，等，译. 石家庄：河北教育出版社，2009：1.

② 巴赫金. 论行为哲学 [M] // 巴赫金全集（第一卷）. 晓河，等，译. 石家庄：河北教育出版社，2009：4.

失了生活意义①。如果更进一步来看，科学丧失生活意义的一个重要根源，其实在于教育丧失了生活意义，因为科学知识和科学思维的培养需要教育来实现。在教育过程中，不仅是科学知识，包括其他学科知识的整个文化世界正日渐脱离鲜活的生活。为此，教育行为很有必要加强文化世界与生活世界的对话统一，继而让文化世界融入生活世界，让教育回归生活。

2. 教育责任："专门的责任"与"道义的责任"

所谓责任，即"行为主体对特定社会关系中定在任务的自由确认和自觉服从"②。那么，教育责任就是教育主体在教育活动中对定在任务的自由确认和自觉服从。对于责任的分类，巴赫金曾在《论行为哲学》中有过这样的见解，"行为必须获得一种统一性，才能使自己体现于两个方面：在自己的涵义中和自己的存在中；行为应将两方面的责任统一起来，一是对自己的内容应负的责任（专门的责任），二是对自己的存在应负的责任（道义的责任）③"。以此为思想资源，本书认为教育责任也可以进一步细分为"专门的责任"与"道义的责任"两种类型。

如果按照巴赫金的理解，教育行为也唯有在教育的涵义和教育的存在中获得统一性，才能将两方面的责任统一起来。在教育的过程中，教育的涵义更多的是指教育在学习内容方面的涵义，而教育的存在意指教育行为的结果。以巴赫金对责任的分类为基础，就教育的责任而言，也主要体现在两个方面：一方面是教育主体应对教育内容承担起"专门的责任"，另一方面则是教育主体应对教育行为的结果承担"道义的责任"。很显然，教育涵义是教育存在的一个不可或缺的组成因素，所以教育的"专门的责任"也是教育的"道义的责任"的重要方面。

由于不同行为主体所处的社会关系和社会角色的不同，行为主体对责任的承担并非平均化和一成不变，因此在教育过程中，不同的角色所承担的责任大小也不尽相同。但是，无论是作为教育者还是作为受教育者，他们都应该在教育的涵义方面和教育的存在方面承担各自的责任。也就是说，每个教育主体，无论是教师还是学生，他们都应该共同承担教育内容和教育结果的责任。

---

① 埃德蒙德·胡塞尔. 欧洲科学危机和超验现象学[M]. 张庆熊, 译. 上海：上海译文出版社，1988：5.

② 程东峰. 责任论[M]. 北京：中国林业出版社，1994：15.

③ 巴赫金. 论行为哲学[M]//巴赫金全集（第一卷）. 晓河，等，译. 石家庄：河北教育出版社，2009：4-5.

3. 教育行为与教育责任的统一

教育过程不仅包括弥合教育主体文化世界与生活世界的教育行为，还内在地包含了教育责任，它是教育行为和教育责任的统一。就教育内容方面的责任而言，教育者和受教育者都应该在教育过程中积极承担确定适宜的教学内容的责任。这种适宜性不仅是对国家教育质量标准和教育大纲的回应，而且更应该是新时代对学习者所提出的新要求以及学习者本人对教育的个性化需要的关切。而这个"专门的责任"应由教育者和受教育者在对话协商中共同承担，绝非仅由教育者一个人独揽其身。对于教师而言，为学习者确定教学内容不仅是一项权力，更是一项责任。而对于学习者而言，承担这一责任的前提是教育者将决定教学内容的权力适度地让渡给学习者，并且师生双方应在不断的对话交往中去调和权力与责任之间的巨大张力。

教育主体除了需要对教育内容的选择负责，他们还应对教育行为的结果负责。值得注意的是，对教育内容负责是对教育行为负责的前提。按照黑格尔的话来讲，"人的决心是他自己的活动，是本于他自由做出的，并且是他的责任"[1]。所以，无论是教育者还是学习者，唯有面对自主选择的教育内容，他们才会真正地愿意积极参与围绕该教育内容所展开的各项教学活动，进而才可能承担该教育行为所产生的任何结果。而在传统的教育过程中，教师自主选择教育内容的决定权相对较小，很多教学内容都是上级教育行政部门按相关要求所指定。与教育者较之，受教育者享有决定教学内容的自主权更是微乎其微。其结果是，在传统教育中，教师沦为既定知识的传送者，对受教育者的学习结果缺乏一定的"道义的责任"。而受教育者自身常常面对那些并非由自己选择、并非自身兴趣所在的学习内容，毫无学习和探究的热情，要么沦为被动的学习机器，要么被迫成为"教育的囚徒"，这样的受教育者自然无法愿意主动承担教育行为的后果。

概言之，在传统教育中，由于对教育过程认识的偏差，没有给教育者和受教育者足够的机会承担"专门的责任"，所以无法激发他们对"道义的责任"的承担意愿。为此，要以巴赫金的对话理论来重新认识教育过程。在真实的教育过程中，对于教育行为主体而言，无论是在教育内容的选择上，还是在教育行为的结

---

[1] 黑格尔. 法哲学原理[M]. 范扬, 张企泰, 译. 北京: 商务印书馆, 1982: 146.

果上,他们对共同教育责任的承担是一个对话的过程。这种对话体现在两个方面:一方面,师生需要在平等的对话过程中共同决定教育内容;另一方面,师生更需要在更为深入的对话中共同承担教育行为的所有后果,并且教育内容和教育结果本身也存在一种内在的对话关系。

四、教育媒介:"超语言学"中的"表述"

巴赫金的"超语言学"思想是了解他的对话理论的一个重要源头。自20世纪以来,语言学的发展迎来了重大突破,继而涌现出了一大批色彩斑斓的语言学派。巴赫金在20世纪二十年代末期也开始对语言学中的众多议题公开发表自己的独到见解,并主要从社会学的观点出发,对当时颇为盛行的"抽象客观主义"与"个人主观主义"的语言学思想进行了深入批判,继而提出了卓有建树的"超语言学"思想。经考察发现,"表述"不仅是巴赫金"超语言学"思想的核心,还是其开展教育活动的重要媒介。可以说,教育活动的推进离不开"表述"[①]。在巴赫金看来,"表述"具有对话的本质属性,而通过这一侧面,也可以窥探到教育的对话本质。

1."超语言学":对"抽象客观主义"与"个人主观主义"语言学思想的双重批判

所谓的"超语言学"思想,如果用巴赫金自己的话来讲,即"我们的分析,可以归之于超语言学(металингвистика);这里的超语言学,研究的是话语生命中超出语言学范围的那些方面(说它超出了语言学范围,是完全恰当的),而这

---

① 在此要特别说明,在巴赫金的对话理论中"表述"与"话语"具有同等涵义,因为在俄语的巴赫金原著中высказывание既可译为"表述",也可译作"话语"。钱中文先生曾在中文版的《巴赫金全集》(七卷本)中曾就此作出说明,《巴赫金全集》(七卷本)将высказывание统译为"表述"。主要基于以下三个原因:其一,此词从动词высказываться衍化而来,采用表述,保持了词源所有的表达、表示意思的原有意义;其二,在巴赫金的论著中,слово和высказывание常并用在一个句子之中,在翻译上对两者的意义不能不作区分,而这里的слово在超语言学意义上只能译作"话语",所以высказывание显然不能同时也被译为"话语";其三,与высказывание相对应,常有самовысказывание出现,而后者显然只能译为"自我表述",而不能译作"自我话语"。基于此,在本研究中,涉及巴赫金有关высказывание的阐发,统译为"表述",但是其与巴赫金笔下的"话语"同义。

种研究尚未形成特定的独立学科"①。简单讲，这是一种超越传统的、死语言学的语言思想。

　　巴赫金在构建自己的"超语言学"思想时，第一个批判的就是以洪堡和波捷布尼亚等人为代表的"个人主观主义"的语言科学。这一语言学流派强调，"语言是一种活动，一个由个人的言语行为实现的不间断的创作构造（Energeia）过程"，并且"语言的创作规律是个人心理的规律"，此外，"语言作为一个现成的产物（Ergon），作为一个稳定的语言体系（词汇、语法、语音），是一个似乎死板的沉淀物"②。这种完全脱离实证主义道路的语言学思想深刻地影响了其后的追随者们，其不仅为冯特的"民族心理学"提供了思想动力，而且为福斯勒语言学派的"唯美学的语言观"提供了学术资源。据巴赫金考察，这一语言学传统将语言机械地理解为个人的心理学现象，却无法从根本上解释语言的交往本质。虽然它也在一定程度上承认语言的意识形态性，但只不过是"从个人心理的环境中引出话语的这种意识形态内容"，这般极具浪漫主义色彩的语言观完全忽视了语言的社会属性。

　　此后，巴赫金又对以索绪尔组建的"日内瓦学派"为代表的"抽象客观主义"的语言学流派进行了驳斥。该流派主张"语言是一个稳定的、不变的体系，它由规则一致的语言形式构成，先于个人意识，并独立于它而存在"，并且这一语言学传统还坚定地认为"语言规则是特别的语言学联系规则，它存在于这一封闭的语言体系内部的语言符号之间，这些规则对于任何主观意识都是客观的"③。据此，巴赫金公开指责道，"语言与其意识形态内容的分离，是抽象客观主义最大的错误之一"④。这一流派以机械主义和唯理主义为指导思想，极大地否定了语言所具有的历史性特征。

---

① 巴赫金. 陀思妥耶夫斯基诗学问题[M]//巴赫金全集（第五卷）. 白春仁，顾亚铃，译. 石家庄：河北教育出版社，2009：236.
② 巴赫金. 马克思主义与语言哲学[M]//巴赫金全集（第二卷）. 李辉凡，张捷，等，译. 石家庄：河北教育出版社，2009：383.
③ 巴赫金. 马克思主义与语言哲学[M]//巴赫金全集（第二卷）. 李辉凡，张捷，等，译. 石家庄：河北教育出版社，2009：393-394.
④ 巴赫金. 马克思主义与语言哲学[M]//巴赫金全集（第二卷）. 李辉凡，张捷，等，译. 石家庄：河北教育出版社，2009：409.

综合来看，如果在"个人主观主义"的语言学流派看来，"语言就是永恒流动的言语行为流，这里不存在任何稳定的和一致的东西"，那么对于"抽象客观主义"的语言学派而言，"语言则是悬在云幕之上的不动的彩虹"[①]。巴赫金正是基于对"个人主观主义"与"抽象客观主义"两大传统语言学流派的批判，进一步改造了语言学的对象和范围，进而形成了轰动世界的"超语言学"思想体系。在巴赫金看来，"话语是活生生的具体的言语整体，而不是作为语言学专门研究对象的语言"[②]。所以，巴赫金对语言的分析不同于传统的语言学流派仅对语言的语言学方面的因素进行分析，他对语言的研究远远超出了传统语言学研究的广度和深度。

2."表述"："超语言学"的中心

在巴赫金所构建的"超语言学"体系中，"对话关系（其中包括说话人对自己话语所采取的对话态度），是超语言学的研究对象"[③]。而"表述"是一切言语活动的中心，也是最基本的概念，它撑起了整个"超语言学"的大厦。这里所论的"表述"，既可以是口头上的，也可以是书面化的，它涵盖了人类交往活动的各个领域。"表述"的范围可以小至词语和句子，也可以大到段落和篇章。但是，并非所有的字词句段篇章都可成为"表述"。巴赫金曾在《〈言语体裁问题〉相关笔记存稿》中总结了"表述"的九大基本特征，即"言语主体的更替""表述的对象性、指向性""表述的完成性""与现实真理的关系""表述的事件性（历史性）""表述的表情性""表述的新意""意图和完成的区分"以及"对话的泛音"[④]。由此可见，"表述"完全不同于语言学中的词句。因为词句只是语言学的单位，而"表述"是"言语交际单位"。"表述"有"引起回答的能力"，内蕴"对话的基调"和"对话的泛音"[⑤]。每一个"表述"都是另外一个"表述"的回声，

---

① 巴赫金. 马克思主义与语言哲学［M］//巴赫金全集（第二卷）. 李辉凡，张捷，等，译. 石家庄：河北教育出版社，2009：387-388.
② 巴赫金. 陀思妥耶夫斯基诗学问题［M］//巴赫金全集（第五卷）. 白春仁，顾亚铃，译. 石家庄：河北教育出版社，2009：236.
③ 巴赫金. 陀思妥耶夫斯基诗学问题［M］//巴赫金全集（第五卷）. 白春仁，顾亚铃，译. 石家庄：河北教育出版社，2009：237.
④ 巴赫金.《言语体裁问题》相关笔记存稿［M］//巴赫金全集（第四卷）. 白春仁，晓河，等，译. 石家庄：河北教育出版社，2009：244.
⑤ 巴赫金.《言语体裁问题》相关笔记存稿［M］//巴赫金全集（第四卷）. 白春仁，晓河，等，译. 石家庄：河北教育出版社，2009：249.

都渗透了他人的话语,并挑拨他人的应答。也正是如此,巴赫金进一步指出,"不可能存在孤立的表述。它总是要求有先于它的和后于它的表述。没有一个表述能成为第一个或最后一个表述。它只是链条中的一个环节,脱离这一链条便无法研究"①。"表述"作为一个整体,它的涵义完全超出了语言学的范围,所以无法用传统的语言学(符号学)的相关术语对其进行界定,这也正是巴赫金将其视为"超语言学"的基本概念和研究对象的重要原因。

通过上述对巴赫金的"超语言学"思想及其有关"表述"的分析,可以发现"表述"在日常的交往中"实现于自我和他人身上",换言之,"表述"中渗透着自我与他人的对话关系。"自我和他人这一人的对话哲学彻底被巴赫金贯彻在自己的语言学理论中,而巴赫金超语言学理论的人文精神正体现在使语言走向人,走向自我与他人的社会交往中"②。"实际上表述是一个两面性的行为。它在同等程度上由两面所决定,即无论它是谁的,还是它为了谁。它作为一个表述,正是说话者与听话者相互关系的产物。任何表述都是在对'他人'的关系中来表现一个意义的。在表述中我是相对于他人形成自我的,当然,自我是相对于所处的集体而存在的。表述,是连结我和别人之间的桥梁。如果它一头系在我这里,那么另一头就系在对话者那里。表述是说话者与对话者之间共同的领地"③。

3. 作为教育媒介的"表述":对话的"泛音"

的确如此,教育中的"表述"生成于教育主体之间,它既出于说话者之口,又连接着听话者之耳,而当听话者做出回应时,听话者又转变成了言说的对话者。"表述"也因此成为联结不同教育主体的媒介,教育主体之间的各种教育教学活动都是以"表述"作为物化的符号和载体进行的。没有"表述"作为媒介,教育将成为"空中楼阁"。"表述"不仅参与教育中的对话,而且引起教育中的"对话"。教育中的不同"表述"有着不同的涵义,而"表述"内在的指向性就要求教育主体进行对话。"表述"要求不同的教育主体在教育教学活动中进行表达,以此获得他人的理解和应答,并对他人的应答做出回应,每个应答中都蕴藏

---

① 巴赫金. 1970—1971年笔记[M]//巴赫金全集(第四卷). 白春仁,晓河,等,译. 石家庄:河北教育出版社,2009:448.
② 陈太胜. 巴赫金对话理论的人文精神[J]. 学术交流,2000(1):108-114.
③ 巴赫金. 马克思主义与语言哲学[M]//巴赫金全集(第二卷). 李辉凡,张捷,等,译. 石家庄:河北教育出版社,2009:427-428.

着"对话的泛音",以此往复,无穷无尽。教育中的对话关系因"表述"而起,因"表述"而兴。难怪巴赫金曾鲜明地指出,"没有表述、没有语言的地方,不可能有对话关系"①。因此,应深刻认识到"表述"对于教育的意义所在,任何一个教育主体与另外一个教育主体都必须借助"表述"作为媒介来从事教育教学活动。

教育媒介就是教育主体之间传递教育信息的渠道、载体、中介物或技术手段。"纵观整个媒介的发展史,可以大致分为五个时期:口语传播时代、文字传播时代、印刷传播时代、电子传播时代和网络传播时代"②。教育媒介也因此呈现出传统媒介与新型媒介共存的格局,且网络等信息化的媒介正快速发展为当前教育领域中的主要媒介。尽管教育媒介的样态发生着日新月异的变化,但是教育媒介的基本属性和主要特征尚未发生根本改变。无论是传统的语言、文字、声音、图片,还是此后涌现出来的电报、电视、电影、互联网等,当这些媒介进入教育领域时,都是以巴赫金所言的"表述"的形式出现。这里所论的"表述"不是纯粹语言学中的语言单位,而是巴赫金"超语言学"思想中的交际单位。教育场景中的"表述"不仅具有指向性,而且还蕴藏着很多充满教育意义的符号和信息。如果按照巴赫金的理解,教育者和受教育者进行交往的物化表现就是"表述"。所以,"表述"其实就是教育媒介的本质属性,教育中的任何媒介最终都是以"表述"的形式参与教育主体之间的教育教学活动。从巴赫金的"超语言学"思想可知,"表述"具有对话本质,"表述"中渗透着"对话的泛音"。因此,教育媒介也带有强烈的对话色彩。

五、教育目的:在"狂欢"中实现人的解放

巴赫金的"狂欢"有三个层次的涵义:狂欢文学、狂欢生活和狂欢精神。但是,无论是何种层面上的"狂欢",都内蕴着一种狂欢式的世界感受,其中无不渗透着对话的思想,这也是"狂欢"被视为"对话"的尘俗化与肉身化的一个重要原因。如果以巴赫金对话理论中的"狂欢"作为理论视野来考察教育,会发现

---

① 巴赫金. 文本问题[M]//巴赫金全集(第四卷). 白春仁,晓河,等,译. 石家庄:河北教育出版社,2009:317.
② 张治. 教育信息化——走进自适应学习时代[M]. 上海:上海教育出版社,2018:55.

教育目的也内在地体现着深刻的对话性。

1. "狂欢"三维：文学体裁、生活形态和精神指向

"狂欢"是巴赫金在《陀思妥耶夫斯基诗学问题》中阐释复调小说时所提出的一个重要概念，他宣称陀思妥耶夫斯基的复调小说，在其体裁结构上而言，就是一种狂欢文学的变体。而这种狂欢文学，又是以在古代各式各样的狂欢节中涌现的具体感性的世界感受以及推崇自由、平等的对话精神作为重要基础。通过狂欢文学，巴赫金复现了中世纪和文艺复兴时期热闹非凡的狂欢生活，普通民众也正是在狂欢精神的浸润下才得以自由、平等的交往并实现人性解放，这不仅是一种洋溢着理想气息的人文精神，也是一条"暂时的通向乌托邦的道路"。所以，其实巴赫金所论"狂欢"，既有文学体裁上的意义，又是一种生活形态，还是一种精神指向。

如果将视野拉回至中世纪和文艺复兴时期的欧洲，不难看出由于理性主义的极度膨胀、规范的制度生活占据绝对的主导地位，普通民众在各种严苛的束缚之下不得不盲目追求高雅的、标准化的语言方式和各种官方的繁文缛节，致使另一种更为感性和鲜活的世界感受与文化遗产被碾压至现实生活的边缘，甚至被完全遗忘。而敏锐的巴赫金在拉伯雷的小说创作中感受到了那种扎根于民间生活的狂欢文化，也体验到了很多诙谐、怪诞的艺术形式和意识形态。"这些多种多样的诙谐形式和表现——狂欢节类型的广场节庆活动，某些诙谐仪式和祭祀活动，小丑和傻瓜，巨人、侏儒和畸形人，各式各样的江湖艺人，种类和数量繁多的讽拟体文学，等等，它们都具有一种共同的风格，都是统一而完整的民间诙谐文化、狂欢节文化的一部分和一分子"①。

2. "狂欢"：全民性、自由性、平等性和双重性

根据巴赫金对中世纪和文艺复兴时期民间文化的分析，"狂欢"具有以下四重属性，并且"狂欢"的这些本质特征将极大地促进个体的解放。

首先，"狂欢"具有全民性。所有形式的狂欢庆典活动并非由特定的权贵阶级所组织，任何人都可以参与任何类型的狂欢活动和广场表演，无论是统治者还是被统治者，无论是官方还是非官方，无论是宗教还是非宗教，所有人都可以在

---

① 巴赫金. 弗朗索瓦·拉伯雷的创作与中世纪和文艺复兴时期的民间文化[M]//巴赫金全集（第六卷）. 李兆林，夏忠宪，译. 石家庄：河北教育出版社，2009：4.

狂欢仪式中摆脱平日生活里一切形式的等级关系和特权禁令，短暂地进入"第二世界"，欢度"第二生活"。

其次，"狂欢"具有自由性。狂欢广场的舞台上，"没有演员与观众之分"，没有任何形式的束缚和规定。"在狂欢节期间，人们只能按照它的规律，即按照狂欢节自由的规律生活"[①]。在这里可以使用任何粗俗的语言，进行任何亲昵的交往，不仅可以随意模仿和讽拟，还可以嘲讽甚至是亵渎。按照巴赫金的话来说，"这是展示自己存在的另一种自由形式"。

再次，"狂欢"还具有平等性。在令人眼花缭乱的狂欢活动中，任何因社会等级关系所造成的不平等都被取消了，横亘在民众之间的等级屏障被移除。所以，巴赫金说道："在狂欢中，人与人之间形成了一种新型的相互关系"，更进一步而言就是一种"人的行为、姿态、语言，从在非狂欢式生活里完全左右着人们一切的种种等级地位（阶层、官衔、年龄、财产状况）中解放出来"的平等关系[②]。

最后，"狂欢"具有双重性。在狂欢节，可以戏谑地为国王加冕和脱冕，交替与变更同在，死亡与新生共存，在各式"合二为一"的仪式中"实现新旧交替"。这里不仅充满了祝福和诅咒，还潜伏着嬗变和危机，弥漫着夸奖与责骂，老年与青年，正面与背后，上与下，正与反，各种对话式的对立。"它既是欢乐的、兴奋的，同时也是讥笑的、冷嘲热讽的，它既是否定又是肯定，既埋葬又再生"[③]。

无论是所有民众一起参与的全民性，超越严苛制度约束的自由性，消除等级屏障的平等性，还是"合二为一"、对立统一的双重性，无不渗透着鲜活的对话精神。在"狂欢"中，通过全民参与，通过自由、平等的亲昵接触和对话交往，通过具身、感性的世界感受，将民众从压迫之中、从束缚之中、从不平等之中解救出来，进而真正实现人的解放。

[①] 巴赫金. 弗朗索瓦·拉伯雷的创作与中世纪和文艺复兴时期的民间文化[M]//巴赫金全集（第六卷）. 李兆林，夏忠宪，译. 石家庄：河北教育出版社，2009：8.

[②] 巴赫金. 陀思妥耶夫斯基诗学问题[M]//巴赫金全集（第五卷）. 白春仁，顾亚铃，译. 石家庄：河北教育出版社，2009：159.

[③] 巴赫金. 弗朗索瓦·拉伯雷的创作与中世纪和文艺复兴时期的民间文化[M]//巴赫金全集（第六卷）. 李兆林，夏忠宪，译. 石家庄：河北教育出版社，2009：14.

3. 在"狂欢"中实现教育主体"原有力量"与"社会力量"的双重解放和对立统一

通过上述分析,"狂欢"完全可以将中世纪的民众从规训与压迫中解放出来。那么,"狂欢"又是如何实现对当前教育中"人"的解放呢?论及人的解放这一宏大议题,很有必要从马克思的理论体系中寻求思想资源。马克思曾在《论犹太人问题》中指出,"任何一种人的解放都是把人的世界和人的关系还给人自己"[①]。人只有充分认识自己的"原有力量"并将其转化为"社会力量"才能真正实现人的解放。据此,马克思进一步指出了人的解放的双重向度,即"个体主体向度"和"社会力量向度",前者侧重于个体的生命实践与活动经验,后者更为强调人的社会关系,而教育正是一种可以整合个体"原有力量"和"社会力量"的交往实践活动。

但遗憾的是,由于现实的教育实践对教育价值的严重遮蔽,将教育窄化为牟取自身经济利益和实现社会发展的工具,致使教育主体改造社会的"社会力量"极度膨胀。这种过于强调教育的工具价值,严重忽视教育人文价值的目的观,造成的一个直接弊端就是,教育在实现人的解放这一宏伟蓝图中的重要作用被遗忘。而巴赫金对话理论中的"狂欢"意蕴,可以帮助我们重拾教育的人文价值,从而更多地关注教育价值之于教育中的"人"的重要意义,以此解放个体的"原有力量",并实现"原有力量"与"社会力量"的对立统一。就像联合国教科文组织国际教育发展委员会所指出的那样,"教育能够是,而且必须是一种解放"[②]。

具体而言,巴赫金所论的"狂欢",为教育中的每一个主体的自身发展都提供了更多自由的时间和空间,为教育主体间亲昵接触、平等交往、彼此敞开、互相包容提供了可能性,也进一步丰富了学校教育的生活形式,为严肃制度化的学校生活增添了些许活力,也为满足教育主体个性化发展和全面发展奠定了坚实基础。完全可以肯定地说,"狂欢"是实现教育人文价值复归的必要选择,也是促进人的解放的重要思想资源。从教育价值这个角度来看,"狂欢"的确有益于实现人的解放,"狂欢"本身也是"对话"的一种形态,它是"对话"在教育生活

---

① 中共中央马克思恩格斯列宁斯大林著作编译局. 马克思恩格斯全集(第一卷)[M]. 北京:人民出版社,1956:443.

② 联合国教科文组织国际教育发展委员会. 学会生存——教育世界的今天和明天[M]. 北京:教育科学出版社,1996:175-176.

中的具体化和现实化，本身内蕴着深刻的对话精神。所以，其实教育目的也内在地体现着鲜明的对话性。

基于上述的所有讨论，本书认为，从教育主体上来看，教育中的"人"都是"对话性"的生存形态，存在就意味着对话，只要活着对话就会一直继续，永不终结。从教育内容上来看，由于知识的不确定性和未完成性，随着时间和空间的嬗变，无论何种类型的知识都有可能继续发生变化，所以包括知识在内的以及以知识为重要基础的技能、情感、态度、价值观等教育内容都具有未论定性，这也为教育主体之间的对话提供了广阔空间。从教育过程上看，教育是教育主体的文化世界与生活世界的对话统一，也是教育主体"行为"与"责任"的对话统一，无论是教育者还是学习者，都应该在教育"行为"的积极参与中主动承担教育"责任"，而这种统一也是在对话的过程中才能得以实现。从教育媒介上来看，无论是传统的教育媒介，还是新型教育媒介，都是通过巴赫金"超语言学"思想中所论及的"表述"来发挥作用，而在巴赫金看来，"表述"具有对话本质且渗透着"对话的泛音"，所以教育媒介也带有强烈的对话色彩。从教育目的上来看，"狂欢"为实现教育目的的人文性复归提供了思想资源，彰显全民性、自由性、平等性和双重性多维特征的"狂欢"为教育时空中的"人"的解放提供了可能路径，而"狂欢"又是"对话"的世俗化与肉身化，所以教育目的也内在地体现着对话的意蕴。基于以上五个维度的综合分析，可以确切地说，以巴赫金对话理论作为思想资源，对教育的本质进行多方维考察，阐释了"教育的本质是对话"这一具有重大意义的时代命题。

第二节 对话教育内涵的重新解读

如前所述，基于巴赫金对话理论从不同的角度澄明了教育的本质是对话，这也说明教育需要对话，离不开对话，所以应该开展对话教育。那么到底什么才是真正的对话教育呢？对话教育又具有怎样的本质内涵呢？

一、教育中对话的两个层次：非本体论与本体论

在考察对话教育之前，很有必要先明确"对话"这一概念的涵义。因为对"对话"的认识与理解，在一定程度上决定了如何认识对话教育。无论是古希腊时期的苏格拉底，还是春秋战国时代的孔子，都曾将对话视为教育理论和教育实

践的一个关注焦点。进入20世纪以来,马丁·布伯、保罗·弗莱雷等人也纷纷阐发了各自的对话思想以及对话的教育意蕴。显而易见,在不同历史时期、不同文化背景的教育发展中,都可以探寻到对话的踪迹。但需要说明的是,对话并非只是一个教育学概念,它还在语言学、社会学、文学、历史学、哲学等方面有着深刻意义。也正因为对话的内涵丰富,当前学界对教育中的对话众说纷纭,却莫衷一是。如果以教育主体是否本体性参与对话作为分类标准,那么教育中的对话可以分为非本体论的对话以及本体论的对话两个层次。

事实上,本体论的对话(Ontological Dialogue)这一概念最早由英国教育哲学家亚历山大·西多尔金(Alexander Sidorkin)于1999年提出,是他率先将本体论的对话与非本体论的对话这两种不同层次的对话做出了明显区分。"在本体论的对话中,人的存在是对话的结果。而在非本体论的对话中,人的存在与对话之间的关系被倒置,对话被视为人之存在的结果和从属,仅被看作一种交流方式"[①]。在教育场域中,所谓非本体论的对话,就是教育者将对话视为一种具体的教学方法和交流方式,其与讲授法、演示法、实验法等方法类似,旨在通过师生与生生之间的对答和言语交流来引导受教育者说出教育者所期待的"标准答案",以此在一种更为活跃的课堂气氛下顺利完成论定性教学内容的灌输。此外,也有不少教育者将对话视为一种获得知识和理解知识的途径。教育者通过对话促进受教育者对现成知识和确定性知识的吸收与理解,但是受教育者对知识理解的正误全然由作为知识裁定者的教育者来判断。由此可见,在非本体论的对话中,对话只是为教学服务的一种"衍生品",它是教育主体的结果和从属。特别是对于受教育者的对话而言,他们的"话语权"随时都可能被教育者"撤回"或"终止"。而本体论的对话将对话视为教育的本质,视为人存在的本质。换言之,教育就是对话,人的存在方式也是对话。这种对话精神和对话思维渗透在教育教学的全过程,教育主体不仅通过对话来积累知识,而且还要通过对话来探寻意义、检验真理、构建主体并获得解放,教育主体就是一种对话式的存在,并且所有教育主体的"话语权"不会因为任何他者而被肆意"撤回"或是"终止",人只要存在就一直处于对话之中。

---

① Sidorkin A M. Labor of learning: Market and the next generation of education reform [M]. Rotterdam, the Netherlands: Sense Publishers, 1999: 7.

二、对话教育的两个层次：非本体论与本体论

基于教育中两种不同层次的对话，相应地，对话教育也可被分为非本体论的对话教育以及本体论的对话教育两个层次。

1. 非本体论的对话教育

非本体论的对话教育是一种将对话视为教学手段或策略，以此高效率地为受教育者讲授预先规定的论定性的教育内容的教育活动。从教育目标上来看，非本体论的对话教育的教育目标以及细化到每一节课的教学目标通常情况下都是由各级教育行政部门、学校或教育者提前为受教育者设定的，而并非由受教育者本人决定。更进一步而言，其教育目标就是让受教育者掌握与教育者对规定性的教育内容的同质化理解，且受教育者与教育者对同一教育内容理解的一致性越高，则说明教学效果越好。久而久之，受教育者不再吐露自己内心真实的声音，而是陈述一些可以取悦教育者或符合标准答案的理解，受教育者的真实想法因此被压抑，继而被训练成与教育者有着同样思想的"学习机器"。从具体的教育内容上来看，非本体论的对话教育在多数情况下以为受教育者传输既定的、现成的、标准化的学科知识和专业技能为主，并试图通过对话引导受教育者说出或写出与标准答案完全吻合的答案，以此提高受教育者的学习效率和考试分数。从教育过程与教育结果上来看，非本体论的对话教育更加关注受教育者学习的学业成就和实际产出，而常常忽视受教育者在学习过程中的真实感受及其所处的生活世界。在这样类型的"对话教育"中，受教育者充其量只是被动地积累了一些确定性的现成知识，却无法对教育者所教授的知识进行质疑和检验，遑论在对话中构建主体，实现自由而全面地发展。

2. 本体论的对话教育

本体论的对话教育，就是一种教育主体在对话中本体性参与教育活动的教育形式。其不仅将作为教育主体的"人"视为一种对话式的存在，也将教育的本质视为"对话"。也就是说，在其看来，人的本质在于对话，教育的本质也在于对话。在此要特别强调的是，教育中的人，无论是教育者还是受教育者都可以被视为教育中的主体，只不过受教育者的主体性常被一些非对话性的教育活动所肢解，因而受教育者常被异化为客体。基于此，本书将对话教育中的学生称之为学习者而非受教育者。之所以使用学习者这一概念，而非受教育者，是想强调学习

者在教育活动中的主体性，学习者是一个主动学习的主体，而不是一个被动、被教育的客体。本体论的对话教育中的教育者更多的是承担一种助学者的角色，其主要的教育责任在于帮助、促进、引导学习者在实现一定教育目标的前提下，基于学习者自身的学习兴趣进行学习，并为学习者的学习创设一个良好的学习环境。在非本体论的对话教育中，教育者与受教育者常常围绕单一的、具体的、提前预设好且有已知标准答案的问题展开对话。而在本体论的对话教育中，教育者和学习者基于学习者的学习需要，将一个充满内部张力的"问题域"作为对话的内容，这个"问题域"内部潜在地包含了很多可以随时动态生成的新问题，而关于这个"问题域"的答案是未知的、是未论定的。在对"问题域"进行讨论时，学习者可以在对话的过程中，基于自身的经验和学习兴趣，动态地、自发地提出各种各样的新问题，而教育者将与学习者一道去探寻学习者所感兴趣的问题。然而，这些来自学习者在教育过程中动态生成、自然涌现的学习问题，在非本体论的对话教育中，极可能被教育者视为一种偏离课堂主题的行为，而遭到忽视甚至是无情地扼杀。为此，在传统的"对话教育"中，教育者常常压抑甚至否定受教育者在学习过程和对话过程中的"灵光乍现"，并对对话的内容和对话的节奏施行严格的控制。与此不同的是，本体论的对话教育，更加强调学习者自由、积极、主动、平等的主体性参与，并且这种主体性参与是学习者作为主体的基本权利，而非来自教育者的"授权"，更不应该被教育者肆意"撤回"或"终止"。

三、不同层次对话教育的辨析：实践哲学的视角

上述的分析只是大体上从两个不同的层次考察对话教育这一实践活动，若想进一步深入把握这两个不同层次的对话教育之间的异趣，很有必要借鉴亚里士多德有关实践哲学的思想理论。亚里士多德从哲学层面将活动形式划分为"理论"（Theoria）、"制作"（Poiesis）与"实践"（Praxis）三种类型。

1. 三种不同类型的认识活动："理论""制作"与"实践"

在亚里士多德看来，"理论"是一种以自然世界为对象，以求知为鹄的认识活动。"理论"因对必然性和普遍性之真理的执着追求，与永恒的神性具有颇多相似之处，因而带有强烈的神学色彩。而这种认识活动又因其与现实中的实际行动和现实需要互相脱离，所以它最终演绎为了一种"沉思"的思想活动。

与"理论"这种认识活动相对应的是一种现实活动，也是亚里士多德所论的

实际行动。亚里士多德曾在《尼各马可伦理学》中将这种实际行动又具体划分为"制作"和"实践"两个类别。就"制作"而言，如果从狭义上来看，它是一种与人工制品相关的生产性活动，如造船、建筑、医学和农业等；而如果从广义上来看，它还包括修辞、舞蹈、戏剧、音乐等其他方面的行为活动。但是无论是何种生产活动，"制作"所涉及的是一种人与客体（物体）的相互关系。

而作为实际行动的另外一种类型，"实践"更加关注人与人（主体）之间的相互关系。因此，亚里士多德曾明确指出且多次强调，"制作不同于实践"，"实践不是一种制作，制作也不是一种实践"[①]。

2. 三种不同类型认识活动的理性逻辑："智慧""技艺"与"明智"

亚里士多德进一步指出，上述三种不同形式的活动是在不同"逻格斯"（Logos）的指引下展开，而这里的逻格斯也可被称为理性。具体而言，"理论"主张以"智慧"为理性依据，以把握事物的普遍性和必然性规律为出发点，以认识本原为归宿。亚里士多德坚信，"智慧必定是努斯（Nous）与科学的结合"[②]。换言之，也就是以具有神性的"努斯"（心智）为出发点，用科学的论证过程得出最终的认识结论。"实践"强调以"明智"（实践智慧）为理性遵循，它不关注普遍性的事物及其认识规律，而是强调与人相关的个体的、可变的德性行动。"明智是一种同人的善相关的、合乎逻格斯的、求真的实践品质"[③]。求真求善就是一种"明智"，所以"实践"是一种与"善"相关，而与"技术"无关的道德活动。"制作"侧重以"技艺"为理性指导，进一步而言，"技艺是一种与制作相关的、包含着真实的逻格斯的品质"[④]。它更多的是一种基于技术理性的无涉道德的行为，主要是处理人与自然之物的关系。

如果从行为的目的上来考察这三种类型的活动方式，"理论"是以纯粹的求知为目的，除此之外，"并无任何实用的目的"。"实践"的目的"就在于实践本身"，就在于"善"。而"制作"的目的不在于本身，而在"制作"之外。为了制作出好的产品，"制作"必须为其他外物所奴役，所以它在本质上是一种人附属于物的非

---

① 亚里士多德. 尼各马可伦理学［M］. 廖申白，译注. 北京：商务印书馆，2017：186-187.
② 亚里士多德. 尼各马可伦理学［M］. 廖申白，译注. 北京：商务印书馆，2017：191.
③ 亚里士多德. 尼各马可伦理学［M］. 廖申白，译注. 北京：商务印书馆，2017：189.
④ 亚里士多德. 尼各马可伦理学［M］. 廖申白，译注. 北京：商务印书馆，2017：187.

自由的活动。简言之,"制作"的"目的在自身之外"而非在"自身之中"。

3. 本体论的对话教育是一种"实践"

对话教育作为一种有着强烈现实关照的活动,完全不同于亚里士多德所论的那种充满神学色彩且无需联系现实的"理论"沉思,但是亚里士多德有关"制作"与"实践"的绝妙分析,为我们更好地理解两种不同层次的对话教育提供了强劲的思想资源。其实,如果对非本体论的对话教育进行重新考察,就会发现它正如亚里士多德所论的"制作",其对话的目的在对话之外。进一步来说,非本体论的"对话教育"是一种工具理性和技术取向的活动,其更加强调人与知识(客体)之间的关系,且常被对话之外的其他目的所钳制,对话只不过是实现其他目的的工具和手段,而非目的。在非本体论的对话教育之中,学习更像是一种仅追求知识积累的机械化"过程",学习的质量完全由学习"过程"之外的标准所衡量。此外,学习者的知识世界与生活世界是完全分离的,并且学习者的教育生活被视为现实生活的准备工作,学习者的教育生活自身丧失了本真价值。

而在本体论的对话教育中,学习者的教育就是生活本身,而非为生活所做的准备,就像杜威所指出的那样,"教育即生活"。显而易见,不同于非本体论的对话教育,本体论的对话教育与亚里士多德提出的"实践"这一范畴更为接近。在这种对话教育之中,对话的目的就是对话本身,其更加强调人与人(主体)的关系,也更为关注教育场域中人之自由、平等的对话交往。通过在教育活动的全过程中渗透各式各样的对话形式,来澄明教育的对话本质,并与此同时揭示人的对话本质。

四、对话教育的内涵界定

很显然,如果以巴赫金对话理论作为思想资源的话,那么此处所论的对话教育就是一种本体论的对话教育,这也是本章节,尤其是后文所要重点论述的对话教育的类型。前文主要是基于与非本体论的对话教育的比较分析,对本体论的对话教育做出了一个描述性的界定。接下来,本书试图为本体论的对话教育做一个更加明确的阐释:对话教育是一种多元教育主体通过对话来促进学习者积极主动探寻意义、检验真理、构建主体和实现解放的教育理念或话语实践。

首先,从形式上看,对话教育是一种通过"对话"来实现教育目标的教育活动。这里的"对话"不能完全等同于狭隘的对话教学法,后者只是前者在教学方法的具体应用。其实,对话教育中的"对话"不仅是一种对话的教育理念和教育哲学，而且还是教育以及教育主体的内在本质，它是一种贯穿于教育活动全过程的"全面对话"。按照巴赫金的理解，对话教育包含"微型对话"与"大型对话"两种形式：既包括话语层面的"双声语"，又意指一种对话关系、对话意识和对话立场。两种不同形式的"对话"在教育场域中"众声喧哗"，协同推进教育活动的有序展开与教育目标的顺利实现。

其次，从主体上看，对话教育中存在着多元主体。巴赫金强调，"一切都是手段，对话才是目的。单一的声音，什么也结束不了，什么也解决不了。两个声音才是生命的最低条件，生存的最低条件"①。由此可见，教育中的对话至少需要两个不同声音的参与，至少发生在两个不同的意识之间。学习者绝不应该被视为储存知识的容器，而应被看作是知识的构建者甚至是知识的创造者。只有从根本上破除学习者的客体形象，才能实现学习者主体形象的复归，进而基于学习者的独特价值和独立意识开展教育活动。此外，巴赫金的对话理论极大地拓展了审视教育主体的视野。事实上，除了教育者和学习者，作品的"作者与主人公"也可视为有着独立意识的主体，自然也就可以看作是一个个潜在的对话主体。

最后，从目的上看，对话教育不只是为了向学习者传授现成的、确定性的、自明的知识，更重要的是为学习者积极、主动地去探寻意义和检验真理创造一个安全的学习环境，并在此过程中促进学习者的主体构建和自我解放。就探寻意义而言，意义的探寻离不开两个独立意识之间的民主对话和平等参与。对话教育尤为强调学习者的主体意识以及教育者自我意识的开放性和包容性。而这一内在要求与巴赫金对复调小说中"作者"的要求是一致的，"作者"不再是"主人公"唯一的创造者，"主人公"也不再是"作者"的附庸，而是一个有自我意识的主体。但无论是复调小说中"作者"对"主人公"自我的意识的肯定，还是对话教育中教育者对学习者意识的肯定，"并不是否定自己和自己的意识，而是极大地扩展、深化和改造自己的意识（当然是在特定的方向上），以便使它能包容具有同等价值的他人意识"②。只有教育者的自我意识真正地向学习者的意识敞开，真

---

① 巴赫金. 陀思妥耶夫斯基诗学问题［M］//巴赫金全集（第五卷）. 白春仁，顾亚铃，译. 石家庄：河北教育出版社，2009：335.
② 巴赫金. 陀思妥耶夫斯基诗学问题［M］//巴赫金全集（第五卷）. 白春仁，顾亚铃，译. 石家庄：河北教育出版社，2009：89.

正地承认并肯定学习者自我意识的独立性及其内在价值，对意义的探寻才有可能，否则教育又将再次沦为对既定知识的灌输。而在检验真理方面，巴赫金曾指出"真理不是中庸之道，也非正题与反题之间的折衷，而是在它们之外，超出它们，既是对正题，也是对反题的同样否定，这也是一种辩证的综合"[①]。由此可见，对话教育并非对教育场域中的"真理"在正题与反题方面的调和，而是以一种对话的立场综合不同教育主体对"真理"的辩证见解，在不同的声音的对话中，在"真理"之外对"真理"进行检验。而自我主体的构建虽以他者作为现实基础，但也势必需要自我的主体性参与。"对于巴赫金来说，对话理论首先是而且始终是一种哲学理论，是关于人的主体建构的哲学理论，巴赫金关注的是人如何在认识自我和他人的过程中建构自己的主体，他认为主体建构只能在自我和他人的对话交际中实现"[②]。所以，对话教育中的对话是一种根植于自我与他者的交际之中、为了构建自身主体的对话。就自我解放而言，巴赫金对话理论中的"狂欢"带有强烈的解放色彩，巴赫金试图通过"狂欢"将处于压抑之中甚至是压迫之下的民众从严肃的制度生活中解放出来。同理，对话教育中也内蕴着这样的"狂欢"意蕴，也将教育主体的自我解放作为教育目标的一个重要方面。

第三节 对话教育基本规定性的重新认识

如前所述，对话教育分为非本体论的对话教育以及本体论的对话教育两个层次。严格来讲，并非所有使用了"对话"的教育就能被称之为对话教育。真正的对话教育，需要满足一定的条件。本节认为非本体论的对话教育中虽然也有对话，但其实质是一种由教育者或其他教育权威的独白意识所主导的一种独白式教育，不能视为真正的对话教育。唯有教育主体本体性参与的对话教育才与巴赫金对话理论相契合，也才能被称得上是真正的对话教育，这也是本书所重点关注和大力倡导的对话教育。与本质内核是"独白"的非本体论的对话教育相比，本体论的对话教育具有以下几个主要特征。

[①] 巴赫金. 马克思主义与语言哲学[M]//巴赫金全集（第二卷）. 李辉凡，张捷，等，译. 石家庄：河北教育出版社，2009：423.
[②] 陈太胜. 巴赫金对话理论的人文精神[J]学术交流，2000（1）：108-114.

一、对话教育是一种多主体性教育

从教育主体上来看，对话教育内部有着多极主体。其一，教育者作为学习者学习活动的组织者和促进者，其主体地位不言而喻。其二，学习者作为主动、积极的学习者，其主体地位也不容忽视。其三，教育活动中文本的"作者与主人公"也可以视为潜在的教育主体，除了教育者与学习者以及学习者与学习者之间的对话，教育者与学习者都还可以同作品中的"作者与主人公"进行对话。

1. 作为教育主体的教育者与学习者

在传统教育中，教育者的主体性和主导性贯穿教育活动的始终，而学习者的主体性常常被忽视。没有学习者的主体性参与，所有教育活动全然由教育者一人操控，对话教育势必无法展开。在这样的教育场域中，即便是引入了对话的方法，也只是教育者独白意识框架下的对话，其实质仍旧是一种"装扮成对话的独白"。事实上，"实践活动过程无非是实践主体追求、实现实践目的的过程"[①]。对话教育的过程无非是教育主体追求对话、实现对话的过程。按照巴赫金的理解，对话的前提至少需要两个不同的声音的参与。而这里的声音意指主体发出的一种独立的思想和独特的自我见解。没有无主体的声音，也没有无声音的主体，所以除了将教育者视为主体，学习者作为与教育者积极对话的另外一方，也应视为教育主体。传统的教育主体观，经常将教育者与学习者视为二元对立的存在，如果一方为主体，那么另外一方势必会沦为客体。而在对话教育中，不仅有作为教育者的主体，还有作为学习者的主体，两者都是对话关系中的主体，这也破除了传统教育中单一主体论的弊端。

2. 作为教育主体的"作者与主人公"

通过上述分析，明确了学习者和教育者在对话教育中的主体地位。而巴赫金在构建其对话理论大厦的过程中，对审美活动中的"作者与主人公"所进行的思想阐发，为我们丰富教育主体开拓了新的视野。其实，在对话教育中，还可能存在一个从未被视为主体的主体，即文本的作者与主人公（通常而言，主人公不止一个，此处仅针对主要主人公而言）。这里所论文本意指教科书、教辅资料、阅读材料等各种教育活动中的文本，除了这些书面的文本，还包括话语形式的文本。

---

① 肖前，等. 实践唯物主义研究［M］北京：中国人民大学出版社，1996：158.

以巴赫金之见，作者与主人公是审美活动中的两个重要参与者，两者之间可能存在三种关系。其一，"作者控制着主人公"。在这种情况下，作者将"完成性"因素注入主人公的内部。作者对主人公的评价与立场，就等同于主人公对自己的评价与立场。主人公完全基于作者的评价来评价自己，作者的所有意识和见解进入主人公内部，并表现在主人公的话语之中。其二，"主人公控制着作者"。这样的关系转变与我们日常对主人公与作者关系的理解有所不同，但是也并非不可能。"主人公指物的情感意志取向，他在世上的认识伦理立场，对作者极具权威性，以致于作者不能不通过主人公的眼睛来看对象世界，不能不仅仅从主人公事件的内部来体验这个事件"①。其三，"主人公本身就是自己的作者"。在这种情形下，主人公好像在扮演着某种角色。"这样的主人公不同于永无完结的浪漫主义主人公，也不同于陀思妥耶夫斯基的未赎罪的主人公，他对自己十分满意，很有把握地来完成自己"②。据此，可以发现其实主人公不是完全被动创造的客体，主人公与作者之间可能有着较为复杂的相互关系。巴赫金在概括完主人公与作者的三种关系类型后指出，主人公与作者一样，同为审美活动的重要参与者，且他们必须"有两个各不相同的意识"才能构成审美事件。巴赫金特别强调，如果作者与主人公的意识完全重合，两者同向而行，无论是联手合力面对敌方，还是共同坚持同一种价值观，那么伦理事件便会出现，并完全取代了原先的审美事件，还会随之出现一系列的控诉性声讨和抨击性言论，又如一些致谢与赞歌之辞，再如辱骂和责备之辞，抑或是自我反省的内心独白；而在不存在主人公，甚至是连潜在的主人公都不存在的时候，就开始出现认识事件，例如一系列的讲稿、文章和论著；而当其中的某一个意识成为了包容所有、无所不知、无所不能的上帝意识时，这便是宗教事件，并伴有相关的祭祀和祈祷等仪式活动发生③。所以，在巴赫金看来，作者与主人公可能具有多层关系。而"复调小说"中的主人公是一个有着与作者不同意识、平等地位、同等价值的"自由人"，他甚至可以反抗作者的意见。基于此，

---

① 巴赫金. 审美活动中的作者与主人公［M］//巴赫金全集（第一卷）. 晓河，等，译. 石家庄：河北教育出版社，2009：114.
② 巴赫金. 审美活动中的作者与主人公［M］//巴赫金全集（第一卷）. 晓河，等，译. 石家庄：河北教育出版社，2009：117.
③ 巴赫金. 审美活动中的作者与主人公［M］//巴赫金全集（第一卷）. 晓河，等，译. 石家庄：河北教育出版社，2009：119.

可以肯定地说，文本中的主人公与作者一样，都可成为教育者与学习者进行对话的主体，而非一个被完全物化的客体形象。

3. "作者与主人公"何以成为教育主体

文本的作者作为一个积极主动的创作主体，被纳为对话教育中的主体毫无争议。但是也许有人会质疑，主人公明明是作者创造出来的，怎么可能是一个拥有独立意识的"自由人"，继而又何以成为我们教育中的另外一个对话主体呢？对此巴赫金这样解释道，"我们确认主人公的自由，是在艺术构思范围内的自由。从这个意义上说，他的自由如同客体性主人公的不自由一样，也是被创造出来的"[①]。巴赫金进一步指出，陀思妥耶夫斯基笔下的主人公不是杜撰出来的产物，事实上这些主人公都是基于某些特定的自身逻辑和特殊的规律性创作出来的，并且这些特定的逻辑和规律在作者进行艺术创作的时候必定会进入作者的创作视野之中，所以作者也无法对此肆意破坏或是视而不见。一旦作者确定了某一主人公的形象以及塑造该主人公的主导成分，那么作者势必将在后续的构思中在某种程度上受到所选定主人公的内在逻辑和特殊规律性的制约，并借助自己的阐释和描绘来呈现这种内在逻辑和特殊的规律性[②]。由此可见，对作者来说，"主人公不是'他'，也不是'我'，而是不折不扣的'你'，也就是他人另一个货真价实的'我'（自在的'你'）"，一个可以与作者进行对话的'你'[③]。作者在以主人公为创作对象时，必须遵循主人公形象自身的逻辑性和特殊规律性，作者不是在"议论"主人公，而是在"议论"主人公的"议论"。巴赫金的这一发现，为我们对教育中的对话主体的重新认识提供了巨大启示。基于巴赫金对作者与主人公这一对审美范畴的阐释，完全有理由将文本的作者及其主人公视为一个有独立意识的"自由人"，并将其纳为对话教育的主体。所以，对话教育的一个重要特征就是教育活动中的主体除了包括教育者和学习者之外，还涵盖文本中的作者与主人公。换言之，对话教育内部并非只存在教育者这么一个单一的主体，而是一个包含多极主体的主体群集。

---

① 巴赫金. 陀思妥耶夫斯基诗学问题［M］//巴赫金全集（第五卷）. 白春仁，顾亚铃，译. 石家庄：河北教育出版社，2009：84.

② 巴赫金. 陀思妥耶夫斯基诗学问题［M］//巴赫金全集（第五卷）. 白春仁，顾亚铃，译. 石家庄：河北教育出版社，2009：84.

③ 巴赫金. 陀思妥耶夫斯基诗学问题［M］//巴赫金全集（第五卷）. 白春仁，顾亚铃，译. 石家庄：河北教育出版社，2009：81.

二、对话教育是一种"外位性"教育

从主体的数量上来看,对话教育内部有着多极教育主体。那么这些不同的教育主体又具有什么相同的属性呢?巴赫金在对审美活动中的作者与主人公进行深入考察时,发现不仅是作者有外位于主人公的"外位性",而且主人公也有外位于作者的"外位性",这一重大发现为发现教育主体的"外位性"提供了重要的思想资源。

1. 教育主体的"外位性"

巴赫金认为"我"由于占据着唯一的、他人无法进入且无法替代的时空位置,其他人都置身于"我"之外,所以"我"具有外位于其他人的"外位性"。而这种"外位性"用巴赫金自己的话来说,就是"我在自身之外看自己",当然这种对自己的关照完全离不开他人[①]。"我"的"外位性"决定了"我"可以以自己独特的姿态看到他人难以看到的东西。同理,他人因其自身的"外位性"可以看到我无法看见的东西,这就是巴赫金所论的"超视"。我的"外位性"给"我"带来了相对于他人的"超视",这也决定了我拥有某些方面的优势和"特殊的能动性","我"可以完成他人无法完成的行为,以此在某些地方充实他人。也正因如此,巴赫金指出,"超视犹如蓓蕾,其中酝酿着形式,从蓓蕾中会绽开花朵,这就是形式。但为使这一蓓蕾真的绽开成为花朵,即其完成作用的形式,必须由我的超视去补足被关照他人的视野,同时又不失去其特殊性"[②]。也就是说,对话教育中的教育者与学习者,文本中的作者与主人公,因其自身的异质性,因其占据着其他人无法进入且无法替代的独特位置,他们也都具有外位于他者的"外位性"。

2. 外位于自我

在传统教育中,教育者常常没有正确意识到自己外位于受教育者以及文本中的作者与主人公的"外位性",也没有充分发挥自身的"外位性"去积极关照其他教育主体的"外位性",更没有在外位于自我后又回归于自我。在这种境遇下,教

[①] 巴赫金. 自我意识与自我评价问题[M]//巴赫金全集(第四卷). 白春仁,晓河,等,译. 石家庄:河北教育出版社,2009:85.

[②] 巴赫金. 审美活动中的作者与主人公[M]//巴赫金全集(第一卷). 晓河,等,译. 石家庄:河北教育出版社,2009:121.

育者常被误解为一个"超视""超知"的存在，他们在教育活动中君临一切，不需要来自学习者和文本中的作者与主人公的"充实"，是一个完全自足的主体，也是唯一的主体。而巴赫金在对话理论中形成的"外位性"思想将很好地破除传统教育中的教育主体的认识偏差。巴赫金为了更形象、具体的阐释个体的"外位性"，以"我"对一个"深感痛苦的人"的观察与感受作为例证。在对痛苦者的痛苦进行关照时，首要因素是"移情"，即体验痛苦之人的痛苦，掌握痛苦之人的"生活视野"，但这一视野并不包括"我"置身于自己时空位置上的观察视野。悲不自胜之人无法看见自己脸上的情凄意切，无法看见因悲痛引起的肌肉痉挛，也无法看见悲痛之下整个躯体的立体姿态，更无法看见"我"眼中构成他之痛苦外形的整个背景，这些因素他至多只能部分的感知。即便是他站立于镜子之前，由于对这些因素缺乏相应的"情感意志立场"，这些因素自然在其意识之中无法占据在关照者意识中所占有的地位。"在移情时，我应该放弃这些外位于他意识的因素所具有的独立意义，把这些因素仅仅用作一种标记，用作移情中的技术手段；它们的外在表现，正是一个途径，我由此得以渗入他的内部，在内部几乎与他融合到一起"①。

3. 外位于自我后回归自我

通过"外在表现"实现信息传递只不过是移情的开始，并非最终目的。"在移情之后必须回归到自我，回到自己的外位于痛苦者的位置上。只有从这一位置出发，移情的材料方能从伦理上、认识上或审美上加以把握；如果不返回到自我，那就只能是体验他人痛苦如自身痛苦的病态现象，是感染上他人的痛苦，仅此而已"②。也唯有外位于自我又回归于自我，才能够在外位于痛苦者之痛苦的基础上，"用外位于他人痛苦意识的整个对象世界的诸因素"对移情材料进行组织、加工和充实，进而充实痛苦者的痛苦感受，以此为痛苦者提供"安慰的话语和帮助的行为"，而非淹没在一种纯粹的"痛苦的呻吟"之中。由此可见，每个人基于自己独特的时空位置，都具备外位于他者的"外位性"，而这种"外位性"是传递信息和完成行为的统一。更进一步来讲，个体的"外位性"具有"调整移

---

① 巴赫金. 审美活动中的作者与主人公［M］//巴赫金全集（第一卷）. 晓河，等，译. 石家庄：河北教育出版社，2009：122.
② 巴赫金. 审美活动中的作者与主人公［M］//巴赫金全集（第一卷）. 晓河，等，译. 石家庄：河北教育出版社，2009：122.

情"和"完成移情"的双重功能。在对话教育中,学习者不再被视为被教育的客体,文本的作者与主人公也不再是被创造的教育材料,无论是教育者、学习者还是文本的作者与主人公,每一位教育主体都具备鲜明的"外位性",他们通过不同层次和不同方式的对话,在各自"外位性"互相融合又彼此独立的过程中,实现着对其他教育主体的"移情",进而以他人之眼看自己,并在对彼此的"外位性"互相承认、互相肯定、互相作用的前提下,又回归自我,以他人的"超视"来"充实"自己。如此看来,教育活动就不再如传统教育那般,教育者将文本的作者与主人公视为教育客体去教育受教育者,而是教育者同学习者还有文本的作者与主人公一道,积极参与各种教育活动,并开展生动的对话。

三、对话教育是一种人文性教育

从教育目的上看,对话教育蕴藏着深厚的人文性。在教育发展的历史长河中,曾出现过很多色彩斑斓的教育目的观。若从价值取向上来看,大致可分为社会本位与个人本位两种类型。长期以来,社会本位的教育目的观大行其道。"由于把教育的目的局限于'社会'这个框架内,并在'社会'这个框架内寻求一个更为狭窄的目的,这种忽视个人发展的教育目的观落实在实践中,便导致了现实教育的极度功利化和受教育者的物化"[①]。而如果对吸收了巴赫金对话理论中人文精神的对话教育进行考察,就会发现与传统教育相比,对话教育的教育目的尤为关注人的发展、人的完善与人的解放,这也充分地体现了对话教育的教育目的所内蕴的强烈的人文色彩。

1. 教育主体的"生成性"形象

从人的形象上来看,对话教育中的"人"是一种"生成性"的形象。其实,对教育中的"人"的理解,即对教育活动中的学习者以及教育者的角色定位,就在某种程度上决定了教育的目的观。不同于传统教育将学习者视为被动的受教育者,将教育者视为完全自足的主体,甚至认为教育者可以直接将现成的知识植入学习者的脑海中。这种对教育主体的落后认识,也直接导致了传统教育的目的异化成教育者为受教育者灌输更多的现成知识。然而,在吸收了巴赫金对话理论的

[①] 岳伟. 促进人的自我实现:一种新的教育目的观[J]. 南京师大学报(社会科学版),2008:79-84.

对话教育看来，教育主体是一个未完成的"时空体"，是一个生成性和对话性的存在。无论是学习者还是教育者，都是一个不断生成、需要与他者不断对话的主体。基于此，对话教育应该以"成人"为旨趣。所谓"成人"就是人的本质力量的自然涌现与全部生成，就是在对话的过程中教育者与学习者，学习者与学习者互相"充实"，彼此"成就"，趋于"完善"，这种对人的生成性形象的理解也进一步彰显了对话教育目的的人文性。

2. 知识的人文属性

从知识观上来看，不同于传统教育更为强调知识的学科价值和应用价值，对话教育较为关注知识的育人价值。随着近代科学技术的发展，"知识就是力量"等论断一度成为指导知识教育的重要理念，这也直接导致了对知识，尤其是对单一的科学知识的实用价值的无度高扬。虽然其在一定历史时期推动了社会经济的发展，但是也演化成了一种"狭智教育"的倾向，批量生产出了一大批精致的利己主义者和身心发展受损的儿童。而对话教育则坚持认为，一般化的标准，特别是学科专业的标准，无法用来衡量知识的价值，真正可以衡量知识价值的乃是学生成长的标准。为此，亟需实现从书本的学科知识为中心到以关注学生发展为中心的重要转变[1]。对话教育中的知识观是对知识学科价值的超越，以图在不确定和未论定的知识的探索中发展学习者的关键能力与核心素养，就像英国科学哲学家卡尔·波普尔（Karl Popper）所言，"通过知识的增长，心灵才能从它的精神束缚，即偏见、偶像和可避免的错误的束缚中解放出来"，以此实现知识育人价值的回归，并通过知识实现人的解放[2]。

3. 教育的过程就是学习者"成人"的过程

从培养过程上来看，在对话教育中，学校生活过程就是学习者成长、成人的过程。在传统教育的过程中，制度性的学校生活将"唯分数、唯升学、唯文凭、唯论文、唯帽子"作为指挥棒，过度地渗透了大量的社会性因素，过于强调教育的社会价值，严重地忽视了学习者的个性化需求，很少为学习者的个性化发展留下足够的自由空间。在对话教育看来，教育的过程不完全等同于学习者社会化的

---

[1] 杨小微. 近二十年我国基础教育课程研究的方法论探析[J]. 教育研究，2000（3）：38-43.
[2] 卡尔·波普尔. 通过知识获得解放[M]. 范景中，李本正，译. 杭州：中国美术学院出版社，1998：179.

过程，而是学习者认识过程与发展过程的统一。在这里，并非要否定教育目的的社会性，而是想强调，唯有一个自由全面发展的人，才能更好地投身于社会的发展与建设之中。教育归根结底是对人的教育，人的发展是教育的首要目标。没有完善的人的发展作为前提条件，满足社会的需要不过是空中楼阁。而对话教育为教育主体自由而全面的发展提供了广阔空间，将"狂欢"精神引入学习者僵化、刻板的学校生活中，让非制度化的狂欢生活成为制度化的教育生活的一种重要补充，以此促进学习者在闲暇的教育时间和五彩缤纷的教育空间中获得个性自由与全面发展，这也是实现教育目的属人性应该有的视界。

四、对话教育是一种开放性教育

从教育内容上看来，对话教育是一种开放性教育。这种开放性主要体现在向多极主体开放，向多维时空开放，以及向多元思维方式开放。

1. 向多极主体开放

在传统教育中，教育内容是封闭性的，基本上由教育者或教育行政部门为学习者"精心"挑选，其他主体很少有机会参与到教育内容的编排中。在设计教育内容时，大多数教育者机械化地照搬课程标准，很少考虑学习者的实际需要。"需要是实践活动的最终动因，实践活动无非是主体需要的'展开'，即需要的对象化和现实化"[①]。从个体需要与个体活动的内在关系中不难看出，"不满足人的需要的活动是非人性的活动"。而对话教育作为一种实践活动，也应该最大限度地满足学习者的学习需要，否则对话教育就会沦为一种"非人性的活动"。为此，对话教育应切实保障学习者作为一个积极的教育主体参与决定教育内容的权利。学习者作为对话教育中的重要主体和主要对象，有权主动选择满足自己兴趣爱好和学习需求的学习内容。当然，并非要完全颠覆教育行政部门以及教育者对教育内容的决定权，也并非企图学习者完全独揽决定教育内容的权利，这样只会从一种极端陷入另一种极端。本书所希冀的是，在对话教育中，教育内容要具有一定的开放性，要向学习者敞开。教育者可基于课程标准和教学目标，为学习者提供"菜单式"的教学内容，让学习者基于自己的需要，与其他学习者一道在对话协商中共同确定合适的教育内容。除了对学习者开放，在对教育内容进行探究

---

① 肖前，等. 实践唯物主义研究［M］北京：中国人民大学出版社，1996：161.

时，还可以向课堂外的其他主体开放，比如可以将那些对某一议题感兴趣的高年级学习者或是相关的行业、企业专家纳为对话主体，共同就某一对话内容发表自己独特的见解，以此深化对教育内容的讨论和理解。

2. 向多维时空开放

传统教育内容的封闭性所带来的一个严重弊端在于，教学活动完全被教室和考试所垄断，学习者既无法逃出制度性、规训化的校园空间，也无法摆脱各类考试考核"倒计时"式的催促，致使学习者失去了个性化发展的自由时空。巴赫金将"时空体"视为一个"充实的整体"，即时间与空间的统一体。他在其论著《长篇小说的时间形式和时空体形式》中指出，"界定时空的一切概念相互间不可分割，而且总要带有感情和价值的色彩"[1]。如果以巴赫金对话理论中对"时空体"的阐释为思想资源考察教育时空，不难发现其实教育时间与教育空间也是互相交织、不可分割的整体，教育空间体现着教育时间，教育时间又在教育空间中流淌。教育时空是教育活动开展的重要前提，学习者所有的教育生活无不都在教育时空中展开。因此，对话教育的教育内容也应该向多维时空开放，超越现有时空的束缚，存在于"长远时间里"。具体而言，对话教育中的教育内容对时空的开放性主要体现在两个方面，一方面是对课堂内时空的开发。在教学时间的安排上，教育者可为学习者"留白"，为其独立思考、自我总结、反馈课堂、发散思维提供自由的时间，以此培养他们的自学能力和创新能力。在教学空间的布置上，教育者可破除传统"秧田式"的座位序列，根据不同教育内容和不同教学方式的需要，灵活安排促进学习者对话交流的座次结构，为学习者的主动学习提供一个弹性的活动空间。另一方面是对课堂外时空的开放，就空间而言，随着教育信息化的大力推进，对话教育的课堂借助信息化手段可与来自不同区域和国家的学校共享优质的教育资源，还可基于同样的教育内容，对同一教育议题进行跨空间的对话，以此实现互联互通，共建共赢。就时间而言，对话教育的内容除了利用好当前的教育资源，还应向过去和未来敞开，既可走近教育遗产中的作者及其主人公，与他们进行教育对话，又可指向未来，基于教育内容，与未来的育人要求进行跨时空对话。"如此一来，就在当代的平面上，汇集起过去、现在和未

---

[1] 巴赫金. 长篇小说的时间形式和时空体形式［M］//巴赫金全集（第三卷）. 白春仁，晓河，译. 石家庄：河北教育出版社，2009：436.

来，并相互争论"①。

3. 向多元思维方式开放

西方哲学中二元对立、非此即彼、"你死我活"的传统思维方式在传统教育中根深蒂固，以这种思维方式去考察教育内容，必定会孵化出很多固定僵死的论断。敏锐的巴赫金正是洞察到这种单一、线性、二元对立的思维方式对于人性的控制与压迫，对人的自由发展和主体建构所产生的严重弊端，他终其一生都穿梭在一系列个体与群体、自我与他者、个别与一般的相互关系中，并致力于解决由这些关系所产生的种种悖论。经过长期的艰辛探索，巴赫金提出了不同存在之间的互为补充、自我与他者的同时共存、主体在对话实践中的创造性构建等重大命题，这些思想成果也是巴赫金对西方传统思想中二元对立式的世界观的最有力回击②。对话教育所极力倡导的正是巴赫金在对话理论中提出的多元思维方式。在对话教育中，教育者与学习者就教育内容进行探究时，教育者鼓励不同学习者对同一议题发表不同见解，肯定每位学习者的独特性应答，包容不同的思考角度，主张多种声音的和谐统一。此外，在对话教育中，教育者扬弃一切确定的、绝对的论断，不再迷信唯一的真理，而是打破传统思维的禁锢，拥抱相对性和不确定性。这种强调开放性和不确定性的多元化的思维方式，"对于程式化、教条化的思维方式，是一服十分有益的清热解毒剂"③。

五、对话教育是一种"复调性"教育

从师生交往上来看，对话教育有着鲜明的"复调性"。巴赫金创造性地将"复调"这一音乐术语用来分析陀思妥耶夫斯基的创作，他认为陀思妥耶夫斯基的小说是一种"多声部"的小说，是一种"全面对话"的小说，其最大的特色就是"有着众多的各自独立而不相融合的声音和意识，由具有充分价值的不同声音组成真正的复调"④。而对话教育中的教育者与学习者在进行交往时，无不洋溢着各自的

---

① 巴赫金. 陀思妥耶夫斯基诗学问题[M]//巴赫金全集（第五卷）. 白春仁，顾亚铃，译. 石家庄：河北教育出版社，2009：116.
② 王坤庆，刘利平. 巴赫金狂欢理论的教育意义探索[J]. 中国教育科学，2016（4）：53-91.
③ 钱中文. 理论是可以长青的——论巴赫金的意义[M]//巴赫金. 巴赫金全集（第一卷）. 晓河，等，译. 石家庄：河北教育出版社，2009：59.
④ 巴赫金. 陀思妥耶夫斯基诗学问题[M]//巴赫金全集（第五卷）. 白春仁，顾亚铃，译. 石家庄：河北教育出版社，2009：4.

异质声音，像复调音乐那般悦耳动听。

1. 学习者声音的"主调性"

在传统教育中，受教育者的声音经常依附于教育者的声音而存在，甚至是没有自己的声音。在"填鸭式"的教育图景中，教育者将现成的知识灌输给受教育者，并引导受教育者像教育者那般思考，受教育者的脑袋成为了教育者思想的"跑马场"，教育目的也因此异化为批量生产有着与教育者一样思想意识的标准化"产品"。而在对话教育中，学习者之于教育者，就如审美活动中的主人公之于作者。陀思妥耶夫斯基笔下的主人公"在思想上自成权威"，是一个"有充分、完整的思想观念的创造者"，而不是一个被不断雕塑的客体形象。主人公的这种主体形象为学习者的主体性复归提供了丰厚的学术资源。如果按照巴赫金的理解，每位学习者都有其"个性"，即"有着自己独特的内在的自由，有着不受外界制约的完全的独立性"[①]。这种所谓的"个性"，也成为了学习者意识摆脱教育者意识控制，继而成为一个相对独立性存在的重要前提。学习者因其独特的"个性"，而发出属于自己的独立声音，在其思想意识上，演奏出一支属于自己的"主调音乐"，而不再沦为教育者的"伴奏"。学习者在学习活动中的主动发声极为重要，因为教育是因学习者的需要而存在的，离开学习者声音的教育势必沦为无源之水、无本之木。为此，必须要为学习者勇于发声、乐于发声创造条件，继而确保学习者的声音在教育空间的上方余音绕梁、不绝于耳。

2. 教育者与学习者的"众声喧哗"

在对话教育中，学习者不仅存有属于自己的独立意识，可以发出自己的声音，而且这种声音与教育者的声音可以"平起平坐"，具有同等的内在价值。就像巴赫金所指出的那样，"主人公对自己、对世界的议论，同一般的作者议论，具有同样的分量和价值"[②]。所以，对话教育中的教育者绝不能将自己声音的价值凌驾于学习者声音的价值之上，也不能以自己的声音吞没学习者的声音，应充分肯定并尊重每一位学习者所发出声音的独特性及其内在价值。唯有如此，对话教育中的学习者，才不再是"无声的奴隶"，而是"自由的人"，他们可以与教育者"并肩

---

① 巴赫金. 陀思妥耶夫斯基诗学问题［M］//巴赫金全集（第五卷）. 白春仁，顾亚铃，译. 石家庄：河北教育出版社，2009：12.

② 巴赫金. 陀思妥耶夫斯基诗学问题［M］//巴赫金全集（第五卷）. 白春仁，顾亚铃，译. 石家庄：河北教育出版社，2009：5.

而立",可以不同意教育者的声音,甚至还能以自己的声音去反抗教育者的声音。由此可见,不同于传统教育中教育者的话语霸权和学习者的集体"失声",对话教育所营造的是一个全新的世界,"即众多各自平等的主体的世界,而非客体构成的世界"①。面对这个新世界,应采取一种新的态度和新的立场,即一种对话的、平等的态度与立场。所以,这里所论"复调性"并不是各自声音的简单集合,而且不同声音之间的彼此承认、互相肯定、互为充实。更进一步来说,无论是教育者,还是学习者,他们都可以发出自己的声音,并用"不同的声音各自不同地唱着同一个题目",在色彩斑斓的学习活动中形成一个个"众声喧哗"的和谐场面。

3. 教育者声音的干预性

通过上述分析,不难发现学习者在对话教育中可以发出独立的声音,但是学习者声音的独立性究竟能达到何种程度呢?学习者声音的独立性是不是就要否定教育者声音的积极性?巴赫金对主人公独立性的阐释解开了这一疑惑。在巴赫金看来,主人公声音的独立性和自由性绝不该过度膨胀,甚至是到达完全不受作者限制与约束的地步。虽然主人公有其自身逻辑、规律与"个性",但是也无力全然摆脱作者的诸多干预。特别要强调的是,决不能将作者降格至和主人公同一水平。同样地,在对话教育中,除了人格和尊严上的平等,与学习者相比,教育者在认知能力和教育智慧等方面的确比学习者多一些优势,因此不能完全否定教育者的积极性。正如后现代课程观的倡导者小威廉姆·多尔(William Doll)所论,教育者更多地承担着"情景的领导者"这一角色,他们要积极地为学习者的主动学习创设适宜的教学情景,所以教育者在教学活动中的声音对于学习者的声音或多或少有一定的干预性,而这一干预性主要有两方面的来源基础。其一,教育者有着外位于学习者的"超知"。教育者作为学习者教育活动的组织者和促进者,有着更加广博的知识、更加成熟的经验和更加丰富的阅历,他们"超知"的这部分内容势必在学习者的学习活动中影响学习者的声音。其二,教育者作为学习活动中的合法性"权威",当学习者的声音过于"天马行空",完全脱离了教学内容时,教育者有权对学习者的声音进行适当干预,将学习者的声音拉回至更有教育意义的命题的讨论之中。

---

① 巴赫金. 陀思妥耶夫斯基诗学问题[M]//巴赫金全集(第五卷). 白春仁,顾亚铃,译. 石家庄:河北教育出版社,2009:6.

六、对话教育是一种"狂欢性"教育

从教育氛围上来看,对话教育体现着深刻的"狂欢"意蕴。"狂欢"是巴赫金对话理论中的一个核心概念,也是"对话"的世俗化取向。对话教育的"狂欢"属性主要体现在脱离中心权威、脱离等级制和脱离常规三个方面。

1. 脱离中心权威

脱离中心权威是对话教育"狂欢"属性的第一个具体范畴。巴赫金在系统阐释他关于"狂欢"的见解时,指出"狂欢节上主要的仪式,是笑谑地给狂欢国王加冕和随后的脱冕",这一仪式也被巴赫金视为"狂欢式的世界感受的核心所在"[①]。其实,给国王脱冕,本身就是一种消除最高权力、脱离中心权威的姿态。在狂欢世界中,任何人都可以给国王脱冕,任何人也都可以为自己加冕,在这里没有唯一的、确定的国王。换言之,在狂欢生活中,没有绝对的、统一的中心权威。但在传统的教育中,"教师中心""课堂中心"和"课本中心"长期指引着教育实践,学习者被此消彼长的中心权威所控制,因而沦为被改造的客体。而在对话教育中,"旧三中心"的教育理念被扬弃,学习者也从牢固的客体位置上被解救出来。课堂成为了学习者对话的欢快场域,教育者以及课本中的作者与主人公都成为了学习者的对话对象,学习者在一个没有绝对权威、没有统一性和标准化的学习环境中,独立思考,快乐学习,尽情对话。

2. 脱离等级制

脱离等级制是对话教育"狂欢"属性的第二个具体范畴。巴赫金在对狂欢生活与非狂欢生活进行区分时,指出"决定着普通的即非狂欢生活的规矩和秩序的那些法令、禁令和限制,在狂欢节一段时间里被取消了"[②]。在巴赫金看来,"等级制"所造成的不平等,让民众长期被迫生存在"畏惧、恭敬、仰慕、礼貌"等形态之中,在人与人之间建筑起一座牢固的隔阂之墙。传统教育就和巴赫金笔下的非狂欢生活如出一辙,各式各样不平等的等级制度,让受教育者与教育者之间

---

① 巴赫金. 陀思妥耶夫斯基诗学问题[M]//巴赫金全集(第五卷). 白春仁,顾亚铃,译. 石家庄:河北教育出版社,2009:160.
② 巴赫金. 陀思妥耶夫斯基诗学问题[M]//巴赫金全集(第五卷). 白春仁,顾亚铃,译. 石家庄:河北教育出版社,2009:158.

出现了不可逾越的鸿沟。而在对话教育中，所有不平等的等级制度都被取消，阻隔学习者与教育者之间亲昵交往的距离也不复存在，那些为"等级世界观"所禁锢的东西也都被全然抛弃。在这种"狂欢的世界感受"之下，学习者敢于也乐于同教育者发生"随便而亲昵的接触"，而正是这种"自由随便的姿态"，才决定了学习者在教育活动中有"坦率的语言"，而不是在"畏惧"和"恭敬"下发表一些"言不由衷"的议论。没有等级制的束缚，学习者本质的潜在方面也更容易表现出来，教育者也才能根据学习者真实的、感性的外在表现，来调适后续的各项学习活动，以此促进学习者的深度学习和个性的自由发展。

3. 脱离常规

脱离常规是对话教育"狂欢"属性的第三个具体范畴。诚如巴赫金在《陀思妥耶夫斯基诗学问题》中所言，"而狂欢式的生活，是脱离了常轨的生活，在某种程度上是'翻了个的生活'，是'反面的生活'"①。狂欢生活力图破除的正是那种完全由"社会等级关系"所支配，深受"阶层、官衔、年龄、财产状况"所束缚的常规生活。这种沉闷、死寂的常规生活，压得普通民众完全喘不过气来。因此，巴赫金试图通过"狂欢"的引入为严苛的常规生活增添一丝丝生机。其实，在传统教育中，这些压抑的等级因素也常常压迫着受教育者，并阻断了受教育者与教育者或与其他受教育者之间的温情交往。而在对话教育中，每位学习者都是狂欢生活的积极参与者，学习者从各种常规的等级地位中被解放出来，学习者与学习者、学习者与教育者之间"形成了一种新型的相互关系"，并"通过具体而感性的形式、半现实半游戏的形式"表现出来②。这是一种可以包容"插科打诨"的相关关系，也是一种"神圣同粗俗，崇高同卑下，伟大同渺小，明智同愚蠢"结成一体的新型关系。学习者与教育者在这种新型关系的对话交往中，脱离了那种"紧蹙眉头"，充满恐惧和教条的常规生活，自由、生动地感受着绚烂多姿的教育生活。

纵观之，巴赫金对话理论为对话教育的重构提供了丰富的理论价值。从教育主体的数量上来看，对话教育是一种多主体性教育；从教育主体之间的相互作用

---

① 巴赫金. 陀思妥耶夫斯基诗学问题［M］//巴赫金全集（第五卷）. 白春仁，顾亚铃，译. 石家庄：河北教育出版社，2009：158.
② 巴赫金. 陀思妥耶夫斯基诗学问题［M］//巴赫金全集（第五卷）. 白春仁，顾亚铃，译. 石家庄：河北教育出版社，2009：159.

上来看，对话教育是一种"外位性"教育；从教育目的上来看，对话教育是一种人文性教育；从教育内容上来看，对话教育是一种开放性教育；从师生交往过程上来看，对话教育是一种"复调性"教育；从教育氛围上来看，对话教育是一种"狂欢性"教育。正是将巴赫金对话理论作为思想资源，才对真正的对话教育有了更加深刻和全面的理解。

第五章

基于巴赫金对话理论的教育实践变革

如前所述，以巴赫金对话理论为思想资源，教育的对话本质得以揭示，我们也对真正的对话教育的本质内涵及其基本规定性有了重新理解，巴赫金对话理论的教育理论价值也因此大放异彩。那么，极具原创性和生命力的巴赫金对话理论，对于教育实践的变革又具有哪些积极的现实意义呢？

第一节　走向开放的对话教育

巴赫金对话理论内容驳杂，但如果综合起来看，无论是复调、狂欢还是"时空体"，这些核心范畴都内在地焕发着一种"开放"的气质。时间与空间互相开放，复调小说中的"作者与主人公"互相开放，官方的严肃生活与狂欢的民间生活互相开放，可以说巴赫金对话理论中所深蕴的开放思想是一种来自不同时空、不同主体、不同文化之间的彼此开放。需要特别指出的是，巴赫金所论的"开放"不是非此即彼的二元对立，也不是要完全替代和吞噬原有的一切，其更多地是强调彼此开放后的多元共生。诚如巴赫金在分析对话小说与传统独白式小说两种不同小说体裁时所指出的那样，"总之，没有一种新的艺术体裁能取消和替代原有的体裁。但同时，每一种意义重大的新体裁一旦出现，都会对整个旧体裁产生影响，因为新体裁不妨说能使旧体裁变得比较自觉，使旧体裁更好地意识到自己的潜力和自己的疆界，也就是说，克服自身的幼稚性"[①]。巴赫金对话理论中的这种"开放"的态度，以及那些还没有被深入挖掘的其他"开放"因素，犹如一座巨大的"精神富矿"，可以极大地拓展我们对对话教育的理解和认识空间，以此在实践中指引我们更好地重启对话教育。

一、澄明对话教育的主体：封闭的个体向多元的他者开放

巴赫金对话理论中的"开放"精神为其系统阐发他的人学思想提供了丰富的学术资源，这也为我们在教育实践中拓展对话教育的多元主体奠定了坚实基础。"巴赫金关于人的思想尽管丰富复杂，但其核心的看法却是清晰而一以贯之的，那就是人在本质上是面向他人、面向世界、面向社会而存在的、开放的主体，离开了他人和由众多他人构成的世界，自我就根本不可能存在"[②]。同样地，对话教

[①] 巴赫金. 陀思妥耶夫斯基诗学问题［M］//巴赫金全集（第五卷）. 白春仁，顾亚铃，译. 石家庄：河北教育出版社，2009：356.

[②] 张开焱. 开放人格——巴赫金［M］. 武汉：长江文艺出版社，2000：45.

育中的个体也是一个离不开他人、始终向多元他者开放的主体。

1. 教育者向学习者开放

教育者与学习者是对话教育中的两个重要主体，他们之间的对话关系也是对话教育顺利开展所不可或缺的重要保障。在传统的对话教育中，教育者也萌发了向受教育者开放并与其建立对话关系的意识，但是由于没有根本动摇"主体哲学"中二元对立的控制取向，师生之间的对话关系仍是一种由教育者主导的、自上而下的"垂直对话"，对话的内容、方式和时长等依旧是在教师的控制之下展开的。即便是在话语方式上日益强调学生的"主体地位"，但是在教育实践的行为方式上，教师仍对其自身的"主导作用"爱不释手。事实上，"问题不在于暂时争得一个所谓的主体地位，而在于从根本上走出主体与客体、主导与从属、中心与边缘、控制者与被控制者、压迫者与被压迫者之间的恶性循环与轮回宿命"[①]。巴赫金对话理论中深蕴的向他者开放的关系哲学，为破除"主体哲学"中的"恶性循环与轮回宿命"提供了思想资源。在真正的对话教育中，教育者对学习者的开放是一种基于"关系哲学"的开放，它是一种彼此依赖、互相平等的"水平对话"关系。

具体而言，教育者对学习者的开放至少涵盖以下几个方面的内容。其一，向学习者开放教学内容的决定权。上课之前，教育者可就某一单元或某一主题的学习为学习者提供"菜单式"的选项，让学习者民主决定他们最感兴趣、最符合他们学习需求的教学内容。例如在"教育研究方法"这门课程的学习中，教育者可为学习者提供一个包含个案研究法、行动研究法、教育叙事研究法、教育民族志研究法、历史研究法、跨文化研究法、扎根理论研究法等众多研究方法的学习清单，学习者还可随时增补清单上没有的研究方法。由于课时有限，学习者不可能学习清单上所有的研究方法。在此境遇下，不应由教师按其自己的主观意志帮学习者决定学习内容，而是应由全体学习者共同民主决定学习内容。唯有基于学习者自己选择的学习内容，学习者才会在学习的过程中表现出积极性，并主动承担学习责任。其二，向学习者开放学习方式、学习时间和学习空间的决定权。同理，为了促进学习者围绕学习内容更好地展开学习，教育者还要为学习者提供适合自学与反思的"洞穴式"学习、适合教师讲授的"篝火

---

① 张华. 对话教学：涵义与价值 [J]. 全球教育展望，2008（6）：7-16.

式"学习、适合同伴交流的"酒吧式"学习[①]等不同的学习方式，以此满足学习者们的不同学习需求。此外，在学习时间与学习空间方面，如讲授的时长、讨论的时长、总结的时长、反馈的时长以及教室的布置、座次的安排，还有室外学习、场馆学习、营地学习等不同场地的学习，都应在学习者们的主体性参与中共同决定。其三，向学习者开放学习结果的评价权。为了全面动态、深入及时地了解学习者的学习效果，很有必要对学习者的学业进行评价。无论是过程性评价、结果性评价，还是表现性评价、增值性评价等评价方式，从根本上来讲，教师采取的评价方式很大程度上决定了学习者的学习动机和学习过程，学习者很有可能为了取得一个满意的分数，而在学习的过程中刻意取悦教师并迎合教师所选定的评价方式，那么学习者的学习过程势必发生异化，进而沾染上功利化的色彩。为此，应让学习者主动参与到评价方式的决策之中，共同民主协商确定促进学习者学习的评价方式，以此粉碎学习的工具化取向，回归学习的真实性和人文性。

2. 学习者向学习者开放

传统的对话教育"所提倡和采用的互动方式主要是师生之间的双边互动，至于学生与学生之间的互动则始终未能受到重视，因而教学中少有或根本没有多向型的互动方式。甚至不少人还将学生与学生之间的互动视为非建设性的消极因素或破坏力量"[②]。而真正的对话教育尤为强调多极教育主体之间的多层次对话，除了教育者与学习者之间的对话，学习者与学习者之间的对话也应受到格外关注。"每个学生自身的独特性都是开展课堂教学对话的宝贵资源，学生之间的交流互动可促其互相取长补短，协同发展"[③]。基于此，为了更好地推进对话教育，要大力倡导并鼓励学习者向学习者的开放。在合作学习理论看来，学习者与学习者之间的对话关系是教学实践中极具潜力的人力资源，也是对话教育取得真正成功的重要法宝。一方面，学习者由于在年龄、学习能力、知识储备、身心发展等方面的情况较为相似，更容易产生亲切感和安全感，这也为其在学习过程中进行畅所欲言、充分表达自我的真实想法扫清了障碍；另一方面，学习者与学习者在彼此

---

① Prakash Nair. Blueprint for Tomorrow: Redesigning Schools for Students-Centered Learning [M]. Cambridge: Harvard Education Press, 2018: 87.
② 王坦. 合作学习——原理与策略 [M]. 北京：学苑出版社，2001：77.
③ 汪旭. 何谓有效的课堂教学对话 [J]. 中国教育学刊，2021（2）：105.

敞开、打开心扉、互相倾听、真诚对话的过程中，学会了彼此欣赏、相互尊重、有效沟通以及合作学习，这些都是促进学习者成长、成人、成才的重要经验。

学习者与学习者互相开放、进行对话主要有以下几种方式。其一，分享式。学习者可以与其他学习者就自己在学习生活中所看到的奇闻逸事、所遇到的疑难杂症、所取得的学习成绩等进行自愿分享，教育者要鼓励其他学习者就某一分享者所提出的上述议题进行积极回应，以此加深学习者之间的友好情谊，并通过不同学习者的生活阅历来丰富所有学习者的教育生活。其二，讨论式。学习者与学习者就课堂教学中的某一研究问题可以开展热烈的讨论，每位学习者由于自身认知能力以及文化背景等方面的差异性，而对同一个研究问题可能存在不同的见解。通过学习者之间的讨论，有益于从多视角、多维度、多层次深化对某一研究问题的讨论，进而通过意见互补更加全面的获得探究结论。其三，辩论式。这是一种相对激烈的对话方式，且此方式更适合那些极具争议性、两极分化的观点和立场。在此情况下，教育者可组织学习者自愿选择不同的持方，然后引导学习者通过小组合作的方式收集资料、寻找支撑自己立场的证据，最后通过辩论的方式来深入了解不同观点的合理性及其弊端，以此更加客观、公正的看待相关的研究议题和结论。其四，问答式。这种对话方式常发生在那些复杂性的研究问题之中。部分学习者可能囿于知识结构、学习能力等方面的原因，对某一研究问题存在较多疑惑。在这样的情形中，教育者可鼓励学习者主动提出自己的疑问和困惑，并鼓励其他可能知道解答方式的学习者进行应答，然后组织学习者就这些问答进行集中讨论与分析，以此促进学习者在合作学习的过程中进行主动探究，进而实现知识的生产者到知识的构建者和知识的创造者的积极转变。

3. 教育者与学习者向"作者与主人公"开放

在传统的对话教育中，教育者与学习者的对话占据绝对的主导地位，学习者与学习者的对话关系常常被排挤至对话的边缘，而将作品中的"作者与主人公"视为一个积极的对话主体的更是凤毛麟角。巴赫金对话理论的绝妙之处在于，其发现了作品中的"作者与主人公"也可以作为一个积极的对话主体，这为创新对话教育的多极对话主体提供了宝贵的思想资源。在巴赫金看来，无论是作品中的作者还是主人公，都"具有深刻的生命力与能动性"。他们都用自己的眼睛来观察这个世界，因而具有唯一的、不可取代的、他人无法进入的独特视界和新的立场，这也使得外位于他们的教育者与学习者与其进行对话成为可能。无论是教育者还是学习者都不能将作品中的"作者与主人公"视为认识的客体,而是将其看作有自己外在表现以及内在认识立场的独立意识和行为主体,不是"谈论"作者和主人公,而是与作者和主人公进行"谈论"。这就启发教育者与学习者在进行文本解读之时,不能完全基于自己的立场和经验去理解,而要将作者与主人公的因素纳入考虑的范围之内,以此规避主观臆断式的片面认识。

就教育者向"作者与主人公"的开放而言,它是一个综合多方"超视超知"、视域融合的过程。教育者作为一个具有专业知识、道德情操和教育理念的行为主体,其在对作品中的"作者与主人公"进行理解时就已生成了"前理解",即马丁·海德格尔（Martin Heidegger）所论的"前有""前见"和"前设"。这既是教育者自身的一种成见和视野,也是教育者与作品中的"作者与主人公"进行对话的重要前提。教育者在看待某一研究议题时,有其自身的独特视界以及这种认识方式所带来的"短视"与"超视"。同样地,作品中的"作者与主人公"也有其观察世界的独特视野和内在逻辑。教育者无法摆脱自身历史因素所造成的成见,这是教育者作为一个独立意识主体的视界,而作品中的"作者与主人公"也有他们的视界,所以教育者不可能无限制地按照自己的成见去理解作品中的"作者与主人公"所描绘的内容,教育者必须向作品中的"作者与主人公"敞开。只有当作为解释者身上的"先见"进入被解释者的视野并与被解释者的内容完全相融,被解释的内容才会产生意义,真正的理解也才有可能会出现,这个过程也就是伽德默尔所论的"视野的融合"[1]。基于这种"视野融合"的立场,作品中的"作者与主人公"所构建的意义世界不再是原来的意义世界。"它新生于两个不同世界的交融时刻——理解,解释者在理解中,不仅重新规定了他的精神世界,也给作品开拓了作品可能造成的意义世界"[2]。由此可见,教育者对作品中的"作者与主人公"的理解,既非一种傲慢自大、完全按自身成见去曲解的过程,又非完全消极、被动地接受文本思想的过程,而是一个基于自身的视界以及作品中"作者与主人公"的视界,在与作品中的"作者与主人公"不断积极对话,形成新理解、创造新意义、生成新思想的过程。

就学习者向作品中的"作者与主人公"的开放而言,它是学习者基于自身的情

---

[1] 殷鼎. 理解的命运［M］. 北京：生活·读书·新知三联书店，1988：262.
[2] 殷鼎. 理解的命运［M］. 北京：生活·读书·新知三联书店，1988：92.

感和体验去构建文本的意义世界的过程。其实,"对话并不是把某种真理、意义、态度等传递给另一方的方式和手段,对话过程本身'揭示'了真理,它使真理'显现'出来,从而通过学生的理解而接受"①。所以,学习者在解读作品中的"作者与主人公"时,不是被动地接受文本所传递的"真理、意义、态度"等,而是将文本中的"作者与主人公"视为一个鲜活的生命个体,视为一个不折不扣的对话主体。在现代解释学看来,文本只不过是一个为人们基于它自身获取新信息、新认识、新体验和新意义的载体,它绝非是作者已有经验的凝结或确定性意向的表达②。基于这种立场,如果将文本视为一种语言的话,那么它不是一个被交谈的客体对象,而更像是一个"你"在交谈,这个"你"就是对话交谈中的另外一个自由的"我"③。

基于此,完全可以肯定地说,作品中的"作者与主人公"不再是一堆僵死的认识材料,而是具有鲜活个性特征的认识主体,是一个活生生的"你",因此学习者和作品中的"作者与主人公"是一种双向交流的对话关系。对于学习者而言,重要的不是"作者与主人公"在世界上是什么,而首先是世界在"作者与主人公"心目中是什么,他在自己心目中是什么④。也就是说,学习者在构建作品中"作者与主人公"的人物形象时,除了基于自己的个性化理解,还要将"作者与主人公"的自身权威因素考虑其中,以此形成一个客观、开放的双向构建过程,进而在对话中加深对作品中的"作者与主人公"的积极理解。

二、丰富对话教育的内容:"以已知而教"向"为未知而学"开放

巴赫金对话理论中所深蕴的多主体、多中心、多视角的开放性思维,对于一向推崇绝对真理和唯一方法的传统的对话教育而言,无疑是一针极具特效的解毒剂。这也将有益于超越传统对话教育中以已知的确定性知识为主要内容的教学实践,而更加关注不同教育主体对未知世界的共同探险。

1. 拒斥绝对真理

真理是人类世界所特有的范畴,动物世界和植物世界不存在真理问题的探

---

① 金生鈜. 理解与教育[M]. 北京:教育科学出版社,1997:134.
② 王岳川. 现象学和解释学文论[M]. 济南:山东教育出版社,1999:236.
③ 高伟. 课程文本:不断扩展着的"隐喻"[J]. 全球教育展望,2002(2):47-51.
④ 巴赫金. 陀思妥耶夫斯基诗学问题[M]//巴赫金全集(第五卷). 白春仁,顾亚铃,译. 石家庄:河北教育出版社,2009:60.

讨，这也内在地反映了真理的属人性。换言之，真理是一种为人的存在，其在一定程度上表现着人的本性。人对真理孜孜不倦的追求源于人类制造了"假理"，人经常被自己制造的各种"假理"所诱导和迷惑，以至于真假难分，所以要去假取真①。人类可以从"假理"中导出真理，而真理经过时空的磨砺也极可能降格为"假理"。传统的对话教育所大力推崇的是一种科学理性、认知本性的真理观，但是随着科学的发展和认知的升级，很多早前被视为绝对真理的论断，后来纷纷"脱冕"沦为"假理"。但是，由于没有走出传统科学理性的思维框架，传统的对话教育依旧坚守绝对真理，并将追求真理的过程简单地物化为一种认知活动，尤为热衷于在教育教学的过程中将所谓的绝对真理灌输给受教育者。在此境遇下，教师和教科书被奉为绝对真理的化身，他们所传递的知识被认为是普适的、正确的、不容置疑的，其结果是对话教育的课堂教学异化为"让儿童毫无批判意识地获得真理性的知识"②。这样的对话教育仅能带来表面的热闹，却无法促进学习者对知识以及自我的建构。而真正的对话教育不仅拒绝绝对真理，而且将追求相对真理的过程视为一种多极主体之间的创造活动，它不是对既定对象的顺应与摹写，而是通过对话的方式，基于主体的主观能动性，努力实现人与对象、人与客观、人与世界的高度统一。

事实上，对绝对真理的扬弃不仅是一种真理观的转变，也是一种知识观和师生观的转变。在相对真理观的审视下，对话教育的内容不再是一堆不容置疑的绝对真理和僵死的确定性知识，学习的过程也不再是受教育者对绝对真理以及确定性知识的复述和再现，而是不同的教育主体通过对话来共同建构知识、检验知识、探索真理、接近真理。"在新的知识观视野中，独一无二、确定无疑的，以'绝对真理'自居的知识被予以'降格'和'脱冕'，而偶然、碰撞、差异、断裂、边缘、局部、他者、弱小等纷纷步入知识的殿堂，并拥有话语权"③。在这种极具包容性和开放性的教学实践中，权威主义的知识观得以消解，封闭性的知识体系得以破除，非确定性的、未知的议题也能成为多极教育主体开展对话的内容和对

---

① 高清海. 突破真理论的传统狭隘视界 [J]. 哲学研究, 1995 (8): 13-18.
② 张金梅. 什么知识最有价值？——当代中国幼儿教育主流知识观的嬗变 [J]. 南京师大学报（社会科学版）, 2002 (3): 75-80.
③ 王坤庆, 刘利平. 巴赫金狂欢理论的教育意义探索 [J]. 中国教育科学, 2016 (4): 53-91.

象，猜测性的假设也能成为议论的中心。每位学习者的关切都可成为对话教育的内容，每位学习者的声音都能被听见、被尊重，并得到其他学习者或教育者的积极回应。此外，真理观的改变，也会促成师生关系的转变。如果对话教育的内容不再是由教育者所垄断的绝对真理，而是一个相对开放、有待检验的不确定性存在，那么学习者才能真正参与到教育内容的讨论之中。教育者与学习者通过一个外位于他者的时空位置，分享自己的"超视"与"超知"，在彼此的相互开放以及民主对话中，粉碎个体对教育内容认识的片面性和自足性，以此对教育内容有一个更加深入、全面的理解。

2. 以学定教

传统对话教育中的对话是一种在教育者独白意识控制下的对话，其教育内容也均由教育者为受教育者提前确定。教育者为受教育者决定"学什么"和"怎么学"，教育者的"教"完全控制了受教育者的"学"，即"以教定学"。这里的"教"既意指教育者，又指代教学目标。很明显，在传统的对话教育中是"教"来决定学生的"学"。而真正的对话教育倡导一种"以学定教"的教育理念，在这种教育范式中，"教离不开学，学的需要性决定教的目的性，学的必要性决定教的必要性，学的可能性决定教的现实性"[①]。简言之，学习者的"学"决定了教育者的"教"。其实，这种"以学定教"的教育思想自古便有，我们既可以从孔子因材施教的教学理念中探寻到其踪迹，又能在陶行知提出的"教的法子必须根据学的法子"等论断中发现其身影[②]。而在为学习者确定教育内容时，这种"以学定教"的思想理念尤为重要，这也是巴赫金对话理论视阈下对话教育实践变革的题中之意和内在要求。

"以学定教"在教育内容上集中体现为：基于学习者的学习需求、根据学习者的学习基础、为了学习者的自由而全面的发展来确定教育内容。更进一步来说，其一，真正的对话教育的教育内容应在最大程度上满足更多学习者的学习兴趣和学习需要。基于一定的教学目标，教育者应为学习者提供尽可能多的"菜单式"的学习内容供学习者选择，让学习者也参与到教学大纲的制定之中。学习者不仅可以从中选取符合自己学习需要的教育内容，还可以在开放性的教学大纲中增补与某个学习主题相关，但是教育者未涉及的学习内容。可是，由于教学时常的限

---

① 李铁安. 让课堂彰显育人的本体功能［J］. 教育研究，2018（10）：85-92.
② 陶行知. 教学合一［M］//方明. 陶行知教育名篇. 北京：教育科学出版社，2005：2.

制，不可能在规定的教学时间内学习所有的学习内容，所以最终还需学习者在民主对话中共同决定教育内容。在此过程中，学习者的主体性参与达到了前所未有的高度，只有满足学习者学习需要的"教"，才能真正激发学习者积极主动的"学"。其二，真正的对话教育的教育内容应根据学习者的学习基础展开。心理学家维果茨基曾提出"最近发展区"（Zone of Proximal Development，ZPD）的概念，也称为"潜在发展区"。依维果茨基之见，学习者有两种发展水平：基于学习者现有心理机能的"实际发展水平"以及在教育者的引导下可以解决问题的"潜在发展水平"。而所谓的"最近发展区"，即位于上述两种发展水平之间的距离。此外，维果茨基还进一步指出，基于学习者"最近发展区"的教学才是"教学最佳期"。维果茨基的这些理论思想为我们帮助学习者选择教育内容提供了科学指引。一方面，如果教育内容过于简单，处于学习者"实际发展水平"之下，那么学习效果就会陷入"教学最低界限"之下；另一方面，如果教育内容过于复杂，超出了学习者的"潜在发展水平"，那么就会超越"教学最高界限"。所以，为了实现最佳的教学效果，对话教育必须基于学习者的"最佳发展区"来确定教育内容。其三，在真正的对话教育中，教育内容要以"五育并举"为导向，促进学习者德智体美劳全面发展。教育内容的聚焦点要从教会学习者"解题"转向引导学习者"解决问题"、从教会学习者"做题"转向引导学习者"做人"、从提升学习者的"成绩"转向促进学习者的"成长"。教育者通过与学习者一道确定适宜的教育内容，并在教育内容的探究中掌握必备知识，形成关键能力，上升为关键学科素养，内化为核心价值，以此通过教育内容的变革来推进育人方式的变革。

3. 共同探索未知的世界

在传统的对话教育中，教育者被视为教育内容的占有者和分发者。不可否认，教育者是组织教育教学活动的重要主体，并且无论是在学习能力、专业能力、知识储备上，还是在身心素质方面上，和学习者比较起来确实有一定的优势。但绝不能仅因如此，就盲目地认为作为"传道、授业、解惑"的教育者是"无所不知"的，他们被迫应该，也必须正确地、及时地回答学习者的所有问题，并对自己的所有教学内容都胸有成竹、烂熟于心，不能对其持有任何疑问，否则他们就是一位"不合格"的教育者。其实，作为教育者，对他们的专业能力及其相关素质的确应该有一定的要求，他们在某些知识的存量上也确实应该比学习者要深厚，但是教育者不是，也不可能是"无所不知"的。特别是在这个知识和信息大爆炸的时代，每天都有很多旧的知识被不断更新甚至是颠覆，也有很多新的知识在不断涌现，教育者所掌握的充其量只是现状下对某些自然规律、社会现象或人生经验的总结，而非绝对真理。所处的环境或是时代发生变化，很多知识的根基可能会发生翻天覆地的变化，一直被奉为"真理"的知识极有可能降格为"谬论"，更何况当前超出教育者知识储备和认知范围的疑难问题不计其数。

巴赫金的对话理论告诉我们，教育者作为参与对话教育的一个重要主体和参与者，他们也应该在对话的过程中感受到意识之间的交锋，收获到来自参与对话的另一个主体（学习者）所提供的新的信息和巨大的惊喜，与学习者一道去探索一些未知的、没有定论的教育内容。所以，在真正的对话教育中，不应该苛求教育者"无所不知"，而是应该允许教育者对于某些"问题"保持"无知"。事实上，也有相关研究表明，对于某些学术问题而言，那些有更多学习经历的"无知者"将为其他"无知者"的成功提供更多、更有效的指导[①]。换言之，教育者在某些学习"问题"上保持一定的"无知"，可以在某种意义上成功地促进学习者的学习，并和学习者一同走进一个充满未知的奇妙世界，进行一场知识的探险之旅。所以，很有必要矫正对教育者和学习者的认识偏见。事实上，教育者不仅是学习者学习过程的促进者，也是"有所知，也有所不知"的"首席学习者"，而学习者也可成为知识的探究者和意义的构建者。面对师生提前都不知道确定结论的教育内容，教育者在学习者心中的权威地位才有可能消解，学习者才有可能发出真正的声音，表达真实的见解。也唯有如此，教育者和学习者才能真正地享受更加平等、自由的对话，教育者与学习者才能在对话中获得灵感和启发，收获意外和惊喜，进而实现真正的、有质量的双向对话。德国著名教育家卡尔·西奥多·雅斯贝尔斯曾深刻地指出："教育活动关注的是，人的潜力如何最大限度地调动起来并加以实现，以及人的内部灵性与可能性如何充分生成，质言之，教育是人的灵魂的教育，而非理智知识和认识的堆集"[②]。这就意味着我们的教育内容不能局限于确定性的理智知识的传授，而是要以非确定性的、未论定性的教育内容为对

---

① Matusov Eugen, Rogoff B. Newcomers and Oldtimers: Educational Philosophy-in-Actions of Parent Volunteers in a Community of Learners School [J]. Anthropology&Education Quarterly, 2002, 33(4): 1-26.
② 雅思贝尔斯. 什么是教育 [M]. 邹进, 译. 北京: 生活·读书·新知三联书店, 1991: 4.

话载体，为师生之间的合作学习、互惠学习、共同成长搭建平台，进而在对话教育中激发师生的潜力、促进师生的灵性与可能性的生成。

三、创新对话教育的形式："微型对话"向"大型对话"开放

传统的对话教育由于对教育本质以及人的本质理解的偏差，造成了教育中的对话主要集中在课堂上，主要发生在师生之间，并且这些对话的时间、方式、内容等全然由教育者决定。而在本体论的对话教育内部，不仅有话语层面的微型对话，还有彰显教育生活中所有对话关系的大型对话，并且两种不同的对话方式互促互融，极大地丰富了对话教育的形式。

1. 以"双声语"重启微型对话

巴赫金复调小说中的语言与独白式的艺术语言完全不一样，前者广泛地使用了各种"双声语"。所谓"双声语"就是话语内部有两种不同的声音在斗争和交替，它既指向言语的内容，又指向言语的发出者，这样的言说方式也被巴赫金称为"微型对话"。传统的对话教育中也充满了各种形式的对话，但是如果按照巴赫金对"双声语"的界定标准加以考察，就会发现传统的对话教育中的大多数对话只包含一种声音，只存在一个意识，那就是教育者的声音和教育者的意识。受教育者虽然也在言说，但是他们的声音常常沦为教育者声音的"和音"或"附庸"，他们要么依附教育者的声音而发声，要么为了取悦教育者而发声，有的时候因为"人微言轻"，受教育者的声音甚至被完全忽视。特别是受教育者们的那些极具想象力和创造力的声音，通常都会被教育者视为课堂教学的"节外生枝"和不应该发生的"插曲"。由此可见，在传统的对话教育中，教育者的声音就像"主调"音乐一样，控制着整个课堂教学的节奏，受教育者什么时候发声、如何发声均由教育者决定。

而在真正的对话教育内部，洋溢着的应该是包含不同声音、体现不同意识的"微型对话"。以巴赫金对"微型对话"的分析为线索，也可将对话教育中的"微型对话"分为两种类型。其一，"自白式"的"微型对话"。在传统的对话教育中，一个人的自白就是独白，而非对话。但在本体论的对话教育中，如果教育中的主体，使用的是巴赫金所论的"自白式"的"双声语"。那么，即便教育主体的陈述从表面上看似是一种自白，其实质是一种包含其他主体声音的对话。因为在巴赫金看来，无论是教育者还是学习者，他们的这种充满应答、冲突或争论的"自白"，

"不是两个完整的独白声音，而是两个分裂的声音（至少有一个是分裂的）。一个声音的公开对语回答另一个声音的隐秘对语"①。虽然是自白，但是这种自白关联着他人的对语。例如，如果教育者的一段很长的自白或是一个全程自白的讲座，是对学习者某个学习问题的解答或是回应，那么这种"自白式"的言说或是讲授也能被视为一种"微型对话"，因为从教育者的这种"自白"中可以折射出学习者的独立声音和自由意识。其二，"对白式"的"微型对话"。在巴赫金的对话理论看来，并非所有的对白都能视为"微型对话"。只有那些可以激起两种不同声音、两个自由意识正面对峙的对白，才能被视为"微型对话"。所以，在本体论的对话教育中，教育者要转变自身作为知识评价者和真理占有者的权威角色，与学习者一道共同探究未论定的知识与真理，并为学习者发出独立的、真实的声音创造一个安全、信任的时空环境。唯有如此，那些互不相同但彼此平等的意识才能在对白中自由涌动，各级教育主体才能通过"包含他人话语的语言"实现真正的对话。

2. 以大型对话重建关系

传统对话教育的焦点主要聚集在话语形式上的"微型对话"之中，而对全面渗透对话关系的"大型对话"关注较少，即便有时也关注对话关系，充其量只是强调师生之间的对话关系。巴赫金的对话理论告诉我们，在"大型对话"中主要包含小说布局结构上的对话关系、生活思想中的对话关系以及作者与主人公的对话关系，这为丰富对话教育的形式注入了新鲜血液。那么，在本体论的对话教育中，该如何顺利推进"大型对话"呢？

首先，理性认识教育结构之中的对话关系。从教育结构的宏观层面来看，教育城乡二元结构失衡一直是全面推动教育公平的桎梏。为此，很有必要从教育管理制度、教育投入制度、教育人事制度、教育质量保障制度、教育行政问责制度等方面，加强城乡教育之间的对话关系，实现优质教育资源的互联互通，以此最大限度发挥城乡教育的各自效能，进而破除城乡教育的二元结构，最终实现城乡教育一体化，让每位学习者都能享受到公平又有质量的教育②。从教育结构的微

---

① 巴赫金. 陀思妥耶夫斯基诗学问题［M］//巴赫金全集（第五卷）. 白春仁，顾亚铃，译. 石家庄：河北教育出版社，2009：341.
② 褚宏启. 城乡教育一体化体系重构与制度创新——中国教育二元结构及其破解［J］. 教育研究，2009：3-10.

观层面来看,在课堂结构方面,要处理好传统课堂与智慧课堂、线上课堂与线下课堂之间的相互关系,通过不同形式课堂的互相补充,为学习者提供更加理想的学习环境和学习体验;在学科专业结构方面,要加强科学知识与人文知识之间的互融互通,加强不同产业、不同行业、不同专业之间的对话,实现专业学科结构与社会和谐发展以及人的全面发展之间的有机耦合。其次,深化不同教育思想之间的对话关系。所谓教育思想,就是在一定历史时期,那些有相同或相似教育观点、教育主张或是教育理想的结合体。教育思想的形成路径主要有"自发"和"自觉"两种,前者"是在社会生活与教育实践中自然形成的,没有共同的组织,没有共同的理论纲领",而后者"往往先由某个或某些教育思想家成立教育研究社团,制定明确的纲领,发表宣言,然后吸引更多的教育思想探索者形成教育思想流派"[1]。无论是通过何种路径形成的教育思想都在一定程度上体现着某些教育发展规律及其发展成果。但是,一旦某种教育思想形成后,就会内在地具有一定的封闭性、独立性和滞后性,可能某些业已形成的教育思想无法满足新时期的时代要求。基于此,不仅要鼓励不同教育思想"百花齐放、百家争鸣",更要鼓励不同教育思想之间的交锋,在开放、包容的对话中为不同的教育思想注入新的生命力和时代性,以此推动教育事业的繁荣发展。最后,拓宽不同教育主体之间的对话关系。传统的对话教育,仅强调在课堂中重构师生之间的对话关系。而在本体论的对话教育中,对话关系不仅存在于师生之间,学习者与学习者之间、教育者和作品中的"作者与主人公"之间、学习者和作品中的"作者与主人公"之间、作品中的"作者与主人公"之间都存在着真实的、平等的、自由的对话关系。此外,对话关系不仅局限于课堂中,其实教育者和学习者与学校外、社区里、社会中的他人都存在着潜在的对话关系,无论是学习者的家长、教育行政人员,还是某个领域或行业的专家学者,抑或是普通民众,都可以成为对话的主体。在这种"大型对话"中,学习者可以全方位地、多层次地接触到不同领域的教育资源,进而为他们的成长、成人、成才提供坚实的基础。

3. 两种对话的辩证统一

在本体论的对话教育中,一方教育主体的话语必然会牵涉到另一对话主体的话语,言说者陈述的对语与倾听者隐秘的内心话语之间有着非常深刻而重要的联

---

[1] 庞学光. 教育思想流派浅说[J]. 教育评论,1991(2):44-45.

系。至此，教育者的声音不再是"完整的和不可怀疑的"，而是"毫无结果的"。教育者声音的绝对权威性和完成性的瓦解，也意味着传统对话教育中"佯装层次"的虚假对话的全面坍塌，这样学习者的声音才可能真正进入到教育者的声音之中，进入到"真实层次"的对话之中，进而激活那些压抑在学习者心底的真实声音，不仅要让这些独特的声音冲口而出，还要鼓励这些声音与教育者的声音正面交锋，奏响民主教育的最强音。教育者与学习者进行交锋的方式主要以微型对话和大型对话两种方式为主，并且两者之间有着高度的辩证统一关系。对话教育中的微型对话是大型对话在语言上的渗透，也是大型对话的重要基础，两种对话形式都是对话原则的集中体现。大型对话是超越语言形式的对话，它内蕴着一种更为广泛的、浸透了教育生活中的一切关系和一切表现形式的对话关系。两种对话形式的交相辉映，使得整个教育浸润在一种全面的对话关系之中。

具体而言，首先，对话教育中的微型对话和大型对话，都是以实现教育对话本质与人的对话本质的复归为旨趣，最终都归结于对话原则。所以，在对话教育的实践中，一定要时刻牢记巴赫金的警戒，"一切都是手段，对话才是目的"。教育生活中的所有课程安排和教学实践，不可能由一个单一的声音推动。因为"单一的声音什么也结束不了，什么也解决不了"，两个声音才是实现教育对话本质和人之生存本质的最低条件。其次，对话教育中的微型对话是大型对话在不同教育结构、教育思想以及教育主体的多重对话关系的组织下对话语层面的内在渗透。城乡二元教育结构之间的平衡，最终还是依赖于制度层面的话语才能得以实现，不同教育思想与流派之间的交锋也是在教育家的话语及其创作的文本话语中上演，多极教育主体之间的对话关系也需以话语为载体才能得以巩固。可见，对话教育中的微型对话其实是大型对话的多重对话关系在话语层面的显现。再次，对话教育中的大型对话以微型对话作为重要基础，没有多层次、多维度、多主体、多声部的微型对话，教育实践就不会彰显出一种超越语言学、走向关系哲学的大型对话。如果对话教育中的对话只停留在话语层面，那将是一种浅层次的对话。唯有通过话语重建主体关系，在关系中重塑主体，才能对对话认识达到一种本体论的高度。最后，对话教育中的微型对话与大型对话分别从微观与宏观两个不同的角度对对话作出界说。大体上来说，微型对话是一种微观化的"小对话"，其涉及两个不同声音和自由意识的冲突，而当这种冲突从话语层面拓展到范围更广的关系层面，由两个声音变为多个声音的"众声喧哗"时，微型对话就一跃成为大型对话。

四、激活对话教育的话语:"外在权威性话语"向"内在说服性话语"开放

外在权威性话语和内在说服性话语是巴赫金在分析人类思想形成过程时所提出的两个范畴,所谓的外在权威性话语就是"专制的话语(宗教的、政治的、道德的语言,父亲、成年人、教师的话语,等等)对人的意识来说不具备内在的说服力",而内在说服性话语"又没有专制的地位,没有任何权威者支撑,常常根本得不到社会的承认(社会舆论、官方科学、评论界)",但是其"能唤起独立的思想和独立的新的话语",还可以"同具有内在说服力的其他话语,紧张地相互重要,相互斗争"[①]。若想真正激活新型对话教育中的话语,需要做到慎用外在权威性话语与巧用内部说服性话语的统一,并促进两种不同的话语方式在教育教学实践中的"众声喧哗"。

1. 慎用外在权威性话语

在巴赫金看来,"一个人思想意识的形成过程,就是有选择地掌握他人的话语的过程"[②]。巴赫金之所以洞察到对他人话语的掌握之于个体思想意识形成所产生的深远影响,是因为巴赫金发现他人的话语绝非只是为我们提供简单的基本信息、日常规范和某些指示,更为重要的是他人话语内在地塑造着我们的行为模式和世界观。通常而言,在我们形塑思想的过程中,主要有外在的专制话语和内在的说服性话语两种形式对我们施加影响[③]。而所谓的外在权威性话语来自各种权威力量与话语的结合,这些权威可能是"专制的宗教定律",也有可能是"公认的科学权威",还可能是"风行一时的权威书籍"。一方面,外在权威性话语为传递人类先进的思想成果、规范学习者的行为方式起到了一定的教化作用。但另外一方面,外在权威性话语本身也潜藏着一定的危害。

在巴赫金看来,当权威力量与话语结合(无论这些权威是否得到学习者的肯

---

① 巴赫金. 长篇小说的话语[M]//巴赫金全集(第三卷). 白春仁,晓河,译. 石家庄:河北教育出版社,2009:126-130.

② 巴赫金. 长篇小说的话语[M]//巴赫金全集(第三卷). 白春仁,晓河,译. 石家庄:河北教育出版社,2009:125.

③ 巴赫金. 长篇小说的话语[M]//巴赫金全集(第三卷). 白春仁,晓河,译. 石家庄:河北教育出版社,2009:126.

定）时，它们会在教育场域中获得特别的强调，因此带有一定的独立性，并与其他话语隔绝。它们先于学习者而存在，"早在过去就已得到承认"。它所使用的是一种尤为特殊的语言，"它像是原始宗教的禁忌，是不准随便叫出的名字"。如果用巴赫金本人的话来说，外在权威性话语的"语义结构稳定而呆滞，因为它是完整结束了的话语，是没有歧解的话语；它的涵义用它的字面已足以表达，这涵义变得凝滞而无发展"①。一旦外在权威性话语超越权威的底线，就会异化为一种强制性的"语言暴政"。但即便如此，外在权威性话语和其他话语形式一样，都是"组织过的语言信息"，其组织过程主要涉及"谁在言说、向谁言说和如何言说"三个方面的内容②。所以，为了有效防止外在权威性话语在对话教育中发生异化，进而演变成"语言暴政"，要在教育场域中慎用外在权威性话语，并从下述三个方面作出努力。

首先，从言说的主体上来看，传统的对话教育中的外在权威性话语的言说主体通常是教育者以及教材等文本的编者。他们作为知识的优先占有者和知识的最终裁定者，以一个"无所不知、无所不能"的权威形象出现在受教育者面前，从其口中说出的话语或是印刷出来的书面文本常被受教育者视为不可辩驳的真理。此外，他们常常以一种非暴力的形式主宰了受教育者的意识形态。教育者和编者的这种崇高形象植入到话语之中，就形成了权威话语，这也是教育场域中的权威语体得以确定的基本逻辑。但权威的实质是一种社会关系，唯有当学习者真正认可教育者或编者时，权威关系才能确立，否则权威就会沦为控制、压迫甚至是奴役。为此，一方面，必须正确、客观地认识教育者和编者等言说主体的权威形象，他们既不是至高无上的绝对真理的"代言人"，也不是知识的分发者和裁决者，而是"平等中的首席"，他们的言说内容是可以基于事实依据进行理性质疑的，他们的话语不是绝对的权威话语，他们的话语内部实则存有巨大的协商与对话的空间。另一方面，外在权威性话语并非教育者和编者的专利或特权，任何教育主体基于自身的专业研究或是深厚积累，都可成为一个权威性的且令人信服的

---

① 巴赫金. 长篇小说的话语 [M] //巴赫金全集（第三卷）. 白春仁，晓河，译. 石家庄：河北教育出版社，2009：127.
② 林佩璇. 《圣经·创世纪》：权威话语的构建 [J]. 福建师范大学学报（哲学社会科学版），2009（3）：92-97.

言说主体。学习者根据自身的学习经验对某些领域或是某个话题所道出的言说，也可在一定程度上被视为权威性话语。

其次，从言说的对象上来看，亟需阻断传统对话教育中外在权威性话语从教育者单向度流向被教育者的单一言说路径，拓展双向甚至多元化的对话格局。"在这种单向的'审问'式教学过程中，学生被置于不利或无权的地位，无法控制'对话'的流向，无法选择话题。未被提问的同学被排除在'对话'之外，而被提问的同学则进入到一个早已开始的对话之中，只能按照教师的要求说出教师想要的答案"[1]。而在巴赫金所认为的对话教育中，无论是教育者还是学习者，甚至是作品中的"作者与主人公"，都可成为言说的主体，也都可成为倾听的主体，并且这是一种双向的甚至是多向的、平等的、民主的自由言说。

最后，从言说的方式上来看，传统的对话教育主要通过实施主体"我"、态度词和指令词来构建外在权威性话语[2]。为此，巴赫金所认为的对话教育应以这三个方面为着力点，逐个击破。其一，在实施主体方面，传统对话教育中的教育者常以单数形式的"我"与受教育者进行对话，例如"谁能告诉我这篇课文主要讲述了什么中心思想？""你这次考试的分数让我很失望！""你为什么总是不听我说的话？"等等。教育者通过单数概念的"我"划清了与受教育者之间的距离，不仅产生了疏离感与隔阂感，而且还建立了教师的权威身份。而在新型对话教育中，可以用表示集体概念的"我们"来替代单数的实施主体"我"，如可以说"谁能告诉我们这篇课文主要讲述了什么中心思想？"，以此让学习者也成为课堂与学习的主人，让回答问题的学生和其他学生都有真实的参与感。这不是教育者的课堂，而是所有学习者的课堂，以此拉近学习者与教育者之间的距离，并促进师生之间更加温情、更加平等的对话。其二，在态度词方面，虽然不否定教育者对受教育者的语言性评价（回答得很好、非常不错等）与肢体性评价（点头、微笑等）的教化功能，但是如果这种态度性的评价一直是教育者的特权，那么课堂将成为外在权威性话语异化的温床。为此，在新型对话教育中，教育者要赋予学习者评价学习者、学习者评价教育者的权利与机会，防止教育者话语霸权的滥用。

---

[1] 高德胜. 生活德育论［M］. 北京：人民教育出版社，2005：248.
[2] 陈春华. 教师"权威"身份在课堂话语中的构建［J］. 宁波教育学院学报，2015（4）：96-98.

其三，在指令词方面，当教育者在布置任务或下达指令时，应该一改此前那些带有强烈服从色彩的强制性、命令式（如必须、严禁、不得等）话语，而使用一些更为委婉、更加温和、更加尊重学习者的话语方式，在基于师生平等尊重的前提下，组织各项教育教学活动。

2. 巧用内在说服性话语

内在说服性话语就是"从内部组织我们的话语"，"它的意义结构是开放而没有完成的；在每一种能促其对话化的新语境中，它总能展示出新的表意潜力"[①]。在其内部，话语没有同任何权威（政权、机关、某个人物）粘连在一起，而是与人们"自己的话语"紧密交融。在巴赫金认为的对话教育中，内在性说服性话语的"内在性"主要体现在三个方面：其一，学习者基于个人心理，不受任何外在权威势力的影响和干扰，完全出于自愿信服教育者或其他教育主体的观点、方法、价值观等；其二，学习者的话语与目标话语实践共同体保持一致；其三，学习者积极主动参与到检验知识、探寻真理的对话之中[②]。在新型对话教育中，可以从下述三个方面来激活内在说服性话语。

其一，从个体层面激活内在说服性话语。在这样形态的内在说服性话语中，内在性主要体现在教育个体之中，即行为体不受任何外在的、权威力量的压迫和控制，完全自愿地被说服。换言之，当某个教育主体积极、主动、自由地接受某个想法、观点、方法、技能、世界观的过程，就是内在说服性话语在教育领域中显现的过程。例如，在英语的学习过程中，对于两个极易混淆的英文单词accident（事故、意外）和incident（事件、事变、插曲）的教学，在传统的对话教育中，教育者一味地强调这两个单词的辨析是考试的重点，要求学生进行反复机械记忆。听写不正确者还会被处以几十遍的罚抄。在这种对话方式下，即便是受教育者最终正确地拼写出两个单词，对其意义和用法也完全没有敏感性。因此，这样的话语完全算不上是内在性说服性话语。而巴赫金认为的内在说服性话语，是教

---

① 巴赫金. 长篇小说的话语［M］//巴赫金全集（第三卷）. 白春仁，晓河，译. 石家庄：河北教育出版社，2009：130.

② Eugene Matusov, Katherine von Duyke.Bakhtin's Notion of the Internally Persuasive Discourse in Education: Internal to what?［C］// Karin Junefelt, Pia Nordin.Proceedings from the Second International Interdisciplinary Conference on Perspectives and Limits of Dialogism in Mikhail Bakhtin. Stockholm: Stockholm University Press, 2010: 174-199.

师从语音、语形、语义、语用等多个角度对两个单词进行辨析,并在真实的、具体的语境中深化学习者对两个单词的理解,在不使用任何外在的权威指令和强制性的体罚等方式的情况下,以一种非暴力的方式获得学习者的真心信服。

其二,从话语层面激活内在说服性话语。在对话教育中,内在说服性话语是为了促进学习者的社会化过程,并帮助学习者积极主动构建一个话语实践共同体。在这个实践共同体中,教育者尊重且重视每一位学习者从内部发出的真实声音,学习者通过独一无二的话语实践,以一个"域外者"的身份自愿融入特定的学习共同体之中,互相信服彼此的话语实践,进而在共同体中获得认可与合法性地位。学习者通过内在说服性话语来发挥学习的积极性与主体性,他们为自己设定学习目标以及完成目标的线路图,以此从学校或教师的权威性话语的规训下获得解放。

其三,以对话的方式激活内在说服性话语。在巴赫金看来,内在说服性话语,"是半自己半他人的话语"①。很多人以历时的角度来理解巴赫金的这一精彩论述,即有些话语原本属于他者,通过"挪用"之后,才变成了自己的话语。我们先部分地使用了他者的现成的话语,才能阐发自己想表达的话语。换言之,我们的话语有一半来自他人的历史话语。其实,还可以从共时的角度来理解这一阐发。在内在说服性话语中,所言说的话语正在部分地被他者的声音所塑造,这也意味着如果完全不考虑他者的话语及其涵义,道出的话语就无法被理解。话语的涵义生成于自我声音与他者声音共有领地的边界。美国著名文学批评家加里·索尔·莫森(Gary Saul Morson)将内在说服性话语定义为一种对话机制,在其看来,"真理必须经过对话性的检验,并且对真理的检验永远处于未完成的状态"②。因为真理具有不确定性和未完成性,所以学习者要在涉及历史、社会、文化等多维度、多领域的对话中,学会用内在说服性话语来处理异见并承担回应的责任。

3. 两种话语互为补充

事实上,无论是外在权威性话语还是内在说服性话语,它们在对话教育中都拥有彼此不可取代的重要功能。大体上而言,如果说巴赫金所论的内在说服性话

---

① 巴赫金. 长篇小说的话语 [M] //巴赫金全集(第三卷). 白春仁,晓河,译. 石家庄:河北教育出版社,2009:129.

② Morson G S. The Process of Ideological Becoming [M] //A F Ball, S W Freedman(Eds.). Bakhtinian Perspectives on Language, Literacy, and Learning. Cambridge: Cambridge University Press, 2004: 319.

语是一种非连续性的、未完成的对话，那么外在权威性话语就是一种带有明显的"讲授"色彩，"指向和谐的、连续发展的陶冶"，后者因具备一定的"单纯性、明了性和统整性"，常被视为规定基本概念、传递基本知识和信息的有效方式[①]。外在权威性话语有助于对某个事物的整个领域有一个囊括性的认识，而内在说服性话语将这种认识的深度、广度和真实度拓展到了另外一个高度，两种不同的话语形式在对话教育中相得益彰，互为补充。

如果从权威的作用机制来看，对话教育中的外在权威性话语就如同一种"利益合约"，在这种合约关系中，教育者通过提供现成的知识和技能培训等来换取学习者对规则的遵从[②]。但要特别注意的是，当教育者在使用外在权威性话语时要尤为谨慎，如果对权威的运用不得当，很容易造成教育风险。例如，如果教育者滥用权威对受教育者实施身体或是心理上的控制与压迫，以此博得假性认同，那么权威就会演变为一种吞噬人性的强制性暴力，对受教育者的身心产生严重危害。此外，对话教育中教师的权威并非一成不变、不可动摇。如果教育者针对一堂课的教学、一个知识点的讲解或是一个陌生领域的探讨出现明显的重大失误，那么教育者的权威很可能会受到学习者的公然质疑。如果这样的教学事故频发，且教育者不能及时正视问题、作出调整、寻找恰当的解决办法，反而一直用"言语暴政"去规训、恐吓受教育者，那么教育者的遵从者和拥护者可能会急剧减少，其话语权威也会因此受到极大的挑战。所以，在对话教育中，教育者要在客观认识自身局限性的同时，充分肯定学习者在某些领域的权威地位，承认在教育教学的实践中随时会伴随着权威的消解和权威的更替，采取一种尊重学生、平视学生、教学相长的积极态度，通过规范倡导行为来推动学习者对某些知识和价值理念的接受，并接受学习者在某些议题上的权威地位，并树立持续改进、终身学习的信念。唯有如此，才可能极大地促进学习者对教师外在权威性话语的内在认同，并积极主动地将教育者提出的主张和规则内化为自我认知和自觉行动。

在内在说服性话语中，没有绝对的外在权威力量，所有的对话方都是互相平等、彼此开放的，所有的说服性都是对某个教育主体、某个话语或是某段对话的

---

① 池野正晴，钟启泉. 走向对话教育——论学校教育中引入"对话"视点的意义［J］. 全球教育展望，2008（1）：3-7.

② 于宏源. 权威演进与"命运共同体"的话语建设［J］. 社会科学. 2017（7）：26-33.

内在认同。但是，内在说服性话语是一种自我与他者话语的交融，其中也内在地包含着其他人的外在权威性话语。粗略地看，外在权威性话语与传统教育中的"讲授"更为接近，而内在说服性话语与"对话"更为契合。但是诚如日本教育哲学家池野正晴所指出的那样，"教育随时随地都处于'对话'与'讲授'这一两极性的张力关系之中。一旦过分强调了'教授'侧面，就会有破坏人性的危险。反之，在以'对话'为基础的诸多场合，也需要依靠'讲授'。这样看来，学校教师需要更明确地考察和把握'对话与讲授的两极构造'的内涵"[①]。其实在对话教育中，外在权威性话语与内在说服性话语也处于这样的张力关系之中，过分强调外在权威性话语势必会使得教师的权威性无限膨胀，进而消解学习者学习的主动性和积极性，而内在说服性话语本身有一半是自己的话语，另一半则是他者的外在权威性话语。所以，教育者在对话教育实践中，要处理好外在权威性话语与内在说服性话语之间的内在联系，防止教育主体之间的话语方式滑落至任何一个极端，以此走向真正的对话教育。

五、营造对话教育的氛围：严肃的制度生活向狂欢的日常生活开放

巴赫金将中世纪的民众生活一分为二：严肃的制度生活与自由的狂欢生活。如果将巴赫金的这种见解引入教育生活，也可以在某种意义上将学校生活一分为二，其中一种是充斥着各种等级分明的教条和规训的严肃压抑的制度生活，另外一种则是在课余闲暇时期和节假日才会偶尔为之的轻松自由的狂欢生活[②]。对话教育的生成需要一定的对话氛围，巴赫金"把狂欢视为改变现有权力结构、打破等级界限、突破规则约束的一条途径，以便创造条件，使对话更易于发生"[③]。巴赫金对话理论中的狂欢因素为沉闷严肃的教育生活带来了不少生机与活力，这也是激发对话的重要条件。

1. 设计狂欢化的教育时间

阻碍传统对话教育顺利开展的一个桎梏在于教育时间的制度化。学校时间对

---

① 池野正晴，钟启泉. 走向对话教育——论学校教育中引入"对话"视点的意义[J]. 全球教育展望，2008（1）：3-7.
② 王坤庆，刘利平. 巴赫金狂欢理论的教育意义探索[J]. 中国教育科学，2016（4）：53-91.
③ 卡罗琳·希尔兹，马克·爱德华兹. 学会对话：校长和教师的行动指南[M]. 文彬，译. 北京：教育科学出版社，2009：145.

教育者，特别是受教育者有一种强制性的规约作用。一旦进入学校场域，受教育者的行为、身体和活动内容均被一张张课程表和作息表所切割。这样制度化的时间安排完全"窒息了学生的想象"，使他们"忘却了去'做'自己或'成为'自己"[①]。严肃生硬的交际环境，非常不利于对话的自然涌现。基于此，教育者作为教学活动的组织者，应从教育时间的狂欢之维，为学习者的自由对话创造有利条件。

一方面，推动学习者主构课堂时间。山东杜郎口中学曾将教学时间从"45+0"调整为"10+35"，即课堂教学不再是教育者45分钟独白式的讲授，而是要求教育者每节课将知识性的讲解控制在10分钟以内，让学习者至少享有35分钟的时间围绕教学内容进行探究与活动，这是实现"把课堂还给学生"的一个有益尝试。在巴赫金所认为的对话教育中，也秉持这种让学习者主构课堂时间的思想理念。但值得强调的是，"以教为主"到"以学为主"的转变并非意味着用"学生中心"去置换"教师中心"，也并非完全否定教育者的作用，这样只会从一个极端走向另一个极端。其真正想要强调的是学习者在课堂时间中的主体作用和主体性参与，当学习者就教学内容进行深入讨论、各抒己见时，教育者要承担一个补构者的角色，即要在教学时间内为学习者补充一些相关的学习资源，组织学习者讨论，为学习者提供必要的评价、反馈和帮助，为学习者的课堂讨论营造出轻松感和安全感，促进学习者的对话向意义层面纵深。

另一方面，助力学习者享受课余时间。课余时间有着一定的自在性，因此与课堂时间较之，前者更容易凸显狂欢的意蕴。巴赫金曾指出，无论是在基础学校还是在高等学府，课余的闲暇时间及其娱乐活动对于中世纪时期讽拟文学的发展，乃至整个中世纪的文学发展都具有不可忽视的重大影响。因为只有在节假日和课余的闲暇时间，严肃封闭的制度生活才会暂时转变成充满诙谐幽默、亲昵接触、狂欢大笑的生活。也只有在这样的课余时间里，学生才有可能从官方特权主导的世界观中解放出来，从严苛的学校秩序以及解答不出来的学校难题中解放出来，获得片刻的放松，并允许自己将这些束缚和秩序变为玩笑戏谑的对象和兴味十足的降格游戏[②]。可见，课余时间中的学习者与中世纪身处狂欢节中的普通民

---

① 伊万·伊利奇. 非学校化社会 [M]. 吴康宁, 译. 台北：桂冠图书公司, 1994：46.
② 巴赫金. 拉伯雷的创作与中世纪和文艺复兴时期的民间文化 [M]//巴赫金全集（第六卷）. 李兆林, 夏忠宪, 等, 译. 石家庄：河北教育出版社, 2009：95.

众一样，都可以暂时从制度化、等级化的禁锢中解脱出来，获得片刻的自由。就像"酒桶如果不偶尔开个孔，让空气进去，就会胀破。我们大家就像钉得不好的酒桶，会因为智慧的酒而胀破……为使酒不至于坏掉，必须给它通通气"①。法国自然主义教育的奠基人卢梭对于教育时间也曾有过类似的精辟见解："不仅不应当争取时间，还必须把时间白白地放过去"②。而在这些白白放过去的时间中，学习者可以道出平日里不敢说出的话，自由地嬉戏与欢笑，其独特的个性和鲜活的生命存在在这里得到尽情释放。

2. 打造狂欢化的教育空间

在对话教育中，除了时间向度，空间也是影响对话氛围的重要因素。美国文化地理学家菲利普·韦格纳（Philip Wegner）曾鲜明指出，"空间本身既是一种'产物'，是不同范围的社会进程与人类干预形成的"，同时它"又是一种'力量'，它要反过来影响、指引和限定人类在世界上的行为与方式的各种可能性"③。由此可见，空间具有一种再生产性。而关于空间生产议题的探讨，首屈一指的当属法国"日常生活批判理论之父"亨利·列斐伏尔（Henri Lefebvre）在其著作《空间的生产》中的真知灼见，他将空间分为"感知空间"（the perceived space）、"构想空间"（the conceived space）和"生活空间"（the lived space）。借助列斐伏尔对空间的划分，可以尝试从下述三个层面来打造狂欢化的教育空间，以此营造出有利于对话教育生成的对话氛围。

其一，畅通"感知空间"。所谓"感知空间"就是可感的物理空间，可以通过一些仪器设备对这种空间进行设计与测量。教育场域中最常见的感知空间就是教室、办公室、体育场、图书馆、食堂等场所。传统的教育空间是区域化、等级化、隔断化的设计，教学区与生活区和休闲区割裂，不同年级的教室也相对分离，学生的教室与教师、领导的办公室也有着明显的分区，这样的感知空间既阻断了学习者与教育者、校领导之间的深入交流，又加剧了学习者的教育世界与生活世界的相互隔绝。为了更好地促进对话，亟需提升感知空间的畅通性。首先，

---

① 巴赫金. 拉伯雷的创作与中世纪和文艺复兴时期的民间文化［M］//巴赫金全集（第六卷）. 李兆林，夏忠宪，等，译. 石家庄：河北教育出版社，2009：86.
② 卢梭. 爱弥儿［M］. 李平沤，译. 北京：人民教育出版社，1987：89.
③ 菲利普·韦格纳. 空间批评：批评的地理、空间、场所与文本性［M］//阎嘉. 文学理论精粹读本. 北京：中国人民大学出版社，2006：137.

对于学习者的桌椅，在保障其安全性和舒适性的基础上，要易于根据不同的学习需求灵活变换座次，如从插秧式转变为圆桌式，以此促进学习者之间的对话交流。其次，要破除教师和学校领导办公室的等级性和权威性，让学习者敢于走进他们、亲近他们，并就学习和生活中的议题同他们进行深入沟通。最后，要实现教室里的"第一课堂"与教室外的"第二课堂"的畅通，拆除不必要的围墙和藩篱，使用一些环保透明材料，让坐在教室里的学习者也能具身体验窗外的精致，在不同空间的组合中快乐学习。

其二，优化"构想空间"。"构想空间"是一种"关系性"的社会空间。具体而言，它是"现实的生产关系构建自己的空间秩序的过程，这种空间秩序生产出相应的语言符号系统，后者通过控制空间的知识体系成为一种隐性的空间权力，干预并控制这现实的空间建构"[1]。所以，教育者与学习者、优等生与学困生的"构想空间"是不同的，且在博弈的过程中后者常常处于弱势地位。事实上，"构想空间"就其本质而言，是教育者创造出来的一种用来维护现有规范和秩序的抽象空间。这种空间无法直接感知，但却直接影响着教育场域中的行为主体的活动表征。在某种意义上而言，对教育空间的占有就是对教育资源的占有。所以，在对话教育中，教育者要大力提升"构想空间"的民主性和平等化，让每位学习者都享有平等发声的机会，都能积极参与"构想空间"的构想，继而努力营造出一种"百花齐放、百家争鸣"的和谐景象，极大地促进学习者在人际交往中畅所欲言、言之有物。

其三，解放"生活空间"。值得注意的是，生活空间不是现实生活中的空间，而是一种教育主体想象、虚构出来的一种象征性空间，它更像是一种精神空间。如果用列斐伏尔本人的话来讲，它"是一个被动体验的或屈服的空间，是被想象力改变和占有的空间。物理空间在其中被遮蔽了，它借以象征的手法来作用于其他事物"[2]。同时，它也是一种为了自由与解放的空间，其尤为关注较不利者，特别是那些深处空间外围的、边缘的教育主体。虚构不是一种虚妄，感知空间和构想空间是生活空间的重要基础，因为如果没有可以感知的物理空间实体，

---

[1] 李春敏. 列斐伏尔的空间生产理论探析 [J]. 人文杂志, 2011（1）: 62-68.
[2] Henri Lefebvre. The Production of Space [M]. Trans Donald Nicholson-Smith. Cambridge, MA: Blackwell Publishing, 1991: 40.

没有洋溢着真实互动交往的构想空间作为对象，理想的生活空间也就失去了根基。诚如法国哲学家加斯东·巴什拉（Gaston Bachelard）在其论著《空间的诗学》中所言，"被想象力所把握的空间不再是那个在测量工作和几何学思维支配下的冷漠无情的空间。它是被人所体验的空间。它不是从实证的角度被体验，而是在想象力的全部特殊性中被体验"[1]。只有当狂欢精神渗透进这个充满想象的生活空间，教育者才会主动为学习者之间的自由对话营造有利条件，学习者才有可能接受真正的教育并获得解放。

3. 建筑狂欢化的教育结构

教育时空的狂欢化的确可以为对话教育从形式上营造出一个良好的氛围，但是若想把这种对话氛围从整体上全面渗透至教育内部，那么需要在时空的形式中注入内容。为此，还需要从教育结构入手，以历史、场域和内容三个方面为着力点进一步创设一个有利于对话教育的氛围。

第一，从历史结构的层面促进传统教育、现实教育和未来教育之间的对话。如果以历史维度进行划分，可将教育分为传统教育、现实教育和未来教育，且在时间上三种形态的教育保持着一定的独立性。但还应深刻地认识到，"实际上教育自从产生就是历史运动中的存在者"[2]。一方面，现实教育是传统教育的"无痕迹连续"，传统教育中凝结着前人先哲的智慧成果，现实教育与传统教育的对话，可以提升现实教育的内在底蕴。另一方面，现实教育要培养满足未来时代需求的人才，所以现实教育也应超越时间，加强与未来教育之间的对话。为此，应将巴赫金"长远时间"这一概念引入对话教育中，让教育中的行为主体除了与现实中的主体进行对话，还要与历史经典中的"作者与主人公"进行对话，也要与未来的时代新人进行对话，以此在一个开放性的时间视野中拓展对话的深度，提升对话的品质。

第二，从场域结构的层面促进家庭教育、学校教育和社会教育之间的对话。虽然可从场域的维度，将教育大体上分为家庭教育、学校教育和社会教育。但是，这样的机械划分也会招致一连串的疑问，例如学校组织学生到社会场域中的"红色教育基地"开展研学旅行，属于社会教育还是学校教育？一位母亲在社会

---

[1] 加斯东·巴什拉. 空间的诗学［M］. 张逸婧，译. 上海：上海译文出版社，2009：23.
[2] 刘庆昌. 论教育世界的构成［J］. 教育发展研究，2021（12）：11-19.

场域教育孩子应归结为家庭教育还是社会教育？一位父亲在教师的要求下在家中辅导孩子的作业，是家庭教育还是学校教育？从这些追问中，可以觉察到物理场域的界限可以清晰地将教育分割为家庭教育、学校教育和社会教育，但是就教育的内容和系统性而言，三种形态的教育很难被机械切分和相互隔绝。为此，要进一步加强家庭、学校和社会之间的合作与联系，促进多边对话关系，为无论置身于何处的学习者营造一个安全的对话环境。

第三，从内容结构的层面促进教育观念、教育制度和教育行动之间的对话。时间与空间是教育的运行框架，但无法充当教育的实质内容。在教育世界中，从教育行为中可以凝练出教育观念，而教育观念也可以用来进一步指导教育行为，教育观念与教育行动之间可以互相转化、相互促进。但是，如果有时候教育观念与教育行为之间出现无法弥合的裂缝，那么可以通过教育制度的改良来推进新一轮的教育改革。可见，教育观念、教育行为和教育制度之间存在着密切的内在联系。基于此，关于教育的实质构成，可以说，教育是一种"在一定制度规限下的'观念—行为'结构运动"①。在某些情况下，教育观念可以脱离教育行动和教育制度而独立存在，教育制度也可以脱离教育观念与教育行动自成体系。但无论在任何时候，教育行动都无法离开教育观念与教育制度的作用。教育行动可以说是教育实践的现实表征与核心内涵，它的形成与教育观念和教育制度有着不可分割的有机关联。所以，在营造对话氛围的时候，要以教育行为为重要支点，以此加强教育行动与教育观念和教育制度之间的多元对话关系。一方面，教育者要积极形成对话观念，另一方面，学校要以对话思维去系统完善学校治理制度，让对话的精神渗透在整个教育场域，让学习者随时随地都敢于对话、善于对话、乐于对话。

第二节 基于巴赫金对话理论的教学探究——以《祝福》为例

诚然，巴赫金对话理论对于构建一种走向开放的对话教育具有显著的指导作用。但是若想要这种对话教育在实践中生根发芽、开花结果，则很有必要将巴赫金对话理论的思想精华渗透至具体的课堂教学的实践之中。鉴于此，此部分内容将借助巴赫金对话理论对鲁迅的短篇小说《祝福》进行文本解读，并在此基础上为基于《祝福》的阅读课程设计教学活动。

---

① 刘庆昌. 论教育世界的构成 [J]. 教育发展研究，2021（12）：11-19.

一、以巴赫金对话理论解读《祝福》的可行性分析

《祝福》是我国著名文学家鲁迅创作于1924年2月7日的一则短篇小说,后收录于鲁迅小说集《彷徨》的首篇,主要讲述了一位长期处于封建礼教压迫和折磨之下的困苦妇女祥林嫂凄凉、悲惨的一生。该小说因其超强的艺术魅力和超时空的生命力受到了很多读者的长期喜爱,很多教材的编者也将其纳为语文阅读课程的经典篇目,更有不少研究者将其视为文本解读和教学探究的重要对象。本节试图以巴赫金的对话理论对《祝福》进行解读,主要基于以下两个方面的考虑。

一方面,《祝福》是一个复调小说。北京大学中文系教授严家炎曾在其著作《论鲁迅的复调小说》中指出,"鲁迅小说里常常回响着两种或两种以上不同的声音",就像是一个"奇异的复合音响"[1]。这一论断与日本学者竹内好的见解同频共振,竹内好也曾在其专著《鲁迅》中表明鲁迅的小说中仿佛有"两个中心"[2]。无论是"复合音响"还是"两个中心",都共同为鲁迅的小说奠定了一个复杂性的基调。在此基础上,严家炎进一步从"鲁迅的个人经历和体验所决定的思想的复杂性""运用了多种不同的创作手法"以及"叙事角度的自由化"三个层面阐释了"决定鲁迅小说成为复调小说的几个因素"[3]。而按照巴赫金的说法,复调小说的主人公不仅是作者描写的客体对象,还是一个可以表达自我独立意识的主体。在《祝福》中,"我"是一个"识字的、又是出门人,见识得多"的"新党"[4]分子,祥林嫂是一个守两次寡的劳苦妇女。无论是作为"我"的主人公,还是作为祥林嫂的主人公,都不单纯是作者创作的客体,或是作者意识的传声筒,而是一个与作者意识并肩而立的独立主体。也正因此,从《祝福》中不仅可以听到作者对传统落后封建礼教的批判,还听到了来自叙述者"我"的自责、内疚的声音,也听到了祥林嫂孤独、无助的呐喊。这些不同的人物中心,这些不同的声音,正彰显了《祝福》在文学创作上的复调性,也正是此章节尝试基于巴赫金的

---

[1] 严家炎. 论鲁迅的复调小说 [M]. 上海:上海教育出版社,2002:131.
[2] 竹内好. 鲁迅 [M]. 杭州:浙江文艺出版社,1986.
[3] 严家炎. 论鲁迅的复调小说 [M]. 上海:上海教育出版社,2002:135-145.
[4] 清末对主张或倾向维新的人的称呼;辛亥革命前后,也用作称呼革命党人和拥护革命的人士。

对话理论对其赏析的一个重要基点。

另一方面,《祝福》内部充满了明显的"微型对话"和"大型对话"。如前所述,按照巴赫金的理解,所谓"微型对话"就是一种来自话语层面的双声语,并且巴赫金将这种双声语分为自白式的双声语和对白式的双声语两种类型。而巴赫金所论的"大型对话"可能是一种小说结构上的对话,也可能是一种思想矛盾上的对话,还可能意指人物关系上的对话。具体到《祝福》这则短篇小说而言,在"我"与鲁四老爷寒暄,"我"在镇东头访过朋友后回家的河边偶遇祥林嫂,祥林嫂询问我人死之后究竟有没有灵魂,祥林嫂被婆婆逮走后四婶就雇佣女工问题的自言自语,祥林嫂反复向他人诉求自己的悲惨故事等情节中都能寻找到自白式的双声语以及对白式的双声语这两种"微型对话"的踪迹。就"大型对话"而言,在小说结构方面,《祝福》沿着祥林嫂来到鲁镇——离开鲁镇——再回到鲁镇的结构展开,小说情节与祥林嫂所处的场景存在着一种内在的对话关系,祥林嫂悲惨的人生命运随着她在鲁镇的去留而流变。此外,除了祥林嫂的人物轨迹,《祝福》中还安排了"我"对整个事件的倒叙,让"我"与"祥林嫂"在结构上形成了复调的效果。在思想矛盾方面,当"我"应答完祥林嫂关于人死之后的归处时,"我"陷入了激烈的思想斗争之中,一种纠结于"我"的答语是否会为祥林嫂带去危险,而这样类似的思想矛盾在《祝福》中并不少见。在人物关系方面,作者并非将叙述者的"我"和祥林嫂等主人公作为创造的客体对象,而是采取一种对话的态度,和主人公谈话,讲述主人公。也正如此,"我"和祥林嫂的声音才没有被作者的声音淹没和吞噬。由此可见,《祝福》在小说结构、思想矛盾和人物关系三个方面都存在着对话关系,所以《祝福》内部有明显的"大型对话"上演。"微型对话"和"大型对话"作为巴赫金对话理论的重要组成部分,在《祝福》中彰显得淋漓尽致,所以完全可以用巴赫金的对话理论对《祝福》进行解读。

二、基于巴赫金对话理论的《祝福》文本解读

复调、狂欢和"时空体"是巴赫金对话理论中的三个核心范畴,也是其重要组成。此部分将从艺术创作的角度出发,对《祝福》的文本进行复调分析、狂欢分析和"时空体"分析,并在此基础上,对《祝福》文本中所涉及的多重对话关系进行解读。

1.《祝福》中的"复调"分析

鲁迅的《祝福》之所以被很多文学批评家视为复调小说，而非独白小说，最主要的原因在于《祝福》中并非只有创作者一个人的声音。除此之外，还能清晰地听见作为"新党"分子的"我"的声音，还有祥林嫂无声的呐喊。通过阅读《祝福》的文本，不难发现小说内部呈现出一种"众声喧哗"的热闹场面，而非创作者一个人的独白。

值得注意的是，《祝福》中作为叙述者的"我"并不完全等同于作为创作者（鲁迅）的"我"，虽然两者之间具有一定的相似性。事实上，叙述者"我"和鲁迅具有类似的人生经历，他们都是在外漂泊的知识分子。作为一名现代知识分子，"我"与鲁镇里所弥漫着的那种"祝福"的迷信文化和压抑的气氛格格不入。鲁迅则是一位启蒙思想的革命家，"我"和鲁迅一样都具有一定的现代进步思想，都试图揭露封建礼教"吃人"的文化本质，但是"我"与鲁迅的迥异在于，"我"是一位"思想进步不彻底"的"软弱者"和"逃避者"[①]。当祥林嫂在河边询问我，人死之后是否有灵魂、是否会下地狱、死掉的一家人是否会再次相遇等一系列关于死亡的相关命题时，"我"在一种很"踌躇""胆怯""不安逸"的状态下，以"说不清"作为答语来应付祥林嫂的追问，以此逃避责任。在此情景下，我们能感受到一个分裂的"我"，一方面"我"想拯救处于悲惨遭遇中的祥林嫂，另一方面"我"又显示出灵魂深处的软弱，这两种情绪、两种不同的声音在同一个"我"的身上斗争，反复徘徊，进而推动整个小说的情节发展。如果用巴赫金的对话理论来讲，这是一种复调式的处理。"我"既是一个进步思想分子，又是一个"吃人"的帮凶。作为主人公，"我"是小说中重要事件的参与者，作为叙述者，"我"采用一种"超视"和"超知"的视角来讲述小说的情节发展，并对此发表"我"的见解。同样地，我们也能听见祥林嫂在河边淘米时被几个山里人拖进船上带离鲁镇时的"哭喊"，一方面祥林嫂不愿远嫁深山，甚至是将头撞向香案角，"头上碰了一个大窟窿，鲜血直流"，另一方面，祥林嫂"摇一摇头，顺下眼睛"，"到年底就生了一个孩子"。我们从祥林嫂的嘶喊中，既能听出她的抗拒和斗争，又能听到她的无奈和屈服，两种不同的声音遥相呼应，这也是

---

① 赵东阳，王春梅.《祝福》中"我"的角色价值定位——与认定"我"为启蒙者之观点商榷[J]. 山西财经大学学报，2014（S1）：240.

《祝福》中的一种复调式处理。

2.《祝福》中的"狂欢"分析

巴赫金的对话理论总结了狂欢式的世界感受的四个特殊范畴，即"随便而又亲昵的接触""插科打诨""俯就"和"粗鄙"。此外，巴赫金所论的狂欢还是一种对常规严肃生活的补充，是"第二种生活形式"。如果对《祝福》进行考察，也会在其文本中探寻到巴赫金笔下的那种狂欢色彩。

"我"在腊月二十四晚上回到鲁镇时，亲眼见证了为"祝福"燃放烟花爆竹的狂欢场面："灰白色的沉重的晚云中间时时发出闪光，接着一声钝响，是送灶的爆竹；近处燃放的可就更强烈了，震耳的大音还没有息，空气里已经散满了幽微的火药香"①。鲁镇上的人们为了这个年终盛典，"致敬尽礼，迎接福神""杀鸡，宰鹅，买猪肉"，为"福礼"做精心的准备。当有人向鲁四老爷汇报祥林嫂的死讯时，鲁四老爷高声的说："不早不迟，偏偏要在这个时候，——这就可见是一个谬种②！"③鲁四老爷将在"祝福"期间去世的祥林嫂冷酷地称呼为"谬种"，就是一种狂欢式的"粗鄙"语言。而当"我"继续打听祥林嫂去世的原因是，短工淡然地回应，"还不是穷死的"，这也是一种典型的"粗鄙"语言。而在整篇小说中，除了鲁四老爷、四婶在祥林嫂被婆家人抓走后与卫老婆子的对话，以及祥林嫂向鲁镇人讲述她的幼子阿毛被野狼衔走的悲惨经历时，女人们脸上露出鄙薄的神气等情节中，都能听见各种"粗鄙"的语言，这些都是创作者的一种狂欢化处理。

3.《祝福》中的"时空体"分析

在巴赫金看来，"时空体"就是艺术地把握时间与空间的内在关系，它所关注的不是单独作为时间或空间的因素，而是强调时间和空间相融于一个统一的整体之中。如果对《祝福》的文本进行解读，也能发现其中所彰显的"时空体"特色，时间在空间中流动，空间表现于时间之中，两者交相辉映，共同推动小说故事情节的发展。

《祝福》中的故事发生于"旧历的年底"，"我"在"送灶"之日，即农历十二

---

① 鲁迅. 祝福 [M] //鲁迅全集（第二卷）. 北京：人民文学出版社，2005：5.
② 谬种即坏东西，一种粗鄙的语言。
③ 鲁迅. 祝福 [M] //鲁迅全集（第二卷）. 北京：人民文学出版社，2005：8.

月二十四日的夜里回到故乡鲁镇，暂住在鲁四老爷的宅子里。第二天下午"我"去镇的东头访完朋友后，在回家的河边遇见头发"已经全白""脸上瘦削不堪，黄中带黑"的祥林嫂。此后几天，鲁镇上的人们开始忙于年终大典"祝福"，拜求来年有好运。在"我"回到鲁镇的第四天傍晚，"我"偶然在室内听闻祥林嫂去世的消息。此后，作者借用倒叙的手法，开始回忆祥林嫂悲惨的一生。作者在紧凑的时间安排下，急剧地变换着祥林嫂所处的空间位置，她原本是卫家山人，后嫁给了一个小她10岁、以打柴为生的同乡男子。丈夫不幸早逝后，祥林嫂来到鲁镇鲁四老爷家做女工。祥林嫂有一位非常严厉、贪财的婆婆，她婆婆为了牟取更多的财礼，将祥林嫂从鲁镇抓回去，改嫁到深山贺家墺。但没过多久，祥林嫂的第二任丈夫因染风寒而去世。不久后，他们年幼的儿子阿毛被野狼叼走，悲痛欲绝的祥林嫂离开了深山野墺，再次回到鲁镇的鲁四老爷家做帮佣。这段并不算长的时间里，充满了极大的张力，祥林嫂所处空间位置的每一次轮换都充满了戏剧性和偶然性。祥林嫂在有限的时间跨度内，从卫家山到鲁镇，从鲁镇到贺家墺，从贺家墺又回到鲁镇，频繁变化的空间位置使其卷入了一个个悲惨的事件之中。就像陀思妥耶夫斯基所创作的小说《罪与罚》一样，作品中的时空体特色"无疑极大地加快了作品的节奏，使读者始终处于一种眼花缭乱、十分紧张的感受中"[①]。

4.《祝福》中的"对话"分析

首先，《祝福》中最为明显的对话就是人物之间的对白。在开篇中，鲁四老爷一见面与"我"寒暄便说"我胖了"，此后立即大骂"新党"和康有为。"我"觉得他将戊戌变法和辛亥革命混为一谈，深感"谈话是总不投机的了"，作者也借此揭示了以鲁四老爷为封建势力代表的落后与保守。过了两天，"我"在河边与祥林嫂偶遇，她出于对"我"的信任，向"我"询问了与人之死亡相关的沉重问题，而"我"支支吾吾的回应最终也为祥林嫂的悲剧增添了一笔浓烈的色彩。而当祥林嫂在鲁四老爷家做帮佣时，从鲁四老爷和四婶等人的对话及其与祥林嫂的对话中，看出了他们对改嫁后的祥林嫂充满了极大的忌讳与厌恶，不仅祭祀的时候"用不着她沾手"，而且对她各种呵斥，这也揭示了封建地主阶级的自私自利和冷酷无情。此外，小说中还涉及"我"和短工以及柳妈等底层劳动者的对话，以及祥林嫂与柳妈之间的对话，这些对话都为祥林嫂最后走向人生绝路埋下伏笔。

---

① 潘月琴. 巴赫金时空体理论初探[J]. 俄罗斯文艺，2005（3）：60-64.

其次，小说中还有大量的自白式对话。特别是当"我"在用"说不清"回应祥林嫂有关死亡和灵魂的提问时，作者刻画出了发生在"我"身上的双声语自白，一方面担心"我"的答语会给祥林嫂带去危险，"我"将可能承担相应的责任；另一方面，"我"又自我安慰，"觉得偶尔的事，本没有什么深意义"。另外，当祥林嫂去世后，"我"回忆先前所见所闻关于祥林嫂的半生事迹时，也夹杂着许多自白式的对话，这些"微型对话"将一位进步知识分子面对封建礼教势力的那种无计可施和纠结不安展现得淋漓尽致。

最后，《祝福》的构思结构也呈现出一种对话关系。小说以《祝福》为题，故事情节发生于"祝福"期间，当人们正在彼此"祝福"时，祥林嫂却在这个充满祝福的日子悲惨去世，而故事的结尾又以"只觉得天地圣众歆享了牲醴和香烟，都醉醺醺的在空中蹒跚，豫备给鲁镇的人们以无限的祝福"①而结束。此外，小说以叙述者"我"和祥林嫂两个主人公为双重人物线索展开叙述，并且"我"的故事和祥林嫂的故事还存在着一种内在的对话关系，两个故事叠加在一起，共同揭示小说对封建礼教"吃人"文本的深刻批判。

三、基于巴赫金对话理论的《祝福》阅读教学设计

巴赫金的对话理论除了可以运用于《祝福》的文本解读，其实还可以用来指导基于《祝福》的阅读教学设计，以此让学习者在真实、平等的对话交往中不仅全面提升语文素养，而且还能获得自由而全面的发展。事实上，鲁迅的《祝福》早在2004年就收录于人民教育出版社出版的普通高中课程标准实验教科书语文必修3的阅读鉴赏之中，编排于第一单元的第二篇文章。此部分将从巴赫金的对话理论入手，主要从八个教学环节，对《祝福》进行阅读教学设计。

1. 课前热身

在《祝福》阅读鉴赏课正式开始之前，教师可以询问学习者的学习和生活近况，邀请学习者自愿分享最近的所见所闻，包括各种奇闻轶事、开心事或烦心事等，并邀请学习者对当前此门课程中的各项学习环节进行反馈，广泛听取学习者的意见和建议，以此为学习者搭建一个共赏共享、互帮互助和及时反馈的对话平台，在促进学习者学习和发展的同时，也助力师生之间的和谐相处。

---

① 鲁迅. 祝福［M］//鲁迅全集（第二卷）. 北京：人民文学出版社，2005：21.

2. 旧课回顾

囿于每节课的时常有限，有时候因讨论过于激烈，抑或是教学内容过于丰富，上节课可能会遗留部分没有讨论的议题。那么，在新课伊始，教师可以询问学习者的意见，是否需要对上次课尚未来得及讨论或是讨论得还不够充分的问题再次进行讨论。如果学习者均表示没有，那么教师就可以直接上新课。如果学习者表现很踊跃，并且自愿提出了很多希望在这节课可以继续深入讨论的问题，那么教师应组织全员对已提出来的问题进行民主投票，从中选择部分符合班上大多数学习者学习兴趣和学习需求的旧问题继续讨论。

3. 学习者确定本节课的学习内容

在解决完上节课的遗留问题后，基于《祝福》的阅读课程才算是真正开始。教师应提前准备好部分关于《祝福》的探究问题，如"造成祥林嫂悲剧的原因何在？""祥林嫂是否具有反抗性格""小说中三度对祥林嫂的外貌进行雕刻，这三次不同的肖像描写各表现了祥林嫂怎样的生存状态？""电影版的《祝福》中有这样一个情节：祥林嫂捐了门槛后仍被禁止参加祭祀活动，于是拿起菜刀怒砍土地庙的门槛，你觉得增补这一情节是否妥当，并请说明原因""'我'为何两次'决计要走了'？""假设是祥林嫂询问你那些关于死亡和灵魂的问题，你该如何回答？"等。这是一个开放性的教学大纲，一方面学习者可以基于教师提供的上述话题进行民主协商，投票决定此次课最想、最先讨论哪些议题；另一方面，学习者还可以自己提出与《祝福》相关的、但是教师尚未提及的话题进行讨论。简言之，每节课的学习内容都是由学习者在平等对话中共同协商决定的，而不是由教师独自决定。

4. 随堂自学

当确定好这节课即将要讨论的话题后，教师应该给学习者提供一定的时间让学习者带着那些他们已经集中选定的问题去阅读《祝福》的文本，例如学习者经过民主投票确定了他们最想讨论祥林嫂悲剧产生的原因以及祥林嫂是否具有反抗性这两个问题。那么，学习者就会在阅读文本的过程中，重点关注造成祥林嫂人生惨剧的相关人物和相关事件，并对其原因进行归纳总结。与此同时，学习者还会在阅读的过程中，对祥林嫂的人物性格，特别是她是否具有反抗性进行深层思考。此外，教师还会提前准备一些其他补充材料供学习者在课堂上阅读和自学，比如《祝福》的创作者鲁迅的生平资料、《祝福》的创作背景等，让学习者除了与作品中的主人公进行对话，还与创作者展开对话，以此更加接近创作者，更加全面、深入地去挖掘作品、理解作品。

5. 小组微讨论

在学习者完成相关材料和文本的阅读与自习后，教师可以按照班额大小对全员进行随机分组，并鼓励学习者按照无领导小组的方式，在规定的时间内进行组内讨论，并在小组微讨论结束后，内推一名小组代表在全班公开分享该小组的讨论成果。值得补充的是，教师还应该根据学习者选定的讨论议题的内容，为他们设计不同的讨论形式，比如就"祥林嫂是否具有反抗性"这一争论，可以采用辩论赛的方式进行讨论。此外，演讲、话剧、舞蹈、绘画、相声、小品等形式也可以作为教学内容讨论的呈现方式。

6. 集中大讨论

在每位小组的发言人代表小组进行公开汇报时，组内的小组成员也可以就某些信息和此前的讨论内容进行适当补充，而其他小组的成员也可对该小组分享的某些内容进行提问和评价。如果在小组汇报的过程中，有小组成员反应某些问题在小组内讨论得不够充分，抑或是完全没有思路，那么他们也可公开提出来，在全班范围内进行集中大讨论，抑或是向教师寻找帮助。在所有小组汇报完后，教师会对各个小组的汇报内容进行总结，并对他们尚未涉及的重难点内容进行补充。

7. 学习者确定下节课的学习内容

在小组微讨论和集中大讨论之后，这节课就算是进入了尾声。此时，教师将会邀请学习者在课程地图中对下次课最想要学习的篇目进行提名、协商和投票。特别要说明的是，高中语文必修3的阅读鉴赏一共有四个单元，合计14篇文章：依次为《林黛玉进贾府》《祝福》《老人与海》《蜀道难》《杜甫诗三首》《琵琶行》《李商隐诗两首》《寡人之于国也》《劝学》《过秦论》《师说》《动物游戏之谜》《宇宙的边疆》和《一名物理学家的教育历程》，其不仅涉及中外小说和唐代诗歌，还编选了部分古代议论性散文和科普文章。事实上，按照巴赫金对话理论的要求，此次课《祝福》篇目的选定正是上次课学习者从上述14篇文章中民主协商、投票选定的。同样地，下次课将要鉴赏的新篇目也是由学习者在自由、平等的对话中共同民主决定的，而非由教师独自裁定。换言之，在阅读课程中，学习者每次鉴赏的篇目，不是由教师决定，而是由学习者本人共同民主协商确定。

8. 课堂反馈

最后，在这节课结束之前，教师还会邀请学习者为此节课的学习书写课堂反馈。学习者可以就这节课的重难点、收获、疑问、困惑、感受，或是发生的愉快、不愉快的小插曲进行反馈。除此之外，学习者还可以就这门课程此前的学习经历和感受进行反馈，或对这门课程接下来的学习过程提出自己的建议。教师会对学习者们的课堂反馈进行收集和归类，并根据反馈问题的性质，对大多数学习者共同关切的问题，选择合适的时机在班级上进行公开回应。而对于某些不便于在班上公开的个体性问题，教师要进行一对一的私下回应。换言之，教师要对每位学习者的反馈进行合理反馈。

以上就是通过巴赫金对话理论对基于鲁迅的短篇小说《祝福》的阅读课程所进行的教学设计，其中一个尤为突出的原则就是让学习者在"以学定教"的过程中获得主体性参与，即一定要确保学习者的学习内容是在学习者共同的内在说服性话语中民主协商决定的，而非由教育者的外在权威性话语决定。通过在教学实践中引入巴赫金对话理论，不仅丰富了教育中的对话主体，促进了师生、生生、以及师生与作品的创作者和主人公之间的多层次对话，提升了学习者在教育活动中的主体性参与，而且还消除了教师的话语霸权，形成了一种民主和开放的对话氛围。只要是在这种全面渗透巴赫金对话理论的教学实践中，无论是何种学科，无论是何种课程，学习者都能够在民主、平等的本体论对话中全面提升相关学科素养的同时，获得自由而全面的发展。

结　语
巴赫金对话理论的中国运用

巴赫金被誉为20世纪最重要的思想家之一，他的对话理论在人文思想领域有着"哥白尼"式的开创作用。他从陀思妥耶夫斯基和拉伯雷等名家的论著入手，对复调、狂欢和"时空体"等核心范畴进行了潜心研究，并在此基础上提出了一系列重要概念和重大命题，最终构筑起一座包容性和开放性极强的对话理论的思想大厦。这座巍峨的理论大厦虽基建于西方文化的渊源脉络之中，是对欧洲文化不同发展倾向的深刻批判与深度发掘，但是其对整个世界文论和文化的发展具有极强的建设性作用。尽管巴赫金对话理论是在文艺学的外衣下逐步构建起来的，但诚如巴赫金自我宣称的那样，他是一位不折不扣的思想家和哲学家，而非一位文艺学家。的确如此，事实上，巴赫金对话理论中内蕴着深厚的哲学大义，其不仅扩大了文学理论和语言学研究的视野，而且对整个人文学科的发展都具有一定的推动作用。那么，对于这样一个极具影响力和生命力的域外理论，在对其"本土化"运用时需要注意哪些问题呢？

首先，把握巴赫金对话理论的完整内涵，力求避免运动式的盲从和形式化的套用。早在清朝末期，张之洞就曾提出"中学为体，西学为用"的主张。此后，这种学术实践一直为学界沿用至今，并成就了一大批颇具学术价值的研究成果。不可否认，真正有价值的思想理论无论它来自何种文化背景，在某种程度上而言，它都具有某些超时空和跨文化的普遍性。但是，也有学者对"西学中用"提出质疑，认为这样的做法容易造成西方中心论倾向，以致中国问题研究成为西方理论的注脚或试验场。其实，"西学中用"不是一道是否要搞的选择题，而是一道如何搞好的必答题。就巴赫金对话理论在中国的"本土化"实践而言，大多数论者仅只是简单地套用"复调""狂欢""时空体"和"对话"这些颇具巴赫金特色的流行术语，趋之若鹜地冠之以名，尚未对这些核心概念的实质内涵进行充分挖掘，而站在全局对巴赫金思想体系进行系统把握的更是凤毛麟角，他们或是张冠李戴，或是盲人摸象，或是断章取义，或是望文生义，很多研究对域外理论的运用缺乏一种严谨、科学的态度，这种不求甚解的短视化的学术生产必定无法真正挖掘出西方世界那些优秀思想资源的内在价值[①]。为此,笔者在挖掘巴赫金对话理论的教育价值之前,为避免运动式的盲从和形式化的套用,试图对巴赫金对话理论有一个全面和系统的认识,于是对河北教育出版社于1998年和2009年先后出版的中文版《巴赫金全集》(六卷本)和《巴赫金全集》(七卷本)进行了仔细研读。此外,还对国内外出版的与巴赫金传记,巴赫金的复调理论、狂欢理论、"时空体"理论和跨文化视界中的巴赫金等相关的众多代表性研究成果进行了较为系统的整理与反思,继而深入巴赫金思想迷宫的内部,探寻到"对话"是巴赫金整个思想体系的核心和主线,并提出巴赫金的复调理论、狂欢理论和"时空体"理论是巴赫金对话理论在不同领域的变体性运用和辐射。更进一步而言,本书在认真梳理巴赫金成长经历和人生体验的基础上,将巴赫金的复调理论、狂欢理论和"时空体"理论统摄于巴赫金对话理论之中,试图站在哲学的高度,尽可能地窥见巴赫金对话理论的全貌。并在此前提下,对巴赫金对话理论中所深蕴的教育价值进行了一定程度的挖掘。

其次,明确巴赫金对话理论的适用性。巴赫金虽出生于俄国,成长于苏联,但是他的对话理论不仅在其故土大放异彩,而且在国际舞台上名声大噪。那么,作为一种舶来品,巴赫金对话理论是否在我国也能得到很好的继承与发展呢?曾有研究者从"分立倾向"的视角出发,对巴赫金对话理论中的狂欢现象进行全面考察,阐明巴赫金所论的狂欢有"人神之分""人群之分"和"人自身之分"三种类型,并进一步指出西方文化的特点就如双面亚努斯神一样,具有"两个世界",而中国文化的精神在于"一个世界"(此世间),以此断定中国文化是"非狂欢"型的[②]。但是,我们不能因此就全然否定中国文化中所带有的那些狂欢因素,本书认为在"非狂欢"型的文化语境中同样也可以挖掘出狂欢现象。或者说,正是因为我们处于一个"非狂欢"型的文化背景之中,我们才对狂欢如此地渴求。这也正彰显了巴赫金对话理论中狂欢因素的难能可贵,因为这些狂欢因素是对我们的"非狂欢"型文化的一种有益补充。按照学者刘康的说法,"巴赫金

[①] 张素玫. 巴赫金理论的中国本土化研究 [M]. 北京:人民出版社,2019:289-290.
[②] 鄢鸣. 中国有狂欢吗?——狂欢理论的运用与反思 [J]. 山东社会科学,2011(1):159-162.

的理论根植于社会主义国家的文化经验,与马克思主义的思想体系一脉相承"[①],而这对于我们这个有着深厚马克思主义传统的文化大国而言,无疑多了一份亲近感和特殊的意义。刘康进一步指出,巴赫金对话理论诞生于20世纪"这个文化变革与转型空前激烈的时代",它是文化转型下的一颗硕果。而如今,我们的教育正面临着新的文化转型和复杂多变的局势,数字化对传统教育的猛烈冲击,职业教育的异军突起,课外培训的大力治理,更加公平、更有质量的教育诉求兴起,这些都致使我们的教育面临越来越巨大的挑战。巴赫金对话理论是一个扎根于文化转型"沃土"里的思想硕果,其也将必定更适宜在文化转型的土壤中生根发芽,为我国处于新的文化转型背景下的教育发展注入持久活力和不竭动力。

最后,厘定巴赫金对话理论在教育场域中的"中国边界"。不可否认,将来自域外的巴赫金对话理论引介至具有中国特色的教育场域之中,在某种意义上而言,确实有利于为我国的教育研究提供新视角,打开新思路,挖掘新材料和发现新问题,但是我们不能因此就像"如获至宝"那样生硬地照搬照抄、直接移植和粗暴挪用,抑或是无限制地扩大巴赫金对话理论的论阈。反而,我们应基于中国的现实和中国教育的"本土化"语境,明确巴赫金对话理论在中国教育研究中的边界。在国际社会,巴赫金对话理论与教育"联姻"业已形成了一种对话教育的范式,并受到美国、英国、挪威、西班牙、巴西等西方国家教育理论研究者和教育实践者的空前重视。笔者曾于2019年9月至2020年9月受国家留学基金管理委员会的资助,赴美国特拉华大学教育学院访问学习,通过为期一年深度参与该校的本科生与研究生课程、读书会、教学研讨会、研究俱乐部等教育教学活动,对该校的对话教育实践进行了较为全面的考察。笔者从此次访学经历中获知,国外在对巴赫金式的对话教育进行实践时,部分学习者在与教师进行对话的过程中表现出了一种过度自由化的倾向,甚至是一种"野蛮的自由"。具体而言,学习者可以在与任课教师的对话沟通中自由决定学习内容、学习方式、学习时间、学习场所、考核方式等与学习相关的所有议题。更进一步来讲,该校对话教育实践项目为学习者提供了面向"教育囚徒"的"无教学大纲"、面向"唯文凭论"者的"封闭式教学大纲"、面向自我负责型学习者或"潜水者"的"绝对开放式教学大纲"以及面向他者负责型学习者的"相对开放式教学大纲"等四种不同的学习方

---

① 刘康. 对话的喧声——巴赫金的文化转型理论[M]. 北京:北京大学出版社,2011:22.

式①。对于那些选择"无教学大纲"的学习者而言,教育者对这部分学习者没有任何考勤要求,他们完全可以按自己的意愿选择"旷课"并不用承担任何教育责任或惩罚。当然,这部分学习者也不需要参加任何考试,他们甚至可以与教师协商获得自己对于这门课程所期望的评价结果或分数。仅就国外对话教育实践的这部分而言,笔者认为这是一种学生自由权和话语权的泛滥,也是对教育资源的一种浪费。另外,如果学习者的学习内容完全基于自身的学习兴趣而定,且完全不考虑社会经济发展和国家战略需要,其实也是一种对教育责任的逃避。基于此,本书认为在对话教育实践中,要特别警惕学习者话语权的过度膨胀,以及学习者自由的野蛮化。特别是在坚持社会主义办学方向的新中国,我们要在办学过程中做好教育的个人本位与社会本位的统一,个人利益与国家利益的统一,以此在多层次的民主对话中培养出更多德智体美劳全面发展的自由人,为社会主义建设以及国家富强、民族复兴提供智力支持。

笔者试图将上述反思在本研究中进行全程渗透,但是鉴于学养所囿,难免还存在不足,自然也无法完全说出关于巴赫金对话理论及其教育价值的全部结论。但是,诚如巴赫金所言,"世上还没有任何终结了的东西;世界的最后结论和关于世界的最后结论,还没有说出来,世界是敞开的,是自由的;一切都在前头,而且永远只在前头"②。希望未来的相关研究者在洞见巴赫金对话理论之全貌的基础上,对巴赫金对话理论的教育价值进一步深入挖掘,以此弥补本书中的缺憾,这不仅是与本书的一场对话,也是与巴赫金及其对话理论的对话。笔者坚信,这样的对话,永远不会终结。

---

① 汪旭,马图索夫·尤金. 美国高校的课程设计变革及其启示——以美国特拉华大学教育学院为例[J]. 外国教育研究,2023,50(02):64-82.
② 巴赫金. 陀思妥耶夫斯基诗学问题[M]//巴赫金全集(第五卷). 白春仁,顾亚铃,译. 石家庄:河北教育出版社,2009:217.

附 录

巴赫金大事年表

时间	主要事件
1895年	于俄国中部城市奥廖尔（今俄罗斯奥廖尔州的首府）的一个商贾之家出生。父亲是一家商业银行的职员，母亲是当地商人阶层的长女。作为家中次子，巴赫金还有一位兄长和三位妹妹
1905年	因父亲工作调任，巴赫金举家从奥廖尔转徙至维尔诺（现立陶宛的首都维尔纽斯），并和兄长一起在维尔诺第一中学就读
1913年	巴赫金中学毕业。8月顺利进入了兄长所在的敖德萨大学历史语文系进行学习，跟随实验心理学大师尼古拉耶维奇·朗格教授和语言学大师汤姆森教授开展语言学研究
1914年	第一次世界大战爆发，巴赫金的长兄响应征兵号召，投笔从戎，而巴赫金因慢性脊髓炎缠身得以免除兵役
1916年	举家从敖德萨迁往生活物资和教育资源更为丰裕的首都城市彼得格勒，并在彼得格勒大学（现圣彼得堡国立大学）继续深造
1918年	完成了在彼得格勒大学的学习，但未取得毕业证书。8月，定居于涅维尔（原维捷布斯克市内的一个小县城，今隶属于俄罗斯普斯科夫州），成为该市一贯制劳动学校初中部的一名教师，同时还被涅维尔一所初级师范学校聘用，主要从事俄语、历史和社会学课程的教学，并在涅维尔成立"巴赫金小组"，开始从事学术研究活动
1919年	9月，在"巴赫金小组"成立一周年之际，出版了一日文集《艺术节》，巴赫金在文集中刊登了自己的第一篇学术论文《艺术与责任》
1920年	前往省城维捷布斯克（今白俄罗斯东北部城市，现为维捷布斯克州的首府），并担任维捷布斯克师范学院的文学教师，年底兼任维捷布斯克一所音乐学院的音乐美学教师
1921年	7月10日，与叶莲娜·亚历山德罗芙娜·奥库洛维奇（1900—1971年）喜结连理
1924年	来到列宁格勒，在苏联国立艺术史研究所担任兼职研究员，并在出版社任临时编辑
1927年	出版与沃洛希诺夫合著的《弗洛伊德主义述评》
1928年	与梅德韦杰夫合著的《文艺学中的形式主义方法》问世。12月24日夜晚，巴赫金及其友人所参与的学术团体"复活小组"被视为非法组织，巴赫金惨遭逮捕
1929年	出版与沃洛希诺夫合著的《马克思主义与语言哲学》，还出版了自己署名的第一部专著《陀思妥耶夫斯基创作问题》。7月22日，巴赫金被判决有期徒刑五年，在索洛韦茨基（俄罗斯北冰洋白海沿岸岛屿，位于北极圈附近）集中营服刑
1930年	在高尔基的夫人叶卡捷琳娜·巴浦洛夫娜·彼什科娃（时任"苏联政治犯救济委员会"主席）和卢那察尔斯基（时任"苏维埃人民教育委员"）的共同营救下，2月23日巴赫金被改判为流放至库斯塔奈（现为哈萨克斯坦北部的一个州，北邻俄罗斯）。3月29日，巴赫金在妻子的陪同下踏上了艰难的流放之路

续表

时间	主要事件
1936年	结束流放生活的巴赫金,在好友梅德韦杰夫的帮助以及苏联教育人民委员部的建议下,奔赴位于萨兰斯克(当时为莫尔多瓦苏维埃社会主义自治共和国的行政中心)的莫尔多瓦国立师范学院从事普通文学的教学工作,并开始撰写学位论文《现实主义历史中的弗朗索瓦·拉伯雷》
1937年	春天,从萨兰斯克北迁至莫斯科,并暂时居住在密友家中。盛夏,北上抵达列宁格勒,此后一直辗转于莫斯科和列宁格勒之间,受制于他曾"被流放"的"不光彩"经历只能从事一些临时的工作,如为《文学百科全书》撰写词条"讽刺"。10月底,在距离莫斯科一百公里左右的小镇萨维洛沃获得居住证,并在此安顿下来
1938年	年初,因慢性脊髓炎恶化截去右肢,并完成了《教育小说及其在现实主义历史中的意义》以及《长篇小说的时间形式和时空体形式——历史诗学概述》
1940年	将完成的手稿《现实主义历史中的弗朗索瓦·拉伯雷》分送至苏联科学院高尔基世界文学研究所和西欧文学研究所。不久后,又将《小说理论》和《梅尼普讽刺体的历史》两份手稿递交至苏联科学院高尔基世界文学研究所
1941年	夏天,举家转徙至莫斯科近郊的基姆列城。在一所乡村小学教书,后又前往几所城镇中学教授德语和文学课程。二战期间,一直居住此地
1945年	9月,重返莫尔多瓦国立师范学院(1957年升格为莫尔多瓦国立大学),被聘任为该校语文系的在编副教授,并被任命为普通文学教研室主任
1946年	11月,巴赫金在莫斯科参加苏联科学院高尔基世界文学研究所组织的博士论文答辩,在长达七个小时的商议后,巴赫金最终被授予语文学副博士学位
1958年	被任命为莫尔多瓦国立大学苏联与外国文学教研室主任
1961年	8月,从莫尔多瓦国立大学荣休
1963年	巴赫金创作的《陀思妥耶夫斯基创作问题》再版,并更名为《陀思妥耶夫斯基诗学问题》
1965年	巴赫金的副博士学位论文经修改后出版并改名为《弗朗索瓦·拉伯雷的创作与中世纪和文艺复兴时期的民间文化》
1967年	5月30日,巴赫金于1928年卷入的"复活小组"一案被重新审理,巴赫金也因此被平反昭雪
1969年	10月,巴赫金在好友的帮助下离开萨兰斯克前往莫斯科附近的克里姆林宫医院治病
1970年	5月,出院后的巴赫金在慈善部门的协调下,被安排在莫斯科近郊的一个敬老院颐养天年。10月,莫尔多瓦国立大学为巴赫金的七十五华诞举行庆祝大会。11月,巴赫金正式成为苏联作家协会会员
1971年	12月14日,巴赫金的妻子叶莲娜·亚历山德罗芙娜·奥库洛维奇逝世。此后,巴赫金搬进了只有作家协会会员才有资格入住的"作家创作之家",并由专任保姆照料
1975年	3月6日凌晨两点,因急性心血管缺氧,巴赫金与世长辞。莫斯科文学艺术出版社出版了他的遗作《文学与美学问题》

参考文献

一、中文文献
（一）著作类

[1] 巴赫金. 巴赫金全集（第一卷）[M]. 晓河，贾泽林，等，译. 石家庄：河北教育出版社，2009.

[2] 巴赫金. 巴赫金全集（第二卷）[M]. 李辉凡，张捷，等，译. 石家庄：河北教育出版社，2009.

[3] 巴赫金. 巴赫金全集（第三卷）[M]. 白春仁，晓河，译. 石家庄：河北教育出版社，2009.

[4] 巴赫金. 巴赫金全集（第四卷）[M]. 白春仁，晓河，等，译. 石家庄：河北教育出版社，2009.

[5] 巴赫金. 巴赫金全集（第五卷）[M]. 白春仁，顾亚铃，译. 石家庄：河北教育出版社，2009.

[6] 巴赫金. 巴赫金全集（第六卷）[M]. 李兆林，夏忠宪，等，译. 石家庄：河北教育出版社，2009.

[7] 巴赫金. 巴赫金全集（第七卷）[M]. 万松海，夏忠宪，等，译. 石家庄：河北教育出版社，2009.

[8] 孔金，孔金娜. 巴赫金传[M]. 张杰，万松海，译. 上海：东方出版中心，2000.

[9] 巴赫金. 巴赫金文论选[M]. 佟景韩，译. 北京：中国社会科学出版社，1996.

[10] 陀思妥耶夫斯基. 罪与罚[M]. 岳麟，译. 上海：上海译文出版社，1982.

[11] 克利福德·格尔茨. 尼加拉——十九世纪巴厘剧场国家[M]. 赵丙祥，译. 北京：商务印书馆，2018.

[12] 刘康. 对话的喧声：巴赫金的文化转型理论[M]. 北京：北京大学出版社，2011.

[13] 卡罗琳·希尔兹，马克·爱德华兹. 学会对话：校长和教师的行动指南[M]. 文彬，译. 北京：教育科学出版社，2009.

[14] 伊曼纽尔·沃勒斯坦. 知识的不确定性[M]. 王昺，译. 济南：山东大学出版社，2006.

[15] 乔尔·斯普林格. 脑中之轮——教育哲学导论[M]. 贾晨阳，译. 北京：北京大学出版社，2005.

[16] 莫里斯·克莱因. 数学：确定性的丧失[M]. 李宏魁，译. 长沙：湖南科学技术出版社，2004.

［17］约翰·杜威. 确定性的寻求——关于知行关系的研究［M］. 傅统先，译. 上海：上海人民出版社，2004.

［18］克利福德·格尔兹. 文化的解释［M］. 纳日碧力戈，等，译. 王铭铭，校. 上海：上海人民出版社，1999.

［19］伊曼纽尔·沃勒斯坦，等. 开放社会科学［M］. 刘锋，译. 北京：生活·读书·新知三联书店，1997.

［20］约翰·杜威. 学校与社会·明日之学校［M］. 北京：人民教育出版社，1994.

［21］伊万·伊利奇. 非学校化社会［M］. 吴康宁，译. 台北：桂冠图书公司，1994.

［22］凯特琳娜·克拉克，迈克尔·霍奎斯特. 米哈伊尔·巴赫金传［M］. 语冰，译. 裴济，校. 北京：中国人民大学出版社，1992.

［23］爱因斯坦. 爱因斯坦文集（第一卷）［M］. 许良英，范岱年，编译. 北京：商务印书馆，1976.

［24］马克斯·舍勒. 人在宇宙中的地位［M］. 李伯杰，译. 刘小枫，校. 贵阳：贵州人民出版社，2018.

［25］马丁·布伯. 我和你［M］. 杨俊杰，译. 杭州：浙江人民出版社，2017.

［26］伽达默尔. 真理与方法——哲学诠释学的基本特征［M］. 洪汉鼎，译. 北京：商务印书馆，2013.

［27］伽达默尔. 真理与方法（上卷）［M］. 洪汉鼎，译. 上海：上海译文出版社，2004.

［28］歌德. 意大利游记［M］. 赵乾龙，译. 石家庄：花山文艺出版社，1997.

［29］雅思贝尔斯. 什么是教育［M］. 邹进，译. 北京：生活·读书·新知三联书店，1991.

［30］马克斯·舍勒. 人在宇宙中的地位［M］. 陈泽环，沈国庆，译. 上海：上海文化出版社，1989.

［31］埃德蒙德·胡塞尔. 欧洲科学危机和超验现象学［M］. 张庆熊，译. 上海：上海译文出版社，1988.

［32］H·R·姚斯，R·C·霍拉勃. 接受美学与接受理论［M］. 沈阳：辽宁人民出版社，1987.

［33］黑格尔. 法哲学原理［M］. 范扬，张企泰，译. 北京：商务印书馆，1982.

［34］米歇尔·福柯. 规训与惩罚（修订译本）［M］. 刘北成，杨远婴，译. 北京：生活·读书·新知三联书店，2012.

［35］皮埃尔·阿多. 古代哲学的智慧［M］. 张宪，译. 上海：上海译文出版社，2012.

［36］加斯东·巴什拉. 空间的诗学［M］. 张逸婧，译. 上海：上海译文出版社，2009.

［37］莫里斯·梅洛—庞蒂. 知觉现象学［M］. 姜志辉，译. 北京：商务印书馆，2005.

［38］茨维坦·托多罗夫. 俄苏形式主义文论选［M］. 蔡鸿滨，译. 北京：中国社会科学出版社，1989.

［39］卢梭. 爱弥儿［M］. 李平沤，译. 北京：人民教育出版社，1987.

［40］希尔兹，爱德华兹. 学会对话：校长和教师的行动指南［M］. 文彬，译. 北京：教育科学出版社，2009.

［41］约翰·华特生. 康德哲学原著选读［M］. 韦卓民，译. 武汉：华中师范大学出版社，2000.

［42］卡尔·波普尔. 通过知识获得解放［M］. 范景中，李本正，译. 杭州：中国美术学院出版社，1998.

［43］安纳·杰弗森，戴维·罗比. 西方现代文学理论概述与比较［M］. 陈昭全，等，译. 长沙：湖南文艺出版社，1986.

［44］竹内好. 鲁迅［M］. 杭州：浙江文艺出版社，1986.

［45］路德维希·维特根斯坦. 维特根斯坦全集（第八卷）［M］. 涂纪亮，译. 石家庄：河北教育出版社，2002.

［46］维克托·什克洛夫斯基. 俄国形式主义文论选［M］. 方珊，译. 北京：生活·读书·新知三联书店，1989.

［47］亚里士多德. 尼各马可伦理学［M］. 廖申白，译注. 北京：商务印书馆，2017.

［48］保罗·弗莱雷. 被压迫者教育学（30周年纪念版）修订版［M］. 顾建新，等，译. 徐辉，校. 上海：华东师范大学出版社，2014.

［49］张素玫. 巴赫金理论的中国本土化研究［M］. 北京：人民出版社，2019.

［50］张冰. 巴赫金学派马克思主义语言哲学研究［M］. 北京：北京师范大学出版社，2017.

［51］周启超，王加兴. 俄罗斯学者论巴赫金［M］. 南京：南京大学出版社，2014.

［52］周启超，王加兴. 欧美学者论巴赫金［M］. 南京：南京大学出版社，2014.

［53］周启超，王加兴. 中国学者论巴赫金［M］. 南京：南京大学出版社，2014.

［54］周启超，王加兴. 对话中的巴赫金：访谈与笔谈［M］. 南京：南京大学出版社，2014.

［55］周启超，王加兴. 剪影与见证［M］. 南京：南京大学出版社，2014.

［56］王建刚. 后理论时代与文学批判转型：巴赫金对话批判理论研究［M］. 北京：北京大学出版社，2012.

［57］宋春香. 巴赫金思想与中国当代文论［M］. 北京：知识产权出版社，2009.

［58］凌建侯. 巴赫金哲学思想与文本分析法［M］. 北京：北京大学出版社，2007.

［59］萧净宇. 超越语言学——巴赫金语言哲学研究［M］. 上海：上海人民出版社，2007.

［60］梅兰. 巴赫金哲学美学和文学思想研究［M］. 武汉：华中科技大学出版社，2005.

［61］王建刚. 狂欢诗学——巴赫金文学思想研究［M］. 上海：学林出版社，2001.

［62］张开焱. 开放人格——巴赫金［M］. 武汉：长江文艺出版社，2000.

［63］董小英. 再登巴比伦塔——巴赫金与对话理论［M］. 北京：生活·读书·新知三联书店，1994.

［64］张治. 教育信息化——走进自适应学习时代［M］. 上海：上海教育出版社，2018.

［65］方新文. 对话德育论［M］. 石家庄：河北人民出版社，2015.

［66］李森，伍叶琴. 有效对话教学：理论、策略及案例［M］. 福州：福建教育出版社，2012.
［67］陈铭志. 复调音乐写作基础教程（第二版）［M］. 北京：人民音乐出版社，2011.
［68］王凡. 思想家的成长历程［M］. 长春：吉林大学出版社，2011.
［69］林华，叶思敏. 复调艺术概论［M］. 上海：上海音乐出版社，2010.
［70］思想与社会编委会. 思想与社会（第七辑）：教育与现代社会［M］. 上海：上海三联书店，2009.
［71］阎嘉. 文学理论精粹读本［M］. 北京：中国人民大学出版社，2006.
［72］方明. 陶行知教育名篇［M］. 北京：教育科学出版社，2005.
［73］高德胜. 生活德育论［M］. 北京：人民教育出版社，2005.
［74］高时良. 学记研究［M］. 北京：人民教育出版社，2005.
［75］鲁迅. 鲁迅全集（第二卷）［M］. 北京：人民文学出版社，2005.
［76］王木君，张学枚. 新课程课堂教学行为创新——初中思想品德［M］. 北京：新华出版社，2005.
［77］耿文婷. 中国的狂欢节：春节联欢晚会审美文化透视［M］. 北京：文化艺术出版社，2003.
［78］陶东风，等. 文化研究（第4辑）［M］. 北京：中央编译出版社，2003.
［79］金元浦. 多元对话时代的文艺学建设：新理性精神与钱中文文艺理论研究［M］. 北京：军事谊文出版社，2002.
［80］单中惠. 现代教育的探索［M］. 北京：人民教育出版社，2002.
［81］石中英. 教育哲学导论［M］. 北京：北京师范大学出版社，2002.
［82］严家炎. 论鲁迅的复调小说［M］. 上海：上海教育出版社，2002.
［83］赵世瑜. 狂欢与日常——明清以来的庙会与民间社会［M］. 北京：生活·读书·新知三联书店，2002.
［84］洪汉鼎. 理解与解释：诠释学经典文选［M］. 北京：东方出版社，2001.
［85］王坦. 合作学习——原理与策略［M］. 北京：学苑出版社，2001.
［86］刘放桐. 新编现代西方哲学［M］. 北京：人民出版社，2000.
［87］刘云杉. 学校生活社会学［M］. 江苏：南京师范大学出版社，2000.
［88］王岳川. 现象学和解释学文论［M］. 济南：山东教育出版社，1999.
［89］钟敬文. 建立中国民俗学派［M］. 哈尔滨：黑龙江教育出版社，1999.
［90］王先霈，王又平. 文学批评术语词典［M］. 上海：上海文艺出版社，1999.
［91］黄白兰. 盲点——中国教育危机报告［M］. 北京：中国城市出版社，1998.
［92］李烈炎. 时空学说史［M］. 武汉：湖北人民出版社，1988.
［93］殷鼎. 理解的命运［M］. 北京：生活·读书·新知三联书店，1988.
［94］金生鈜. 理解与教育［M］. 北京：教育科学出版社，1997.

[95] 联合国教科文组织国际教育发展委员会. 学会生存——教育世界的今天和明天[M]. 北京：教育科学出版社，1996.

[96] 肖前，等. 实践唯物主义研究[M]. 北京：中国人民大学出版社，1996.

[97] 乐黛云，勒·比松. 独角兽和龙——在寻找中西文化普遍性中的误读[M]. 北京：北京大学出版社，1995.

[98] 程东峰. 责任论[M]. 北京：中国林业出版社，1994.

[99] 凌继尧. 美学与文化学：记苏联著名的16位美学家[M]. 上海：上海人民出版社，1990.

[100] 中共中央编译局. 马克思恩格斯全集（第20卷）[M]. 北京：人民出版社，1971.

（二）期刊类

[1] 雷雯霜. 巴赫金理论对电影改编研究的启示[J]. 电影文学，2021（1）：84-88.

[2] 刘锟. 巴赫金的梅尼普体裁理论考辨[J]. 江西社会科学，2020（9）：83-89.

[3] 李俊芳. 巴赫金对话理论视野下翻译教学探析[J]. 教育理论与实践，2019（27）：47-49.

[4] 章小凤. 时空体[J]. 外国文学，2018（2）：87-96.

[5] 杨向荣. 科学诗学建构中的审美性缺失——巴赫金对早期俄国形式主义的批判[J]. 中国文学批评，2017（3）：71-78.

[6] 朱有义. 巴赫金对话视域下的文化翻译及其主观性审美局限[J]. 俄罗斯文艺，2017（2）：144-152.

[7] 王坤庆，刘利平. 巴赫金狂欢理论的教育意义探索[J]. 中国教育科学，2016（4）：53-91.

[8] 陶运三，韩永红，徐正旭. 狂欢与体育的渗透巴赫金狂欢理论视域下的身体之维[J]. 体育与科学，2016（5）：78-83.

[9] 李莉莉. 巴赫金对话理论视角下的英语专业文学课程教学[J]. 文化学刊，2016（6）：163-166.

[10] 叶松荣. 从"外位性"理论、"全球化视野"看西方音乐研究的"中国视野"[J]. 音乐研究，2015（4）：76-82.

[11] 王加兴，袁俭伟. 从言语体裁理论看巴赫金对俄语修辞学的贡献[J]. 解放军外国语学院学报，2015（6）：37-43.

[12] 朱玲. 修辞研究巴赫金批评了什么——兼谈广义修辞学观[J]. 当代修辞学，2014（2）：67-73.

[13] 杨亚东. 大学新生适应性困难及破解之道——基于巴赫金对话哲学视角[J]. 高校教育管理，2014（7）：115-119.

[14] 谭学纯. 巴赫金小说修辞观：理论阐释与问题意识——以《长篇小说的话语》为分析对象[J]. 中国比较文学，2012（2）：84-93.

［15］邓伟. 巴赫金"狂欢化"理论下的体育诠释［J］. 小说评论, 2012（S1）：258-260.

［16］鄢鸣. 中国有狂欢吗？——狂欢理论的运用与反思［J］. 山东社会科学, 2011（1）：159-162.

［17］杨春时, 简圣宇. 巴赫金：复调小说的主体间性世界［J］. 东南学术, 2011（2）：177-182.

［18］范方俊. 巴赫金与俄国形式主义的论争与对话［J］. 中国人民大学学报, 2010（1）：138-144.

［19］钱中文. 理解的理解——论巴赫金的人文科学方法论思想［J］. 文艺争鸣, 2008（1）：118-123.

［20］刘筱湄. 巴赫金"对话"理论对美术文化多元发展的启迪［J］. 艺术百家, 2007（6）：195-197.

［21］钟启泉. 从巴赫金的语言哲学看"临床教育学"——日本教育学者浅沼茂教授访谈［J］. 全球教育展望, 2007（9）：8-12.

［22］刘宇红. 巴赫金对话理论与子句的语义研究［J］. 中国外语, 2006（3）：21-25.

［23］刘欣. 从对话理论看远程教育师生交互原则［J］. 中国远程教育, 2006（3）：37-39.

［24］潘月琴. 巴赫金时空体理论初探［J］. 俄罗斯文艺, 2005（3）：60-64.

［25］彭利元, 蒋坚松. 语境·对话·翻译：巴赫金语境对话理论对翻译的启示［J］. 外语与外语教学, 2005（9）：47-51.

［26］张杰. 巴赫金对话理论中的非对话性［J］. 外国语（上海外国语大学学报）, 2004（2）：68-72.

［27］梅兰. 国外巴赫金研究概况［J］. 外国文学研究, 2001（4）：117-121.

［28］李衍柱. 巴赫金对话理论的现代意义［J］. 文史哲, 2001（2）：51-56.

［29］曾耀农. 狂欢化理论与喜剧影片的生成发展［J］. 北京工业大学学报（社会科学版）, 2001（1）：74-76.

［30］陈太胜. 巴赫金对话理论的人文精神［J］. 学术交流, 2000（1）：108-114.

［31］张潇潇. 狂欢的玫瑰、宣泄的人性——试评"玫瑰之约"等爱情速配节目［J］. 中国广播电视学刊, 2000（11）：54.

［32］王建刚. 狂欢：巴赫金对话理论的现实取向的世俗化［J］. 浙江学刊, 1999（5）：103-110.

［33］白春仁. 巴赫金——求索对话思维［J］. 文学评论, 1998（5）：101-108.

［34］钱中文. 巴赫金：交往、对话的哲学［J］. 哲学研究, 1998（1）：53-62.

［35］樊星. 巴赫金的"对话主义"与语文教学［J］. 语文教学与研究, 1995：5-6.

［36］刘康. 一种转型期的文化理论——论巴赫金的对话理论在当代文论中的命运［J］. 中国社会科学, 1994（2）：161-176.

［37］夏忠宪. 巴赫金狂欢化诗学理论［J］. 北京师范大学学报（社会科学版）, 1994（5）：

74-82.

[38] 赵一凡. 巴赫金：语言与思想的对话［J］. 读书，1990（4）：112-122.

[39] 钱中文. "复调小说"及其理论问题——巴赫金的叙述理论之一［J］. 文艺理论研究，1984（4）：27-37.

[40] 夏仲翼. 陀思妥耶夫斯基的《地下室手记》和小说复调结构问题［J］. 世界文学，1982（4）：105-115.

[41] 刘庆昌. 论教育世界的构成［J］. 教育发展研究，2021（12）：11-19.

[42] 毕晓. 哈贝马斯交往行为理论再批判与差异对话理论的建立［J］. 人文杂志，2021（6）：96-106.

[43] 汪旭. 何谓有效的课堂教学对话［J］. 中国教育学刊，2021（2）：105.

[44] 刘铁芳. 对话的古今之变与教育性对话的意蕴［J］. 高等教育研究，2019（7）：18-32.

[45] 李铁安. 让课堂彰显育人的本体功能［J］. 教育研究，2018（10）：85-92.

[46] 张莉莉. 走向对话：德育课程的有效路径［J］. 中国教育学刊，2018（11）：89-94.

[47] 张俭民，董泽芳. 对话德育高校传统德育的困境与超越［J］. 教育科学，2017（2）：47-53.

[48] 于宏源. 权威演进与"命运共同体"的话语建设［J］. 社会科学，2017（7）：26-33.

[49] 蔡辰梅. 教育变革中教师自我认同的时间困境及其重建［J］. 教育研究，2015（7）：89-97.

[50] 刘贝妮. 高校教师工作时间研究［J］. 开放教育研究，2015（2）：56-62.

[51] 张天明. 公开课教学中师生博弈关系的社会学审视［J］. 中国教育学刊，2015（8）：30-33.

[52] 赵东阳，王春梅.《祝福》中"我"的角色价值定位——与认定"我"为启蒙者之观点商榷［J］. 山西财经大学学报，2014（S1）：240.

[53] 杜晓利. 富有生命力的文献研究法［J］. 上海教育科研，2013（10）：1.

[54] 潘跃玲，熊和平. 教室空间的现象学之维［J］. 教育发展研究，2013：66-70.

[55] 王静. 从"接受培育"走向"平等对话"——教育活动中师生观的嬗变［J］. 中国成人教育，2013（4）：129-131.

[56] 余宏亮，秦淼. 对话教学的致思方式及时间转向［J］. 课程·教材·教法，2012（8）：28-33.

[57] 喻小琴. 对话管理现代学校管理的价值诉求［J］. 教育理论与实践，2012（25）：30-33.

[58] 李春敏. 列斐伏尔的空间生产理论探析［J］. 人文杂志，2011（1）：62-68.

[59] 姜文，吴冠平. 不是编剧的演员不是好导演［J］. 电影艺术，2011（2）：79-87.

[60] 龙献忠，钟和平. 人文关怀视野下的高校对话德育及其建构［J］. 高等教育研究，2011（1）：87-91.

[61] 郭素然，伍新春，滕秀杰，等. 自我对话与情绪智力的关系：自我意识的中介作用

[J]. 心理发展与教育, 2011 (5): 513-521.

[62] 王向华. 对话教育论 [J]. 教育研究, 2010 (9): 90-94.

[63] 严从根. 新学期第一堂课的开场白: 普遍地言不由衷 [J]. 教育理论与实践, 2010 (8): 21-22.

[64] 褚宏启. 城乡教育一体化体系重构与制度创新——中国教育二元结构及其破解 [J]. 教育研究, 2009: 3-10.

[65] 傅淳华. 道德·时间·时间制度: 对学习时间制度的道德审视 [J]. 全球教育展望, 2009 (12): 13-16.

[66] 金林南. 思想政治教育研究视域的反思与构建 [J]. 思想教育研究, 2009 (3): 27-31.

[67] 林佩璇. 《圣经·创世纪》: 权威话语的构建 [J]. 福建师范大学学报 (哲学社会科学版), 2009 (3): 92-97.

[68] 池野正晴, 钟启泉. 走向对话教育——论学校教育中引入"对话"视点的意义 [J]. 全球教育展望, 2008 (1): 3-7.

[69] 张华. 对话教学: 涵义与价值 [J]. 全球教育展望, 2008 (6): 7-16.

[70] 岳伟. 促进人的自我实现: 一种新的教育目的观 [J]. 南京师范大学学报 (社会科学版), 2008: 79-84.

[71] 胡典顺, 何晓娜, 赵军. 数学教学走向对话 [J]. 数学教育学报, 2008 (3): 11-13.

[72] 陈丽敏, Verschaffel Lieven, 陈琦. 论问题提出与学生能力发展的关系 [J]. 数学教育学报, 2006 (3): 31-34.

[73] 王随仁. 反思语文对话教学的误区 [J]. 当代教育科学, 2006 (15): 56-57.

[74] 沈坤华. 小学数学对话教学的探索 [J]. 中国教育学刊, 2005 (9): 64-66.

[75] 慕君. 语文教学对话研究的发生根源与逻辑起点 [J]. 教育科学, 2005 (5): 33-34.

[76] 褚宏启. 我们需要什么样的现代学校制度 [J]. 教育研究, 2004: (12): 32-38.

[77] 靳玉乐, 张家军. 论理解型师生关系的建构 [J]. 教育研究, 2004 (11): 57-62.

[78] 王向华. 师生对话关系新解 [J]. 高等教育研究, 2003 (5): 35-38.

[79] 徐朝旭. 论孔子的对话德育模式 [J]. 教育研究, 2003 (8): 78-83.

[80] 米靖. 马丁·布伯对话教学思想探析 [J]. 外国教育研究, 2003 (2): 25-29.

[81] 张金梅. 什么知识最有价值?——当代中国幼儿教育主流知识观的嬗变 [J]. 南京师范大学学报 (社会科学版), 2002 (3): 75-80.

[82] 高伟. 课程文本: 不断扩展着的"隐喻" [J]. 全球教育展望, 2002 (2): 47-51.

[83] 何卫平. 解释学与伦理学——关于伽达默尔实践哲学的核心 [J]. 哲学研究, 2000 (12): 60-67.

[84] 杨小微. 近二十年我国基础教育课程研究的方法论探析 [J]. 教育研究, 2000 (3): 38-43.

[85] 贾爱武. 语言课堂话语模式的分析与改进 [J]. 解放军外国语学院学报, 1999 (4):

72-73.

[86] 高清海. 突破真理论的传统狭隘视界[J]. 哲学研究, 1995（8）: 13-18.

[87] 庞学光. 教育思想流派浅说[J]. 教育评论, 1991（2）: 44-45.

[88] 姚望. 有意义的开端——记中美双边比较文学讨论会[J]. 中国比较文学, 1984（1）: 340-344.

[89] Julia Dabson, 应望. 英语对话教学（一）[J]. 国外外语教学, 1982（1）: 20-23.

[90] 于光远. 重视培养人的研究[J]. 学术研究, 1978（4）: 25-31.

二、外文文献

[1] Adam Lefstein, Julia Snell. Better than Best Practice Developing Teaching and Learning Through Dialogue[M]. New York: Routledge, 2014.

[2] F Ball, S W. Freedman (Eds.), Bakhtinian Perspectives on Language, Literacy, and Learnin[M]. Cambridge: Cambridge University Press, 2004.

[3] Aleksandr Buzgalin, Lyudmila Bulavka-Buzgalina. Culture and Revolution: Bakhtin, Mayakovsky and Lein (Disalienation as [Social] Creativity)[J]. Third World Quarterly, 2020, 41（8）: 1322-1337.

[4] Allan Irving, Tom Young. Paradigm for Pluralism: Mikhail Bakhtin and Social Work Practice [J]. Social Work, 2002, 47（1）: 19-29.

[5] Anders Öhman. The Dialogic Classroom: Bakhtin and the Valuating Perspective[J]. LIR Journal, 2017, 8（16）: 11-21.

[6] Bob Fecho, Michelle Falter, Xiaoli Hong. Teaching Outside the Box but Inside the Standards: Making Room for Dialogue[M]. New York: Teachers College Press, 2015.

[7] Charles Ragin, Howard Becker. What Is a Case? Exploring the Foundations of Social Inquiry [M]. Cambridge: Cambridge University Press, 1992.

[8] Clive Seale, Giampietro Gobo, Jaber Gubrium, David Silverman. Qualitative Research Practice [M]. London: Sage Publications, 2004.

[9] Clive Thomson. Bakhtin's Dialogical Poetics[J]. Russian Literature, 1989, 26（2）: 237-247.

[10] Craig Brandsit. Review Article: Bakhtinology and Ideology[J]. Dialogisme, 1999, 2（2）: 87-94.

[11] Don H Bialostosky. Dialogics as an Art of Discourse in Literary Criticism[J]. PMLA, 1986, 101（5）: 788-797.

[12] Don H Bialostosky. Dialogic, Progmatic, and Hermeneutic Conversation: Bakhtin, Rorty, Gadamer[J]. Critical Studies, 1989, 1（2）: 107-119.

[13] Elizabeth Mackinlay. Engaging with Theories of Dialogue and Voice: Using Bakhtin as a Framework to Understand Teaching and Learning Indigenous Australian Women's Performance[J].

Research Studies in Music Education, 2002, 19 (1): 32-45.

[14] Ellen McCracken. Scbculture, Parody, and the Carnivalesque: A Bakhtinian Reading of Mary Helen Ponce's The Wedding [J]. MELUS, 1998, 23 (1): 117-131.

[15] Emerson, Caryl. Critical Essays on Mikhail Bakhtin [M]. Boston: G. K. Hall, 1999.

[16] Freire P, Macedo D. A Dialogue: Culture, Language, and Race [J]. Harvard Educational Review, 1995, 65 (3): 337-402.

[17] Gee James Paul. Social Linguistics And Literacies: Ideology in Discourse, 2nd Edition [M]. London: Taylor and Francis, 1996.

[18] Graham Pechey. Penultimate Words: The Life of The 'Loophole' In Mikhail Bakhtin [J]. Literature and Theology, 2006, 20 (3): 269-285.

[19] Halliday M A K. Language as Social Semiotic: The Social Interpretation of Language and Meaning [M]. London: Edward Amold, 1978.

[20] Halliday M A K, Matthiessen C. An Introduction to Functional Grammar (3rd edition) [M]. London: Hodder Amold, 2004.

[21] Henri Lefebvre. The Production of Space [M]. Trans Donald Nicholson-Smith. Cambridge, MA: Blackwell Publishing, 1991: 40.

[22] Henryk Baran, White Plains.Semiotics and Structuralism: Readings from the Soviet Union [M]. New York: International Arts and Science Press, 1976: 310-367.

[23] Jackson P W. Life in Classrooms [M]. New York: Holt, Rinehart, and Winston, 1968.

[24] Jason Delgatto. Application of the Theories of Mikhail Bakhtin in Science Education [D]. Depaul University, 2011.

[25] Jessica Zacher Pandya, Kathy A Mills. Bakhtin and the Carnival: Humour in School Children's Film Making [J]. Language and Education, 2019, 33 (6): 544-559.

[26] Karin Junefelt, Pia Nordin. Proceedings from the Second International Interdisciplinary Conference on Perspectives and Limits of Dialogism in Mikhail Bakhtin [C]. Stockholm: Stockholm University Press, 2010.

[27] Karine Zbinden. Bakhtin Between East and West: Cross-Cultural Transmission [M]. London: Routledge, 2006.

[28] Ken Hirschkop, David Shepherd. Bakhtin and Cultural Theory [M]. Manchester: Manchester University, 2001.

[29] K Hirschkop, D Shepherd. Bakhtin and Cultural Theory [M]. Manchester: Manchester University, 1989.

[30] Lee, Soyong; Moon, Seungho. Teacher Reflection in Literacy Education--Borrowing from Bakhtin [J]. International Journal of Higher Education, 2013, 2 (4): 157-164.

[31] Lisa Werkmeister Rozas. On Translating Ourselves: Understanding Dialogue and its Role in Social

Work Education [J]. Smith College Studies in Social Work, 2004, 74 (2): 229-242.

[32] Luke Capizzo. Reimagining Dialogue in Public Relations: Bakhtin and Open Dialogue in the Public Sphere [J]. Public Relations Review, 2018, 44 (4): 523-532.

[33] Martin James Robert, White Peter R R. The Language of Evaluation [M]. London: Palgrave, 2005.

[34] Matusov Eugene. Journey into Dialogic Pedagogy [M]. New York: Nova Science Publishers, 2009.

[35] Matusov Eugene, H Pleasants, M P Smith. Dialogic Framework for Cultural Psychology: Culture-in-Action and Culturally Sensitive Guidance [J]. Review Interdisciplinary Journal on Human Development, Culture and Education, 2003, 4 (1): 1-20

[36] Matusov Eugene, Rogoff B. Newcomers and Oldtimers: Educational Philosophy-in-Actions of Parent Volunteers in a Community of Learners School [J]. Anthropology&Education Quarterly, 2002, 33 (4): 1-26.

[37] Michael Holquist. Dialogism: Bakhtin and His Word, 2nd Edition [M]. London: Routledge, 2002.

[38] Moen T. "Kids Need to Be Seen!" A Narrative Study of a Teacher's Inclusive Education [D]. Norwegian University of Science and Technology, 2004.

[39] Morales M. Bilingual Education: A Dialogue with the Bakhtin Circle [M]. Albany: State University of New York Press, 1996.

[40] Nick Crossley, John Michael Roberts. After Habermas: New Perspectives on the Public Sphere [M].Oxford and Malden: Blackwell Publishing, 2004.

[41] Norman Fairclough. Discourse and Social Change [M]. Cambridg, UK: Polity Press, 1992.

[42] Norman Fairclough. Media Discourse [M]. London: Edward Arnold, 1995.

[43] Olga Dysthe, Nana Bernhardt, Line Esbjorn. Dialogue-Based Teaching: The Art Museum as a Learning Space [M]. Copenhagen, Denmark: Fagbokforlaget, 2013.

[44] Phan Trong Hoang Linh. Principle of Dialogue in Mikhail Bakhtin's Poetics [J]. Articles-Arts&Humanities, 2019, 3 (2): 109-119.

[45] Prakash Nair. Blueprint for Tomorrow: Redesigning Schools for Students-Centered Learning [M]. Cambridge: Harvard Education Press, 2018.

[46] Paulo Freire. The Politics of Education [M]. London: Macmillan, 1985.

[47] Rwan B, Miskel, C G. Institutional Theory and the Study of Educational Organizations [M] // J Murphy, K S (Eds.). Handbook of Research on Educational Administration (second edition). San Francisco: Jossey-Bass Publishers, 1999.

[48] Schugurensky D. Paulo Freire [M]. London: Continuum, 2011.

[49] Sidorkin A M. Labor of learning: Market and the next generation of education reform [M].

Rotterdam, the Netherlands: Sense Publishers, 1999.

[50] Stam Robert. Subversive Pleasures: Bakhtin,Cultural Criticism and Film [M]. Baltimore: Johns Hopkins University Press, 1989.